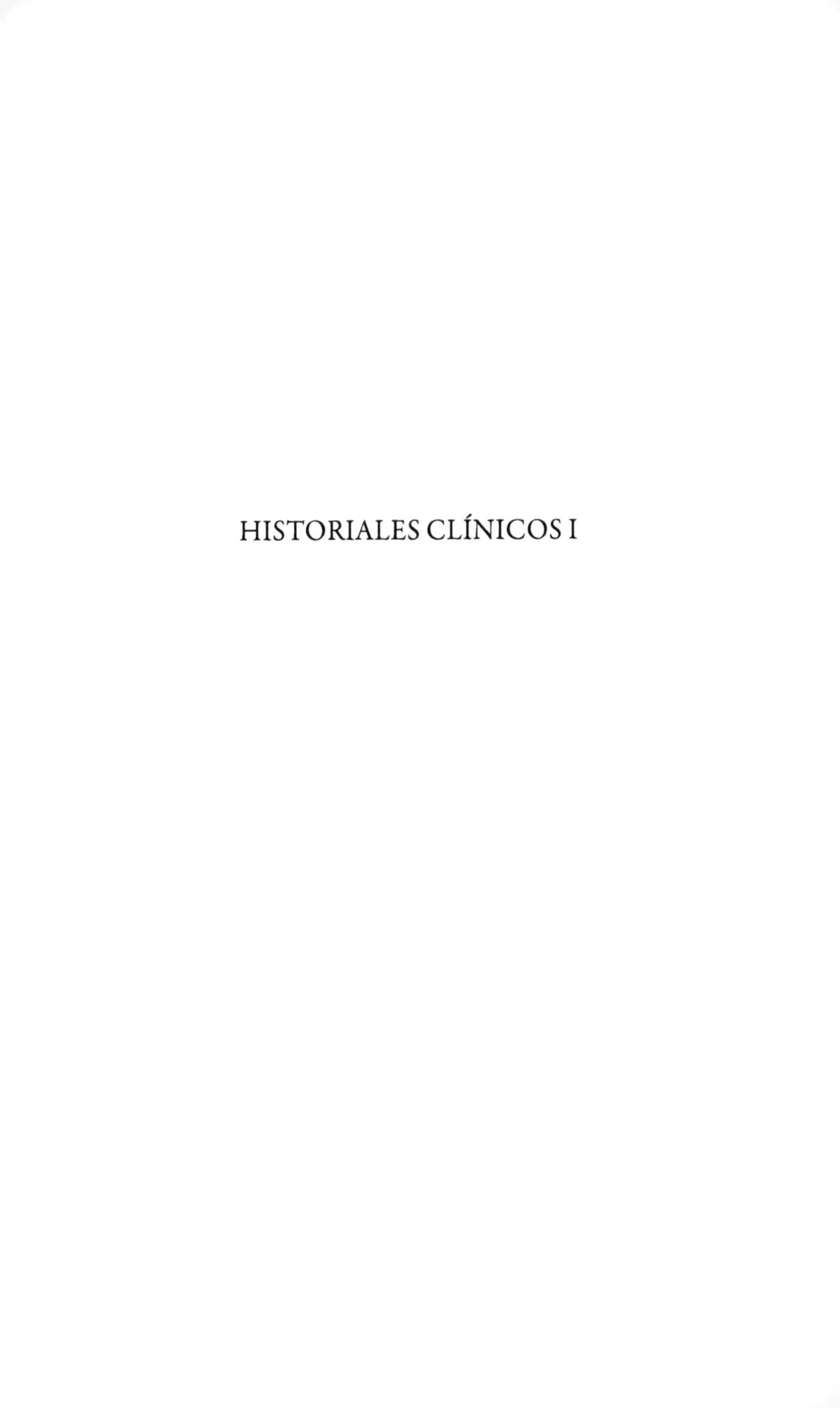

HISTORIALES CLÍNICOS I

Obras Completas de Sigmund Freud
Tomo XV

HISTORIALES CLÍNICOS I

(Análisis fragmentario de una histeria.
Análisis de la fobia de un niño de cinco años)

Traducción directa del alemán por
Luis López-Ballesteros y de Torres

Editorial Iztaccíhuatl, S. A. de C. V.

OBRAS COMPLETAS DE SIGMUND FREUD. TOMO XV
Historiales clínicos I

Sigmund Freud
ISBN (obra completa): 978-607-8688-54-8
ISBN (tomo XV): 978-607-8688-66-1
Segunda edición: marzo de 2022

© Editorial Iztaccíhuatl S. A. de C.V.
Miguel Schultz #21, Col. San Rafael,
Del. Cuauhtémoc, Ciudad de México

Corrección de estilo: Yoali E. Crespo López
Diseño y maquetación: Cecilia Neria Anaya
Licencia de impresión a Grupo Editorial Neisa
Impresión: Master Copy, S. A. de C.V. (DocuMaster)

Impreso en México

I

ANÁLISIS FRAGMENTARIO DE UNA HISTERIA (CASO «DORA»)

Introducción

Al disponerme hoy (1925), después de un largo intervalo, para apoyar las afirmaciones por mí sentadas en 1895 y 1896 sobre la patogénesis de los síntomas histéricos y los procesos psíquicos de la histeria con la exposición detallada de un historial clínico, creo imprescindible iniciar esta labor con un breve preámbulo, destinado, en primer lugar, a justificar desde diversos puntos de vista mi conducta pretérita y presente en cuanto a la publicación de tales documentos, y en segundo, a reducir a una modesta medida las esperanzas que en aquella pueden fundarse.

Ya fue ciertamente muy espinoso tener que publicar los resultados de mi labor investigadora, que además de resultar harto sorprendentes y de naturaleza nada grata, no podían ser objeto de comprobación alguna por parte de mis colegas de Facultad. Apenas lo es, menos ahora, comenzar a ofrecer al juicio general una parte del material del que hube de extraer tales resultados. Si antes se me reprochó no comunicar dato alguno sobre mis enfermos, hoy se me reprochará hacer público algo que el secreto profesional impone silenciar. Espero, sin embargo, que habrían de ser las mismas personas las que de este modo cambien de pretexto para sus reparos, y renuncio por anticipado a desarmar jamás a tales críticos.

De todos modos, aun prescindiendo por completo de semejantes malquerencias incomprensivas, la publicación de los historiales clínicos me plantea graves dificultades, de orden técnico en parte, y en parte derivadas de sus mismas circunstancias intrínsecas. Si es cierto que la causación de las enfermedades histéricas reside en las intimidades de la vida psicosexual de los enfermos y que los síntomas histéricos son la expresión de sus más secretos deseos reprimidos, la aclaración de un caso de histeria no podrá por menos de descubrir tales intimidades y revelar tales secretos. Es indudable que los enfermos habrían silenciado unas y otros a la menor sospecha de que sus confidencias habían de ser científicamente aprovechables, y desde luego sería inútil solicitar su autorización para publicarlas. En estas circunstancias, las personas de fina sensibilidad y las de escasa resolución situarían en primer término el secreto profesional y renunciarían a todo intento de publicación, lamentando no poder prestar, en este punto, servicio alguno a la ciencia. Mas, por mi parte, opino que la profesión médica no impone sólo deberes para con los enfermos individualmente considerados, sino también con la ciencia, o lo que es lo mismo, con el gran núcleo de individuos que padecen igual dolencia o la padecerán en lo porvenir. La publicación de aquello que uno cree saber sobre la causación y la estructura de la histeria se nos impone entonces como un deber, y si podemos cumplirlo evitando todo perjuicio personal y directo al enfermo, sería una cobardía no hacerlo. En lo que a mí respecta, creo haber hecho todo lo posible por evitar tales perjuicios a la paciente cuyo historial clínico motiva estas líneas preliminares. He elegido una persona cuyos destinos transcurren lejos de Viena, siendo, por lo tanto, completamente desconocidas sus circunstancias personales en nuestra capital. He guardado desde un principio y tan celosamente el secreto del tratamiento, que sólo uno de mis colegas, digno de máxima confianza, ha podido reconocer en la muchacha de quien se trata, a una antigua paciente mía. Una vez terminado el tratamiento, he detenido aún la publicación del caso durante cuatro años, hasta haber tenido noticia de un importante cambio sobrevenido en la vida de la paciente y que seguramente habría desvanecido su propio interés hacia los sucesos y los procesos anímicos relatados en el historial. Desde luego, no ha quedado en todo el relato un solo nombre que pudiese poner sobre la pista a algún lector ajeno a la clase médica, curiosos indiscretos contra los cuales ya supone una garantía la publicación del historial en una revista profesional especializada y rigurosamente científica. Naturalmente, no puedo impedir que la paciente misma sufra una impresión desagradable si la casualidad llega a poner algún día en sus manos su propio historial clínico. Pero, en último caso, no habrá de encontrar en él y acerca de sí misma nada que no sepa ya de sobra, y reconocerá, además, la imposibilidad de que ninguna otra persona sospeche que se trata de ella.

No ignoro que hay muchos médicos —por lo menos en Viena— que esperan con repugnante curiosidad la publicación de algunos de mis historiales clínicos, para leerlos no como una contribución a la psicopatología de la neurosis, sino como una novela con clave, destinada a su particular entretenimiento. Desde ahora, quiero asegurar a esta especie de lectores, que todos los historiales que haya de publicar aparecerán protegidos contra su maliciosa penetración por análogas garantías del secreto, aunque tal propósito haya de limitar extraordinariamente mi libre disposición del material acumulado en muchos años de labor investigadora.

En el historial clínico a continuación expuesto, único que hasta ahora he podido sustraer a las limitaciones de la discreción médica y a la desfavorable constelación de las circunstancias intrínsecas, se tratan con toda libertad relaciones de carácter sexual, se aplica a los órganos y a las funciones de la vida sexual sus nombres verdaderos, y el lector casto extraerá, desde luego, de su lectura, la convicción que no me ha intimidado tratar de semejantes cuestiones y en tal lenguaje con una muchacha. ¿Habré de defenderme también de tal reproche? Me limitaré simplemente a reclamar para mí los derechos que nadie niega al ginecólogo —o más exactamente aún, una parte muy restringida de tales derechos— y a denunciar como un signo de sagacidad perversa o singular la sospecha, en alguien posible, de que tales conversaciones sean un buen medio para excitar o satisfacer deseos sexuales. Unas cuantas palabras singularmente acertadas de otro autor acabarán de concretar, mejor que yo pudiera hacerlo, mi juicio sobre esta cuestión:

"Es lamentable tener que hacer lugar en una obra científica a semejantes explicaciones y advertencias. Pero no es a mí a quien ello debe ser reprochado, sino al espíritu contemporáneo, que nos ha llevado hasta el punto de que ningún libro serio posee hoy garantías de vida"[1].

Pasaré ahora a exponer en qué forma he vencido en este historial clínico las dificultades técnicas de su comunicación. Tales dificultades son muy arduas para el médico que lleva adelante diariamente cinco o seis tratamientos psicoterápicos de este género y no puede tomar nota alguna durante las sesiones, pues despertaría con ello la desconfianza de los enfermos y perturbaría su propia aprehensión del material aprovechable. Para mí constituye todavía un problema el cómo fijar por escrito, para su comunicación ulterior, el historial de un tratamiento de larga duración. En el caso presente, vinieron a mi ayuda dos circunstancias: la breve duración del tratamiento —tres meses— y el hecho de que las soluciones del caso se agruparon en torno de dos sueños, relatados por la paciente a la mitad y al final, respectivamente, de la cura, anotados por mí al término de la sesión correspondiente, ateniéndome a la descripción verbal que de ellos me había hecho la enferma, y que me proporcionaron un seguro punto de apoyo para desentrañar la trama de interpretaciones y recuerdos a ellos ligada. El historial clínico mismo lo escribí una vez terminado el tratamiento, cuando su recuerdo conservaba aún absoluta claridad en mi memoria,

[1] Richard Schmidt, *Beiträge zur indischen Erotik*, 1902.

estimulada además por mi interés en publicarlo. Entraña, pues, máximas garantías de exactitud, aunque no pueda aspirar a la absoluta fidelidad de una reproducción fotográfica. Nada esencial he alterado en él. Sólo, en algún lugar, la sucesión de las soluciones, y ello para dar una mayor coherencia a la exposición.

Anticipándome a los lectores, precisaré ya lo que en mi relato habrán de encontrar y lo que en él echarán de menos. Al principio, pensé titularlo *Los sueños y la histeria*, porque me parecía extraordinariamente apropiado para mostrar cómo la interpretación onírica se entreteje en el historial del tratamiento y cómo logramos con su ayuda cegar las amnesias y llegar a la solución de los síntomas. No sin razones muy fundadas hice preceder, en 1900, un laborioso y penetrante estudio de los sueños[2] a los trabajos que me proponía publicar sobre la psicología de la neurosis, si bien, por otra parte, la acogida que encontró dicho estudio me hiciera ver cuán escasa comprensión pueden esperar semejantes esfuerzos por parte de mis colegas de Facultad. En este caso, no podía ya objetarse la imposibilidad de comprobar mis afirmaciones por silenciar yo el material del que las había deducido, pues todo el mundo puede someter a la investigación psicoanalítica sus propios sueños, y la técnica de la interpretación onírica no es nada difícil de aprender siguiendo mis indicaciones y los ejemplos por mí expuestos. Hoy, como entonces, he de afirmar que el estudio de los problemas de los sueños es condición previa indispensable para la comprensión de los procesos psíquicos de la histeria y de las demás psiconeurosis. De tal manera que resulta imposible adentrarse en este último sector sin haber cumplido a conciencia aquella labor preparatoria. Por lo tanto, como el presente historial clínico presupone un conocimiento de la interpretación de los sueños, su lectura

[2] *La interpretación de los sueños*, tomo VI y VII de estas *Obras Completas*.

dejará una impresión muy poco satisfactoria en aquellos con quienes no se cumpla tal condición. En lugar de la explicación buscada hallarán tan sólo motivos de extrañeza y proyectarán esta sobre el autor, tachándole de fantástico. En realidad, las singularidades que engendran tal extrañeza son inherentes a los fenómenos de la neurosis, y sólo podríamos desterrarla totalmente si consiguiéramos derivar sin residuo alguno la neurosis de los factores a cuyo conocimiento hemos llegado hasta ahora. Pero lo más probable es, por el contrario, que el estudio de la neurosis haya de llevarnos a nuevas hipótesis que podrán ir convirtiéndose luego, paulatinamente, en certidumbres. Y lo nuevo ha despertado siempre extrañeza y oposición.

Sería erróneo creer que los sueños y su interpretación alcanzan en todos los psicoanálisis la misma importancia que en este ejemplo.

Pero si el historial clínico que sigue muestra una riqueza excepcional en cuanto al aprovechamiento del material onírico, resulta, en cambio, en otros puntos, más pobre de lo que yo hubiera deseado. Sólo que sus defectos se hallan directamente enlazados con aquellas circunstancias a las que se debe la posibilidad de publicarlo. Ya he hecho constar que no había encontrado aún manera de dominar el material de un tratamiento prolongado, por ejemplo, a través de todo un año. Este historial de sólo tres meses era fácil de recordar y de abarcar en conjunto. Pero sus resultados han sido incompletos en más de un sentido. El tratamiento no fue llevado hasta su último fin, pues quedó interrumpido por voluntad de la paciente al llegar a un punto determinado, y en tal momento no habían sido siquiera atacados algunos de los enigmas del caso y sólo incompletamente aclarados otros, mientras que la continuación de la labor terapéutica hubiera penetrado seguramente en todos los puntos hasta la última aclaración posible. No puedo ofrecer aquí, por lo tanto, más que el fragmento de un análisis.

Quizá algún lector familiarizado ya con la técnica del análisis, expuesta en mis *Estudios sobre la histeria*, se asombrará de que en tres meses no nos fuese posible llevar a su última solución siquiera los síntomas sobre los cuales convergió la investigación. Para disipar semejante extrañeza advertiré que la técnica psicoanalítica ha sufrido una transformación fundamental desde la época de los *Estudios*. Por entonces, el análisis partía de los síntomas y se proponía como fin ir solucionándolos uno tras otro. Posteriormente he abandonado esta técnica por parecerme inadecuada a la estructura sutil de la neurosis. Ahora, dejo que el paciente mismo determine el tema de nuestra labor cotidiana. Parto así cada vez de la superficie que lo inconsciente ofrece de momento a su atención, y voy obteniendo fragmentado, entretejido en diversos contextos y distribuido entre épocas muy distantes, todo el material correspondiente a la solución de un síntoma. Mas, a pesar de esta desventaja aparente, la nueva técnica es muy superior a la primitiva, y sin disputa, la única posible.

Ante lo incompleto de mis resultados analíticos, me vi obligado a imitar el ejemplo de aquellos afortunados investigadores que logran extraer a la luz los restos, no por mutilados menos preciosos, de épocas pretéritas, completándolos luego por deducción y conforme a modelos ya conocidos. Me decidí, pues, a proceder análogamente, aunque haciendo constar siempre, como un honrado arqueólogo, dónde termina lo auténtico y comienza lo reconstruido.

De otra distinta insuficiencia soy ya directa e intencionadamente culpable. En efecto, no he expuesto, en general, la labor de interpretación que hubo de recaer sobre las asociaciones y comunicaciones del enfermo, sino tan sólo los resultados de la misma. De este modo, y salvo en lo que respecta a los sueños, sólo en algunos puntos aparece detallada la técnica de la investigación analítica. Con este historial clínico me importaba especialmente mostrar la determinación de los síntomas y la estructura interna de la neurosis. Una tentativa de llevar a cabo simultáneamente la otra labor hubiera producido una confusión inextrincable, pues para fundamentar las reglas técnicas, empíricamente halladas en su mayor parte, hubiera sido indispensable presentar reunido el material de muchos historiales clínicos. Sin embargo, en el caso presente no debe creerse que la omisión de la técnica haya abreviado gran cosa su exposición. Precisamente en el tratamiento de esta enferma no hubo lugar a desarrollar la parte más espinosa de la labor psicoanalítica, pues la "transferencia afectiva" de la que tratamos brevemente al término del historial, no llegó a emerger en el breve curso de la cura.

De una tercera insuficiencia de este historial no puede ya hacérseme responsable, ni tampoco a la enferma. Lo natural es, en efecto, que un solo y único historial, aunque fuese completo e indiscutible, no pueda dar respuesta a todas las interrogaciones que plantea el problema de la histeria. No puede dar a conocer todos los tipos de la enfermedad, las formas todas de la estructura interior de la neurosis, ni todas las relaciones posibles en la histeria entre lo psíquico y lo somático. No se puede exigir de un solo caso más de lo que puede dar. Asimismo, aquellos que hasta ahora se han negado a aceptar la validez general y exclusiva de la etiología psicosexual en cuanto a la histeria, no llegarán tampoco a una convicción opuesta con el conocimiento de un solo historial, sino que aplazarán su juicio hasta haber alcanzado, con una labor personal, el derecho a semejante convicción.

Adición de 1923. El tratamiento cuyo historial comunicamos a continuación quedó interrumpido el 31 de diciembre de 1899. Su exposición, escrita en las dos semanas siguientes, no se publicó hasta 1905. No es de esperar que más de veinte años de labor ininterrumpida no hayan modificado nada en la interpretación y exposición de tal caso patológico, pero carecería totalmente de sentido querer adaptar ahora la exposición de su historial, corrigiéndola y ampliándola, al estado actual de nuestro conocimiento. La he dejado, pues, casi intacta, limitándome a rectificar algunas impresiones sobre las que me llamaron la atención mis excelentes traductores ingleses Mr. y Mrs. James Strachey. Las advertencias críticas que me han parecido necesarias las he incluido como adiciones al historial, de modo que en aquellos puntos en que tales notas no contradicen el texto, el lector tiene derecho a suponer que sigo manteniendo las mismas opiniones de entonces. El problema de la discreción profesional, del que me ocupo en esta introducción, no surge ya en los otros historiales clínicos siguientes[3], pues tres de ellos se publican con autorización expresa de los interesados —el de Juanito, con la de su padre— y en un caso (Schreber), el objeto del análisis no es realmente una persona, sino el libro por ella escrito. En el caso de Dora, el secreto se ha conservado hasta este mismo año. He sabido recientemente que la sujeto, de la que no había vuelto a tener noticia alguna en muchos años, había confiado a uno de mis colegas haber sido sometida por mí, en su juventud, al análisis, confidencia que permitió a mi colega, muy versado en estas cuestiones, reconocer en su paciente a aquella Dora de 1899. El hecho de que los tres meses de tratamiento lograran tan sólo solucionar el conflicto de entonces, sin dejar tras de sí una salvaguardia contra posteriores enfermedades neuróticas, no creo que pueda convertirse honradamente en un reproche contra la terapia analítica.

---

[3] N. del Traductor. —El presente volumen de esta edición incluye el historial clínico de Dora y el de Juanito. El próximo volumen (XVI) comprenderá los tres restantes, integrados en el tomo VIII de la edición alemana de las obras completas del profesor Freud.

I
El estado patológico

Después de haber mostrado en mi *Interpretación de los sueños* (1900) que los sueños son, en general, interpretables y que una vez llevada a término la labor interpretadora pueden ser reemplazados por ideas irreprochablemente estructuradas, susceptibles de ser interpoladas en un lugar determinado y conocido de la continuidad anímica, quisiera presentar, en las páginas que siguen, un ejemplo de aquella única aplicación práctica de que hasta ahora parece susceptible el arte onirocrítico. En mi obra antes citada expuse ya cómo llegué a encontrarme ante el problema de los sueños. Se alzó de pronto en mi camino, cuando intentaba lograr la curación de las psiconeurosis por medio de un procedimiento psicoterápico especial y los enfermos comenzaron a comunicarme, entre otros procesos de su vida anímica, sueños por ellos soñados, que parecían demandar un lugar entre las relaciones del síntoma patológico con la idea patógena. Aprendí por entonces a traducir al lenguaje vulgar el idioma de los sueños, y actualmente puedo afirmar que tal conocimiento es indispensable para el psicoanalítico, pues los sueños nos muestran el camino por el que puede llegar a la conciencia aquel material psíquico que, a causa de la resistencia provocada por su contenido, ha quedado reprimido y confinado fuera de la conciencia, haciéndose con ello patógeno. O más brevemente, los sueños son uno de los rodeos que permiten eludir la represión; uno de los medios principales de la llamada representación psíquica indirecta. La presente comunicación fragmentaria del historial clínico de una muchacha histérica intenta mostrar cómo la interpretación de los sueños interviene en la labor analítica. Me procura además una ocasión de propugnar públicamente, y por vez primera con toda la amplitud necesaria para su mejor comprensión, una parte de mis opiniones sobre los procesos psíquicos y sobre las condiciones orgánicas de la histeria. Reconocido ya, en general, que para aproximarse a la solución de los grandes problemas que la histeria plantea al médico y al investigador es preciso un fervoroso y profundo estudio y errónea la anterior actitud de despreciativa ligereza, no creo tener que disculparme de la amplitud con que he tratado el tema.

Ofrecer al lector un historial clínico acabadamente preciso y sin la menor laguna supondría situarle desde un principio en condiciones muy distintas a las del observador médico. Los informes de los familiares del enfermo —en este caso los suministrados por el padre de la paciente— suelen no procurar sino una imagen muy poco fiel del curso de la enfermedad. Naturalmente, yo inicio luego el tratamiento haciendo que el sujeto me relate su historia y la de su enfermedad, pero lo que así consigo averiguar no llega tampoco a proporcionarme orientación suficiente. Este primer relato puede compararse a un río no navegable, cuyo curso es desviado unas veces por masas de rocas y dividido otras por bancos de arena que le quitan profundidad. No puede menos de producirme asombro encontrar en los autores médicos historiales clínicos minuciosamente precisos y coherentes de casos de histeria. En realidad, los enfermos son incapaces de proporcionar sobre sí mismos informes tan exactos; pueden ilustrar al médico con amplitud y coherencia suficientes sobre alguna época de su vida, pero a estos períodos siguen otros en los que sus informes se agotan, presentan lagunas y plantean enigmas, hasta situarnos ante épocas totalmente obscuras, faltas de toda aclaración aprovechable. No existe entre los sucesos relatados la debida conexión, y su orden de sucesión aparece inseguro. En el curso mismo del relato, el enfermo rectifica repetidamente algunos datos o una fecha, volviendo luego, muchas veces, a su primera versión. La incapacidad de los enfermos para desarrollar una exposición ordenada de la historia de su vida en cuanto la misma coincide con la de su enfermedad no es sólo característica de la neurosis[4], sino que integra, además, una gran importancia teórica. Depende de varias causas: en primer lugar, el enfermo silencia conscientemente y con toda intención una parte de lo que sabe y debía relatar, fundándose para ello en impedimentos que aún no ha logrado superar: la repugnancia a comunicar sus intimidades, el pudor, o la discreción cuando se trata de otras personas. Tal sería la parte de insinceridad consciente. En segundo lugar, una parte de los conocimientos anamnésicos del paciente, sobre la cual dispone este en toda otra ocasión sin dificultad alguna, escapa a su dominio durante su relato, sin que el enfermo se proponga conscientemente silenciarla. Por último, no faltan nunca amnesias verdaderas, lagunas mnémicas, en las que se hunden no sólo recuerdos antiguos, sino también recuerdos muy recientes. Ni tampoco falsos recuerdos, formados secundariamente para cegar tales lagunas[5]. Cuando los sucesos se han conservado en la memoria, la intención en

---

[4] Un colega me confió en una ocasión a una hermana suya para que la sometiera al tratamiento psicoterápico, pues, según su diagnóstico, padecía una histeria de la que venía tratándose, sin resultado positivo, hacía ya varios años. La breve información de mi colega parecía perfectamente compatible con su diagnóstico. No obstante, en la primera sesión del tratamiento hice que la paciente misma me relatara su historia, y al comprobar que desarrollaba su relato con orden y claridad perfecto, a pesar de los singulares acontecimientos que entrañaba, concluí que no podía tratarse de un caso de histeria. Procedí, pues, seguidamente a un minucioso reconocimiento físico que me llevó a diagnosticar una tabes relativamente avanzada. Un tratamiento apropiado —inyecciones de Hg. (*Ol cinereum*, según la fórmula del profesor Lang)— mejoró luego mucho a la enferma.

[5] Las amnesias y los falsos recuerdos aparecen en una relación complementaria. Cuando un caso presenta grandes lagunas mnémicas, ofrece siempre, en cambio,

que la amnesia se basa queda conseguida con idéntica seguridad por la alteración de la continuidad, y el medio más seguro de desgarrar la continuidad es trastornar el orden de sucesión temporal de los acontecimientos. Este orden es siempre el elemento más vulnerable del acervo mnémico y el que antes sucumbe a la represión. Hay incluso algunos recuerdos que se nos presentan ya, por decirlo así, en un primer estadio de represión, pues se nos muestran penetrados de dudas. Cierto tiempo después, esta duda quedaría sustituida por el olvido o por un recuerdo falso[6].

Esta condición de los recuerdos relativos a la enfermedad es la correlación necesaria, teóricamente exigida, de los síntomas patológicos. En el curso del tratamiento va luego exponiendo el enfermo aquello que ha silenciado antes o que no acudió a su pensamiento. Los recuerdos falsos se demuestran insostenibles y quedan cegadas las lagunas mnémicas. Sólo hacia el final de la cura se ofrece ya a nuestra vista un historial patológico consecuente, inteligible y sin soluciones de continuidad. Si el fin práctico del tratamiento está en suprimir todos los síntomas posibles y sustituirlos por ideas conscientes, el fin teórico estará en curar todos los fallos de la memoria del enfermo. Ambos fines coinciden. Alcanzando uno de ellos queda conseguido el otro. Un mismo camino conduce hasta los dos.

De la naturaleza misma del material del psicoanálisis resulta que en nuestros historiales patológicos deberemos dedicar tanta

---

contados recuerdos falsos. Inversamente, tales recuerdos pueden encubrir por completo, a primera vista, la existencia de amnesias.

[6] En aquellos casos en que el enfermo mismo duda de la autenticidad de sus recuerdos, una regla empíricamente deducida aconseja prescindir por completo de semejante apreciación. Cuando vacila entre dos versiones distintas del mismo suceso nos inclinaremos a aceptar como exacta la primera, considerando la segunda como un producto de la represión.

atención a las circunstancias puramente humanas y sociales de los enfermos como a los datos somáticos y a los síntomas patológicos. Ante todo, dedicaremos interés preferente a las circunstancias familiares de los enfermos, y ello, como luego veremos, también por razones distintas de la herencia.

En el caso cuyo historial nos disponemos a comunicar, el círculo familiar de la paciente —una muchacha de dieciocho— comprendía a sus padres y a un único hermano, año y medio mayor que ella. La persona dominante era el padre, tanto por su inteligencia y sus condiciones de carácter como por las circunstancias externas de su vida, las cuales marcaron el curso de la historia infantil y patológica de la sujeto. Gran industrial de infatigable actividad y dotes intelectuales poco vulgares, se hallaba en excelente situación económica, y su edad, al encargarme yo del tratamiento de su hija, pasaba ya de los cuarenta y cinco años. La muchacha le profesaba intenso cariño, y su espíritu crítico, tempranamente despierto, condenaba tanto más dolorosamente ciertos actos y singularidades de su progenitor.

Las muchas y graves enfermedades que el padre había padecido a partir de la época en que su hija llegó a los seis años habían coadyuvado a intensificar tal ternura. Por dicha época enfermó el padre de tuberculosis, trasladándose toda la familia a la pequeña ciudad de B., situada en nuestras provincias del Sur y favorecida por un clima benigno y seco. La infección tuberculosa mejoró allí rápidamente, pero la familia continuó residiendo en B. durante cerca de diez años. El padre hacía de cuando en cuando un viaje para visitar sus fábricas y sólo en verano se trasladaban todos a un balneario de altura. Al cumplir la muchacha los diez años, el padre sufrió un desprendimiento de retina, que le impuso una cura de obscuridad y le dejó como huella una gran debilitación de la vista. Pero su enfermedad más grave le atacó aproximadamente dos años después y consistió en un acceso de confusión mental, al que se agregaron síntomas de parálisis y ligeros trastornos psíquicos. Un amigo del enfermo, del que más adelante habremos de ocuparnos ampliamente, movió a aquel a venir a Viena con su médico de cabecera para consultarme. En un principio, dudé de diagnosticar una taboparálisis, pero no tardé en decidirme a admitir una afección vascular difusa, y una vez que el enfermo me confesó haber padecido antes de su matrimonio una infección específica, le sometí a una enérgica cura antiluética, que hizo desaparecer todos los trastornos que aún le aquejaban. A esta afortunada intervención médica debo sin duda que el padre acudiera a mí cuatro años después con su hija, aquejada de claros síntomas neuróticos, y resolviera luego, al cabo de otros dos años, confiármela para intentar su curación por medio del tratamiento psicoterápico.

En el intervalo había yo conocido a una hermana del padre, poco mayor que él, que padecía una grave psiconeurosis desprovista de síntomas histéricos característicos. Esta mujer murió, después de una vida atormentada por un matrimonio desgraciado, consumida por los fenómenos no del todo explicables de un rápido marasmo.

Otro de sus hermanos, al que conocí por casualidad, era un solterón hipocondríaco.

La muchacha, que al serme confiada para su tratamiento acababa de cumplir los dieciocho, había orientado siempre sus simpatías hacia la familia de su padre, y desde que había enfermado, veía su modelo y el ejemplo de su destino en aquella tía suya antes mencionada. Tanto sus dones intelectuales, prematuramente desarrollados, como su disposición a la enfermedad demostraban que predominaba en ella la herencia de la rama paterna. No llegué a conocer a su madre, pero de los informes que sobre ella hubieron de proporcionarme el padre y la hija hube de deducir que se trataba de una mujer poco ilustrada y, sobre todo, poco inteligente, que al enfermar su marido había concentrado todos sus intereses en el gobierno del hogar, ofreciendo una imagen completa de aquello que podemos calificar de "psicosis del ama de casa". Falta de toda comprensión para los intereses espirituales de sus hijos, se pasaba el día velando por la limpieza de las habitaciones, los muebles y los utensilios, con una exageración tal, que hacía casi imposible servirse de ellos. Este estado, del cual encontramos con bastante frecuencia claros indicios en mujeres normales, se aproxima a ciertas formas de la obsesión patológica de limpieza. Pero tanto en estas mujeres como en la madre de nuestra paciente falta todo conocimiento de la enfermedad, y con ello uno de los caracteres más esenciales de la neurosis obsesiva. Las relaciones entre madre e hija eran muy poco amistosas desde hacía ya bastantes años. La hija no se ocupaba de su madre, la criticaba duramente y había escapado por completo a su influencia[7].

[7] No comparto ciertamente la opinión de que la única etiología de la histeria sea la herencia, pero, teniendo en cuenta anteriores publicaciones mías ("La herencia y la etiología de las neurosis", *Revue Neurologique*, 1896), en las cuales he combatido dicha opinión, no quisiera hacer sospechar que no concedo importancia alguna a la herencia en la etiología de las neurosis. En el caso de nuestra enferma, los informes antes comunicados sobre el padre y sus hermanos integran ya antecedentes patológicos suficientes, hasta tal punto, que aquellos que juzgan imposible la emergencia de estados patológicos, incluso como el de la madre, sin la existencia de una disposición hereditaria, no vacilarán en ver en este caso un ejemplo de herencia convergente. Por mi parte, creo más importante otro factor en cuanto a la disposición hereditaria, o más exactamente, constitucional de la paciente. Ya indicamos que el padre había padecido antes del matrimonio una infección sifilítica. Ahora bien, un tanto por ciento singularmente elevado de los enfermos a los cuales he aplicado el tratamiento psicoanalítico descendía de padres que habían padecido una tabes o parálisis. A consecuencia de la novedad de mi procedimiento terapéutico, acuden a mí solamente los casos más graves, sometidos ya durante años enteros a los más distintos tratamientos, sin el menor resultado positivo. Siguiendo la teoría de Fournier, hemos de considerar las tabes o parálisis de los progenitores como indicio de una antigua infección luética, la cual me ha sido directamente confesada, en muchos casos, por los padres de los

La sujeto tenía un único hermano, año y medio mayor que ella, en el cual había visto durante su infancia el modelo conforme al cual debiera forjar su personalidad. Las relaciones entre ambos hermanos se habían enfriado mucho en los últimos años. El muchacho procuraba sustraerse en lo posible a las complicaciones familiares, y cuando no tenía más remedio que tomar partido, se colocaba siempre al lado de la madre. De este modo, la atracción sexual habitual había aproximado afectivamente, de un lado, al padre y a la hija, y de otro, a la madre y al hijo.

Nuestra paciente, a la que llamaremos Dora en lo sucesivo, mostró ya a la edad de ocho años síntomas nerviosos. Por esta época enfermó de disnea permanente, con accesos periódicos a veces muy intensos. Esta dolencia la atacó por vez primera después de una pequeña excursión a la montaña y fue atribuida al principio a un exceso de fatiga. Seis meses de reposo y cuidados consiguieron mitigarla y hacerla desaparecer. El médico de la familia no vaciló en diagnosticar una afección puramente nerviosa, excluyendo desde el primer momento la posibilidad de una causación orgánica de la disnea, aunque por lo visto creía conciliable tal diagnóstico con la etiología de la fatiga[8].

La niña sufrió sin daño permanente las habituales enfermedades infantiles. Durante el tratamiento me contó con intención simbolizante que su hermano contraía regularmente en primer lugar y de un modo muy leve tales enfermedades, siguiéndole ella luego, siempre con mayor gravedad. Al llegar a

---

enfermos. En la última discusión sobre la descendencia de individuos sifilíticos (XIII Congreso Médico Internacional de París, 9 de agosto de 1900. Memorias de Finger, Tarnowski, Jullien y otros) echo de menos la mención de una circunstancia que mi experiencia de neurólogo me ha obligado a reconocer. Este hecho es el de que la sífilis de los progenitores es un factor de gran importancia para la constitución neurópata de la descendencia.

[8] Véase luego el motivo más verosímil de esta enfermedad.

los doce años comenzó a padecer frecuentes jaquecas y ataques de tos nerviosa, síntomas que al principio aparecían siempre unidos, separándose luego para seguir un distinto desarrollo. La jaqueca fue haciéndose cada vez menos frecuente, hasta desaparecer por completo al cumplir la sujeto dieciséis años. En cambio, los ataques de tos nerviosa, cuya primera aparición fue quizá provocada por un catarro vulgar, siguieron atormentándola. Cuando a los dieciocho años me fue confiada para su tratamiento, tosía de nuevo en forma característica. No fue posible fijar el número de tales ataques; su duración oscilaba entre tres y cinco semanas, llegando una vez a varios meses. En su primera fase, el síntoma más penoso había sido, por lo menos en los últimos años, una afonía completa. Se había fijado nuevamente y con plena seguridad el diagnóstico de neurosis; pero ninguno de los tratamientos usuales, incluso la hidroterapia y la electroterapia local, logró el menor resultado positivo. La muchacha, que a través de estos estados patológicos había llegado a ser ya casi una mujer de inteligencia clara y juicio muy independiente, acabó por acostumbrarse a despreciar los esfuerzos de los médicos, hasta el punto de renunciar por completo a su auxilio, y aunque la persona del médico de su familia no le inspiraba disgusto ni antipatía, eludía en lo posible acudir a él, resistiéndose también tenazmente a consultar a cualquier otro desconocido. Así, para que acudiera a mi clínica fue necesario que su padre se lo impusiera.

La vi por vez primera a principios del verano en que cumplía sus dieciséis años, aquejada de tos y ronquera, y ya por entonces propuse una cura psíquica que no llegó a iniciarse porque también este acceso, que le había durado ya más de lo acostumbrado, acabo por desaparecer espontáneamente. Al invierno siguiente, hallándose pasando una temporada en casa de su tío, a raíz de la muerte de la mujer de este, a la cual tanto quería la sujeto, enfermó de pronto y con fiebre alta, diagnosticándose su estado como un ataque de apendicitis[9]. Al otoño siguiente, la familia abandonó definitivamente la ciudad de B., pues la salud del padre parecía ya consentirlo, trasladándose primero al lugar donde aquel tenía su fábrica, y apenas un año después a Viena.

Dora había llegado a ser entre tanto una gallarda adolescente de fisonomía inteligente y atractiva, pero constituía un motivo constante de preocupación para sus padres. El signo capital de su enfermedad consistía ahora en una constante depresión de ánimo y una alteración del carácter. Se veía que no estaba satisfecha de sí misma ni de los suyos; trataba secamente a su padre y no se entendía ya ni poco ni mucho con su madre, que quería a toda costa hacerla participar en los cuidados de la casa. Evitaba el trato social, alegando fatiga constante, y ocupaba su tiempo con serios estudios y asistiendo a cursos y conferencias para señoras. Un día sus padres se quedaron aterrados al encontrar encima de su escritorio una carta en la que Dora se despedía de ellos para siempre, alegando que no podía soportar la vida por más tiempo[10]. La aguda penetración del padre le hizo suponer, desde el primer momento, que no se trataba de un propósito serio de quitarse la vida, pero quedó consternado, y cuando más tarde, después de una ligera discusión con su hija, tuvo esta un primer acceso de inconsciencia, del cual no quedó

---

[9] Véase, sobre esta enfermedad, el análisis del segundo sueño.

[10] Ya he hecho constar que esta cura, y con ella mi penetración en las concatenaciones del historial patológico, hubo de permanecer fragmentarias. No me es, pues, posible aclarar por completo ciertos extremos del mismo sobre los cuales sólo puedo aventurar hipótesis más o menos probables. Al tratar de esta carta en una de las sesiones del tratamiento, la paciente exclamó con aire de sorpresa: "No sé cómo pudieron encontrar la carta. Estoy segura de haberla dejado metida en un cajón de mi escritorio". Pero como sabía perfectamente que sus padres habían leído aquel borrador de su carta de despedida, hemos de deducir que trató de hacerlo llegar a sus manos dejándolo en sitio visible.

luego en su memoria recuerdo alguno, decidió, a pesar de la franca resistencia de la muchacha, confiarme su tratamiento[11].

El historial clínico hasta ahora esbozado no parece ciertamente entrañar un gran interés. Presenta todas las características de una *petite hystérie* con los síntomas somáticos y psíquicos más vulgares: disnea, tos nerviosa, afonía, jaquecas, depresión de ánimo, excitabilidad histérica y un pretendido *taedium vitae*. Se han publicado, desde luego, historiales clínicos mucho más interesantes y más cuidadosamente estructurados de sujetos histéricos, pues, tampoco en la continuación de este hallaremos nada de estigmas de la sensibilidad cutánea, limitación del campo visual, etc. Me permitiré tan sólo la observación de que todas las colecciones de fenómenos histéricos singulares y extraños no nos han avanzado gran cosa en el conocimiento de esta enfermedad tan enigmática aún. Lo que precisamente necesitamos es la aclaración de los casos más vulgares y de los síntomas típicos más frecuentes. Por mi parte, me bastaría que las circunstancias me hubiesen permitido hallar una explicación completa de este caso de pequeña histeria. Por mi experiencia con otros enfermos no dudo de que mis medios analíticos hubieran sido suficientes para conseguir tal resultado.

En 1896, poco después de la publicación de mis *Estudios sobre la histeria*, en colaboración con el doctor J. Breuer, rogué a uno de mis colegas más sobresalientes que me expusiera su juicio sobre la teoría psicológica de la histeria, que en dichos estudios propugnábamos. El colega así consultado me respondió sinceramente que la consideraba una generalización injustificada de conclusiones que podían ser exactas en algunos casos aislados. Desde entonces he visto numerosos casos de histeria,

[11] Creo que este ataque se presentó acompañado de convulsiones y delirios. Pero como el análisis no pudo ser llevado hasta la época en que hubo de desarrollarse, no puedo responder de la exactitud de este recuerdo mío.

cuyo análisis me ha ocupado meses e incluso años enteros, y en ninguno de ellos he echado de menos las condiciones psíquicas postuladas en dicha obra: el trauma psíquico, el conflicto de los afectos y, como hube de añadir en publicaciones ulteriores, la intervención de la esfera sexual. Tratándose de cosas que han llegado a hacerse patógenas por su tendencia a ocultarse, no se debe esperar que los enfermos las confíen espontáneamente al médico, el cual tampoco debe contentarse con el primer "no" que los pacientes opongan a su investigación[12].

En el caso de Dora debí a la aguda comprensión del padre, ya varias veces reconocida, la facilidad de no tener que buscar por mí mismo el enlace de la enfermedad, por lo menos en su última estructura, con la historia externa de la paciente. El padre me informó de que tanto él como su familia habían hecho en B. íntima amistad con un matrimonio residente allí desde varios años atrás: los señores de K. La señora de K. le había cuidado

---

[12] He aquí un ejemplo de esta última actitud. Uno de mis colegas de Viena, cuya convicción de la inanidad de los factores sexuales en cuanto a la histeria ha debido quedar muy robustecida por experiencias como esta: se decidió en una ocasión a dirigir a una paciente suya, muchacha de catorce años, aquejada de peligrosos vómitos histéricos, la espinosa pregunta de si poseía ya alguna experiencia amorosa o sexual. La niña respondió negativamente con bien fingida extrañeza, y luego fue a decir a su madre: "Figúrate que ese idiota me ha preguntado si estoy enamorada". Esta paciente acudió más tarde a mi consulta, y en el curso del tratamiento se descubrió, aunque desde luego no en la primera sesión, ni mucho menos, que se trataba de una antigua masturbadora, con intenso *fluor albus* íntimamente relacionado con los vómitos. Después de largas luchas consigo misma había conseguido abandonar aquel hábito, pero quedando atormentada por un violento sentimiento de culpabilidad, hasta el punto de considerar todas las contrariedades que surgían en la familia como un castigo de Dios por su pecado. Se hallaba, además, bajo la influencia de una desgraciada aventura de una tía suya, cuyo embarazo extramatrimonial (segunda determinación de los vómitos) creían sus padres haber conseguido ocultarle. Para su familia, la enferma era aún una niña inocente, pero en realidad se hallaba ya al corriente de todo lo esencial de las relaciones sexuales.

durante su última más grave enfermedad, adquiriendo con ello un derecho a su reconocimiento, y su marido se había mostrado siempre muy amable con Dora, acompañándola en sus paseos y haciéndole pequeños regalos, sin que nadie hubiera hallado nunca el menor mal propósito en su conducta. Dora había cuidado cariñosamente de los dos niños pequeños de aquel matrimonio, mostrándose con ellos verdaderamente maternal. Cuando, dos años antes, el padre y la hija vinieron a visitarme, a principios de verano, estaban de paso en Viena y se proponían continuar su viaje para reunirse con los señores de K. en un lugar de veraneo situado a orillas de uno de nuestros lagos alpinos. El padre se proponía regresar al cabo de pocos días, dejando a Dora en casa de sus amigos por unas cuantas semanas. Pero cuando se dispuso a retornar a Viena, Dora declaró resueltamente su deseo de acompañarle, y así lo hizo. Días después explicó su singular conducta, contando a su madre, para que esta a su vez lo pusiese en conocimiento del padre, que el señor K. se había atrevido a hacerle proposiciones amorosas durante un paseo que dieron a solas. El acusado, al que en la primera ocasión pidieron explicaciones el padre y el tío de la muchacha, negó categóricamente el hecho, y a su vez acusó a Dora diciendo que su mujer le había llamado la atención sobre el interés que la muchacha sentía hacia todo lo relacionado con la cuestión sexual, hasta el punto de que durante los días que había pasado en su casa, sus lecturas habían sido obras tales como *Fisiología del amor*, de Mantegazza. Acalorada, sin duda, por semejantes lecturas, había fantaseado la escena amorosa de la que ahora le acusaban.

"No dudo —dijo el padre— que este incidente es el que ha provocado la depresión de ánimo de Dora, su excitabilidad y sus ideas de suicidio. Ahora me exige que rompa toda relación con el matrimonio K., y muy especialmente con la mujer, a la que adoraba. Pero yo no puedo complacerla, pues, en primer lugar, creo también que la acusación que Dora ha lanzado sobre K. no es más que una fantasía suya, y en segundo, me enlaza a la señora K. una honrada amistad y no quiero causarle disgusto alguno. La pobre mujer es ya bastante desdichada con su marido, del cual no tengo, por lo demás, la mejor opinión; ha estado también gravemente enfermo de los nervios y ve en mí su único apoyo moral. No necesito decirle a usted que, dado mi mal estado de salud, estas relaciones mías con la señora de K. no entrañan nada ilícito. Somos dos desgraciados para quienes nuestra amistad constituye un consuelo. Ya sabe usted que mi mujer no es nada para mí. Pero Dora, que ha heredado mi testarudez, no consiente en deponer su hostilidad contra el matrimonio K. Su último acceso nervioso fue consecutivo a una conversación conmigo en la que volvió a plantearme la exigencia de ruptura. Espero que usted consiga llevarla ahora a un mejor camino".

No acababan de coincidir estas confidencias con otras manifestaciones anteriores del padre atribuyendo a la madre, cuyas manías perturbaban la vida del hogar, la culpa principal del carácter insoportable de su hija. Pero yo me había propuesto desde el principio aplazar mi juicio sobre la cuestión hasta haber escuchado a la otra parte interesada.

Así, pues, la aventura con K. —sus proposiciones amorosas y su ulterior acusación ofensiva— habría constituido, para nuestra paciente, el trauma psíquico que Breuer y yo hubimos de considerar indispensable para la génesis de una enfermedad histérica. Pero este caso presenta ya todas aquellas dificultades que acabaron por decidirme a ir más allá de tal teoría[13], agra-

---

[13] He superado esta teoría sin abandonarla. Quiero decir que hoy en día no la declaro inexacta, sino tan sólo incompleta. Lo único que he abandonado ha sido la hipótesis del estado hipnoide que había de emerger en el sujeto a consecuencia del trauma y constituir la base de todo el proceso psicológico anormal ulterior. Si es lícito delimitar, en un estudio hecho en colaboración, la parte correspondiente a cada uno de los colaboradores, habré de hacer constar que la teoría de los estados hipnoides, en la que muchos de nuestros críticos han querido ver

vada por otra de un orden distinto. En efecto, como en tantos otros historiales patológicos de sujetos histéricos, el trauma descubierto en la vida de la enferma no explica la peculiaridad de los síntomas, esto es, no demuestra hallarse con ellos en una relación determinada de su especial naturaleza. No aprehendemos así del enlace causal buscado ni más ni menos que si los síntomas resultantes del trauma no hubiesen sido la tos nerviosa, la afonía, la depresión de ánimo y el taedium vitae, sino otros totalmente distintos. Pero, además, ha de tenerse en cuenta, en este caso, que algunos de estos síntomas —la tos y la afonía— aquejaban ya a la sujeto años antes del trauma y que los primeros fenómenos nerviosos pertenecen a su infancia, pues aparecieron cuando Dora acababa de cumplir los ocho años. En consecuencia, si no queremos abandonar la teoría traumática, habremos de retroceder hasta la infancia de la sujeto para buscar en ella influjos e impresiones que puedan haber ejercido acción análoga a la de un trauma, retroceso tanto más obligado cuanto que incluso en la investigación de casos cuyos primeros síntomas no habían surgido en época infantil he hallado siempre algo que me ha impulsado a perseguir hasta dicha época temprana la historia de los pacientes[14].

Una vez vencidas las primeras dificultades de la cura, la sujeto me comunicó un incidente anterior con K. mucho más apropiado para haber ejercido sobre ella una acción traumática. Dora tenía por entonces catorce años; K. había convenido con ella y con su mujer que ambas acudirían por la tarde a su

---

el nódulo esencial de nuestro estudio, se debe exclusivamente a Breuer. Por mi parte, siempre consideré superfluo y equivocado interrumpir con tal hipótesis la continuidad del problema que se nos plantea en la investigación del proceso psíquico desarrollado en la génesis de los síntomas histéricos.

[14] *Cf.* el ensayo titulado *La etiología de la histeria*, incluido en el tomo XII de esta edición.

comercio, situado en la plaza principal de B., para presenciar desde él una fiesta religiosa. Pero luego hizo que su mujer se quedase en casa, despidió a los dependientes y esperó solo en la tienda la llegada de Dora. Próximo ya el momento en que la procesión iba a llegar ante la casa, indicó a la muchacha que le esperase junto a la escalera que conducía al piso superior, mientras él cerraba la puerta exterior y bajaba los cierres metálicos. Pero luego, en lugar de subir con ella la escalera, se detuvo al llegar a su lado, la estrechó entre sus brazos y le dio un beso en la boca. Esta situación así era apropiada para provocar en una muchacha virgen, de catorce años, una clara sensación de excitación sexual. Pero Dora sintió en aquel momento una violenta repugnancia; se desprendió de los brazos de K. y salió corriendo a la calle por la puerta interior. Este incidente no originó, sin embargo, una ruptura de sus relaciones de amistad con K. Ninguno de ellos volvió a mencionarlo, y Dora aseguraba haberlo mantenido secreto hasta su relato en la cura. De todos modos, evitó durante algún tiempo permanecer a solas con K. Este y su mujer habían proyectado por entonces una excursión de varios días en la que debía participar Dora, pero la muchacha se negó a ello después del incidente relatado, aunque sin explicar el verdadero motivo de su negativa.

En esta escena, segunda en cuanto a su comunicación en la cura, pero primera en cuanto a su situación en el tiempo, la conducta de Dora, muchacha entonces de catorce años, es ya totalmente histérica. Ante toda persona que en una ocasión favorable a la excitación sexual desarrolla predominante o exclusivamente sensaciones de repugnancia, no vacilaré ni un momento en diagnosticar una histeria, existan o no síntomas somáticos. La explicación de esta subversión de los afectos es uno de los puntos más importantes, pero también más arduos, de la psicología de las neurosis. Por mi parte, me creo aún muy lejos de haber hallado tal explicación, pero he de advertir que tampoco este historial clínico me ofrece ocasión favorable para exponer los progresos realizados en mi camino hacia ella.

El caso de nuestra paciente no queda aún bastante caracterizado acentuando esta subversión afectiva; ha de tenerse en cuenta también que nos encontramos ante un desplazamiento de sensación. En lugar de la sensación genital que una muchacha sana no hubiera dejado de experimentar en tales circunstancias[15], emerge en ella una sensación de displacer adscrita a las mucosas correspondientes a la entrada del tubo digestivo, o sea, la repugnancia y la náusea. En esta localización hubo de influir, desde luego, la excitación de la mucosa labial por el beso, pero también, y muy significativamente, otro factor distinto[16].

El asco entonces sentido no llegó a convertirse en un síntoma permanente, y tampoco en la época del tratamiento existía, si no en potencia, manifestándose quizá tan sólo en una leve repugnancia a los alimentos. En cambio, la escena citada había dejado tras de sí una huella distinta: una alucinación sensorial que se hacía sentir de tiempo en tiempo y apareció también durante el relato. La sujeto decía sentir aún en el busto la presión de aquel brazo. Determinadas reglas de la formación de síntomas y ciertas singularidades inexplicables de la enferma (como, por ejemplo, que eludía pasar cerca de un hombre que se hallaba conversando animada o cariñosamente con una mujer) me permitieron hacer del proceso de aquella escena la siguiente reconstrucción. A mi juicio, Dora no sintió tan sólo el abrazo

---

[15] El estudio de estas circunstancias quedará facilitado por una explicación posterior.

[16] La repugnancia de Dora al sentir el beso no dependió seguramente de circunstancias accidentales, que la sujeto hubiera recordado y mencionado. Yo conocía de antes al señor K., por haber sido la persona que vino acompañando al padre de Dora la primera vez que el mismo acudió a mi consulta, y sabía que se trataba de un hombre joven aún de aspecto atractivo.

apasionado y el beso en los labios, sino también la presión del miembro en erección contra su cuerpo. Esta sensación, para ella repugnante, quedó reprimida en su recuerdo y sustituida por la sensación inocente de la presión sentida en el tórax, la cual extrae de la fuente reprimida su excesiva intensidad. Trátase, pues, de un desplazamiento desde la parte inferior del cuerpo a la parte superior[17]. En cambio, la obsesión antes mencionada parece tener su origen en el recuerdo no modificado. Dora evita acercarse a un hombre que supone sexualmente excitado, para no advertir de nuevo el signo somático de tal excitación.

Es singular ver surgir en este caso, de un solo suceso, tres síntomas —la repugnancia, la sensación de presión en el busto y la resistencia a acercarse a individuos abstraídos en un diálogo amoroso— y comprobar cómo la referencia recíproca de estos tres signos hace posible la inteligencia del proceso genético de la formación de síntomas. La repugnancia corresponde al síntoma de represión de la zona erógena labial (viciada, como más adelante veremos, por el "chupeteo" infantil). La aproximación del miembro en erección hubo de tener seguramente como consecuencia una transformación análoga del órgano femenino correspondiente, el clítoris, y la excitación de esta segunda zona erógena quedó transferida, por desplazamiento, sobre la sensación simultánea de presión en el tórax. La resistencia a acercarse a individuos presuntamente en igual estado de

---

[17] Tales desplazamientos no son una hipótesis adoptada especialmente para esta explicación. Constituyen la premisa necesaria de toda una serie de síntomas. Con posterioridad al tratamiento de Dora, acudió a mi consulta una muchacha que de pronto, y coincidiendo con un brusco acceso inesperado de depresión de ánimo, había perdido todo afecto a su prometido, al que hasta entonces amaba con ternura. El análisis descubrió también en este caso la acción intimidante de un abrazo (sin beso) y logró referirla, sin dificultad alguna, a la percepción —rechazada por la conciencia— de la erección masculina.

excitación sexual sigue el mecanismo de una fobia para asegurarse contra una nueva emergencia de la percepción reprimida.

Para convencerme de la posibilidad de esta reconstrucción de la escena traumática pregunté con gran prudencia a la sujeto si conocía algo de los signos somáticos de la excitación sexual en el hombre. La respuesta fue afirmativa en cuanto al presente y dubitativa en cuanto a la época en que la escena hubo de desarrollarse. En el tratamiento de esta paciente tuve, desde un principio, el mayor cuidado en no proporcionarle ningún nuevo conocimiento en cuanto a la sexualidad, y ello no sólo por motivos de conciencia, sino también porque deseaba someter en este caso a una rigurosa prueba mis premisas teóricas. Así, pues, sólo me aventuraba a designar directamente algo cuando anteriores alusiones muy claras hacían ya que su mención directa no constituyera osadía ninguna. Dora respondía regularmente, sin vacilaciones y con honrada sinceridad, que aquello le era ya conocido, pero no logré hacerle recordar cuál había sido la fuente de tales conocimientos. Había olvidado por completo el origen de todos ellos[18].Representándome así la escena que se desarrolló en la tienda, llego a la siguiente derivación de la repugnancia[19]: La sensación de repugnancia aparece ser originariamente la reacción al olor —y luego también a la visión— de las heces. Ahora bien, los genitales, especialmente los masculinos, pueden recordar las funciones excrementales puesto que el órgano genital masculino sirve tanto para la función sexual como para la micción, siendo incluso esta última función la primeramente conocida y, desde luego, la única conocida en la época presexual. Así es como la repugnancia llega a quedar integrada entre las manifestaciones

---

[18] Véase el segundo sueño.

[19] Tanto aquí como en todos los casos análogos no ha de esperarse una causación simple, sino, por el contrario, múltiple, o sea, una superdeterminación.

afectivas de la vida sexual. La conocida sentencia de un padre de la Iglesia, *Inter urinas et faeces nascimur*, ha quedado adscrita a la vida sexual y no puede separarse de ella, a pesar de todos los esfuerzos realizados para idealizarla. Pero quiero hacer constar que no considero aún resuelto el problema con la mera indicación de este camino asociativo. Si tal asociación puede emerger, ello no explica que efectivamente emerja y, desde luego, no se presentará nunca en circunstancias normales. El conocimiento de los caminos no dispensa el de las fuerzas que por ellos siguen su curso[20].

Por lo demás, no me era nada fácil orientar la atención de mi paciente sobre sus relaciones con K. Afirmaba siempre haber terminado por completo con él. El estrato superior de todas sus asociaciones en las sesiones del tratamiento, todo lo que se le hacía fácilmente consciente y todo lo que recordaba conscientemente de los sucesos del día anterior, se refería siempre a su padre. Era exacto que no podía perdonarle la prosecución de sus relaciones con K. y sobre todo con la mujer del mismo. Pero su interpretación de estas últimas era ciertamente muy distinta de lo que el padre deseaba. Para Dora no cabía duda de que se trataba de unas relaciones eróticas entre su padre y la mujer de K., joven y bonita. Nada de lo que podía afirmar en ella esta convicción escapaba a su percepción implacablemente aguda en este punto, con respecto al cual no existía tampoco en su memoria la menor laguna. La amistad con el matrimonio K. hubo de iniciarse ya antes de la grave

---

[20] Estas observaciones integran muchos caracteres generales y típicos de la histeria. El tema de la erección resuelve algunos de los síntomas histéricos más interesantes. La percepción de los contornos del genital masculino destacándoles a través de la tela del traje, pasa a constituir, luego de reprimida, el motivo de numerosos casos de misantropía y horror a la sociedad. La amplia conexión entre lo sexual y lo excremental, cuya acción patógena no es fácil estimar en toda su importancia, sirve de base a un gran número de fobias histéricas.

enfermedad del padre, aunque no se hiciera íntima hasta la época en que la mujer ejerció oficio de enfermera cuidadosa y constante, en tanto que la madre de Dora apenas se acercaba al lecho del enfermo. En los primeros veraneos después de la curación sucedieron cosas que hubieran abierto los ojos de cualquiera sobre la verdadera naturaleza de aquella amistad. Ambas familias vivían en el mismo piso del hotel. Un buen día la señora de K. declaró que no podía seguir ocupando el cuarto que hasta entonces había compartido con sus hijos y poco después también el padre de Dora se trasladó de cuarto, yendo a ocupar otro situado al final del corredor y enfrente del de la señora de K. Ambas habitaciones quedaban así muy próximas y separadas, en cambio, de las del resto de la familia. Cuando la muchacha reprochaba luego a su padre la amistad con la señora de K., solía él contestarle que no comprendía semejante hostilidad, pues tanto ella como su hermano debían estarle, por el contrario, muy agradecidos. La madre, a la que en una de estas ocasiones pidió que le explicara aquellas palabras, le contestó que en la época de su enfermedad se había sentido el padre tan desesperado que había salido un día camino del bosque con intención de suicidarse. La señora de K. había sospechado su propósito y le había seguido, logrando hacerle desistir de ello y seguir viviendo para los suyos. Naturalmente, Dora no creyó tal explicación y supuso que su padre habría inventado el cuento del suicidio para justificar una cita con la mujer de K., con la cual había sido sorprendido en el bosque.

Cuando luego volvieron a B., el padre iba diariamente a visitar a la mujer de K., y siempre a la hora en que el marido se hallaba en la tienda. Todo el mundo criticaba aquella amistad y aludía a ella irónicamente delante de Dora. El mismo K. se había quejado varias veces de la actitud indiferente de la madre de Dora a este respecto, pero evitando siempre hacer ante esta última la menor alusión al asunto, cosa que la muchacha parecía agradecerle como una muestra de delicadeza. En los paseos familiares, el padre y la señora de K. se las arreglaban siempre de manera que pudieran quedarse solos. No cabía duda de que ella aceptaba de él dinero, pues hacía gastos imposibles de justificar con sus propios medios o los de su marido. El padre comenzó también a hacerle regalos de importancia, y para encubrirlos, se mostró particularmente generoso con su propia mujer y con Dora. La señora de K., que hasta entonces había estado muy delicada de salud e incluso había tenido que pasar una temporada en un sanatorio de enfermos nerviosos, a causa de una dolencia neurótica que llegó casi a privarla de la facultad de andar, había recobrado por completo la salud desde entonces y se mostraba contenta y gozosa de vivir.

También después de su partida de B. continuó esta amistad, pues el padre declaraba de cuando en cuando no poder soportar por más tiempo el clima de su nueva residencia y empezaba a toser y a quejarse hasta que un día se marchaba resueltamente a B., desde donde escribía luego cartas rebosantes de alegría. Todas aquellas enfermedades no eran sino pretextos para volver a ver a su amiga. Cuando más adelante reveló el padre su proyecto de trasladarse a Viena, Dora sospechó un nuevo manejo para reunirse con la señora de K., y en efecto, a las tres semanas de estar en Viena se enteró de que también el matrimonio K. se había trasladado allí. Comenzó a encontrar frecuentemente en la calle a la señora de K. en compañía de su padre, y también a K., el cual la seguía siempre con la vista, y una vez que la vio sola fue detrás de ella largo rato para ver adónde iba y convencerse de que no tenía ninguna cita.

Durante las sesiones del tratamiento, Dora criticó repetidas veces amargamente a su padre, diciendo que era poco sincero, no pensaba más que en su propia satisfacción y poseía el don de representarse las cosas tal y como le convenían; críticas que arreciaban especialmente en aquellas ocasiones en que el padre se sentía peor y salía precipitadamente para B.; no tardaba Dora en averiguar que también la señora de K. había salido con igual destino para visitar a unos parientes suyos.

En general, no era posible defender al padre contra estos reproches y se veía fácilmente cuál de ellos era el más justificado. Cuando Dora se sentía amargada, se le imponía la idea de que su padre la entregaba a K. como compensación de su tolerancia de las relaciones con su mujer, y dado el cariño filial de la muchacha no es difícil imaginar la ira que tal idea despertaba en ella. En otras épocas se daba perfecta cuenta de que con tales imaginaciones se hacía culpable de una exageración injustificada. Naturalmente, los dos hombres no habían concertado jamás pacto alguno formal en el que ella figurase como objeto de una transacción, y, sobre todo, el padre hubiera retrocedido espantado ante tal sospecha. Pero pertenecía a aquel género de individuos que saben eludir un conflicto falseando arbitrariamente su percepción de la más evidente realidad. Si alguien le hubiera advertido el peligro de aquellas relaciones constantes y no vigiladas por nadie de una muchacha adolescente con un hombre descontento de su mujer, hubiera respondido seguramente que tenía plena confianza en su hija, para la cual no podía resultar jamás peligroso un hombre como K., y que este mismo era, además, incapaz de semejante traición a la amistad que le profesaba. O también, que Dora era todavía una chiquilla y K. la trataba como tal. Pero, en realidad, cada uno de aquellos hombres evitaba cuidadosamente deducir de la conducta del otro aquellas conclusiones que podían estorbar la satisfacción de sus propios deseos. De este modo, K. pudo mandar diariamente durante un año entero un ramo de flores a Dora, aprovechar todo su tiempo libre para gozar de su compañía y hacerle costosos regalos sin que a sus padres les pareciera sospechosa tal conducta.

Cuando en el tratamiento psicoanalítico emerge una serie de ideas correctamente fundamentadas e irreprochables, surge también para el médico un momento de perplejidad. Pero no tardamos en observar que tales ideas inatacables por el análisis han sido utilizadas por el enfermo para encubrir otras que tratan de escapar a su crítica y a su conciencia. Una serie de reproches contra otros nos hace sospechar la existencia, detrás de ella, de una serie de reproches de igual contenido contra la propia persona. Nos bastará entonces referir sucesivamente cada uno de ellos a la persona del enfermo. Este modo de defenderse contra un reproche referido a uno mismo, transfiriéndolo a otra persona, muestra algo innegablemente automático y tiene su modelo en la conducta de los niños pequeños, que siempre que se les reprocha alguna mentira responden: "El mentiroso eres tú". El adulto respondería intentando subrayar algún defecto real del adversario, en lugar de emplear como defensa la repetición del mismo reproche. En la paranoia se hace manifiesta, como proceso constructor de delirios, esta proyección del reproche sobre otra persona sin modificación alguna de su contenido, y, por lo tanto, sin base ninguna real.

También los reproches de Dora contra su padre se superponían en toda su extensión a reproches de igual contenido contra sí misma, como vamos a demostrar detalladamente: Tenía razón al afirmar que el padre no quería enterarse del verdadero carácter de la conducta de K. para con ella, con objeto de no verse perturbado en sus relaciones amorosas. Pero Dora había obrado exactamente igual. Se había hecho cómplice de tales relaciones, rechazando todos los indicios que testimoniaban de la verdadera naturaleza de las mismas. Así, su comprensión de dicho carácter y las exigencias de ruptura planteadas al padre databan sólo de su aventura con K. en la excursión por el lago. Hasta este momento y durante años enteros había protegido en lo posible las relaciones de su padre con la mujer de K., a la cual no iba nunca a visitar cuando sospechaba que su padre se encontraba con ella, y sabiendo que durante aquellas horas los niños habrían sido mandados fuera de la casa, marchaba a su encuentro y seguía con ellos su paseo. Durante algún tiempo había habido en su casa una persona que quiso abrirle los ojos sobre las relaciones de su padre con la mujer de K. e impulsarla a tomar partido contra esta última. Tal persona había sido su última institutriz, una mujer ya no joven, muy linda y de opiniones harto libres[21]. La institutriz y la alumna mantuvieron excelentes relaciones durante algún tiempo, hasta que Dora se enemistó repentinamente con ella y consiguió que la despidieran. Mientras la institutriz ejerció alguna influencia en la casa la utilizó en contra de la señora de K. Manifestó a la madre que no era digno por parte suya tolerar tal intimidad de su marido con otra mujer y llamó la atención de Dora sobre cuantos indicios hacían sospechosas aquellas relaciones. Pero sus esfuerzos fueron inútiles. Dora siguió profesando a la señora de K. una tierna amistad y no veía motivo alguno para considerar intolerable las relaciones de su padre con ella. Pero, además, se daba cuenta exacta de los motivos que regían la conducta de su institutriz. Ciega para unas cosas, veía perfectamente otras, y así, no tardó en observar que la institutriz estaba enamorada de su padre. Cuando este se hallaba en casa, la institutriz parecía otra persona y se mostraba afectuosa y servicial. Durante la época en que la familia vivía en la ciudad donde el padre tenía su fábrica, y desaparecía, por tanto, del horizonte familiar la señora de K., su hostilidad se tornaba contra la madre, en la que veía entonces una rival. Pero Dora no llegó a tomarle a

[21] Esta institutriz, que leía toda clase de libros sobre cuestiones sexuales y los comentaba con la muchacha, rogándole que no comunicara tales conversaciones a sus padres, porque quizá no fueran de su agrado, me pareció constituir la fuente de los conocimientos de Dora en este sector, aunque no me fue posible comprobarlo.

mal nada de esto. En cambio, se indignó contra ella cuando advirtió que por sí misma le era totalmente indiferente y que el cariño que le mostraba no era más que un reflejo del que ofrendaba a su padre. Durante las ausencias del padre, la institutriz no le hacía el menor caso, no quería salir con ella a paseo ni se interesaba por sus estudios. En cambio, en cuanto el padre regresaba, la institutriz volvía a mostrarse amable, servicial e interesada en su educación. Al darse cuenta de esto fue cuando hizo que la despidieran.

La infeliz había hecho ver a Dora, con claridad indeseada, una parte de su propia conducta. Lo mismo que la institutriz se había conducido con ella a temporadas, se comportaba ella con los hijos de K. Desempeñaba cerca de ellos el papel de madre, dirigía sus estudios, los llevaba de paseo y les compensaba así del escaso interés que su madre les dedicaba. El matrimonio K. había estado varias veces a punto de separarse, no llegando a hacerlo porque el marido no se resignaba a renunciar a ninguno de sus hijos. El cariño a los niños había constituido desde un principio un enlace entre K. y Dora, y el ocuparse de ellos había sido para esta última el pretexto que debía ocultar a los ojos de los demás y a los suyos mismos algo distinto.

Su conducta para con los niños, tal y como hubo de quedar explicada por su relato del comportamiento de la institutriz para con ella, imponía la misma consecuencia que su tolerancia silenciosa de las relaciones de su padre con la mujer de K., esto es, que durante todos aquellos años había estado ella enamorada de K. Al expresarle yo esta deducción mía no obtuve su confirmación, pero en el acto me comunicó que también otras personas —por ejemplo, una prima suya que había pasado con ellos una temporada en B.— le habían acusado de hallarse perdidamente enamorada de aquel hombre, aunque por su parte no recordara ella haber abrigado jamás tal sentimiento. Más tarde, cuando la plenitud del material emergente le hizo ya difícil negar rotundamente mi hipótesis, concedió que quizá hubiera estado enamorada de K. durante la época que habían pasado en B., pero que aquel amor se había desvanecido por completo desde la escena del lago[22]. De todas maneras, quedó probado así que el reproche de haber negado a dar oídos a deberes ineludibles y haberse imaginado las cosas de la manera más cómoda y más favorable a sus sentimientos amorosos, o sea, el reproche que dirigía a su padre, recaía por completo sobre su propia persona[23].

El otro reproche de que su padre utilizaba sus enfermedades como pretexto y medio para sus fines encubre de nuevo toda una parte de su propia historia secreta. Un día se quejaba de un síntoma presuntamente nuevo, de agudos dolores de estómago, y al preguntarle yo: "¿A quién imita usted ahora?", di de lleno en el blanco. La tarde anterior había ido a visitar a sus primas, hijas de su difunta tía. La más joven estaba a punto de casarse. La mayor había enfermado por aquellos días de agudos dolores de estómago y la familia se disponía a llevarla a pasar una temporada a Semmering para ver si se reponía. Dora opinaba que la enfermedad de la mayor no era más que envidia, pues acostumbraba fingir una dolencia siempre que quería conseguir algo, y en esta ocasión lo que quería era alejarse de su casa para no ser testigo de la felicidad de su hermana[24]. Sus propios dolores de estómago cesaron al descubrirla yo que se identificaba con su prima, a la que

---

[22] Véase el segundo sueño.

[23] Surge aquí una cuestión. Si Dora amaba al señor K., ¿cómo se explica su repulsa en la escena del lago, o por lo menos la forma brutal, testimonio de indignación, de dicha repulsa? ¿Cómo pudo ver una muchacha enamorada una ofensa en una declaración que, según comprobamos luego, no tuvo nada de grosera ni de repugnante?

[24] Esto sucede todos los días entre hermanas.

acusaba de simulación, sea porque también ella envidiaba el amor de que era objeto otra mujer o porque veía reflejado su propio destino en el de la hermana mayor que había pasado poco tiempo antes por la contrariedad de ver desenlazarse desdichadamente unas relaciones amorosas[25]. También la conducta de la señora K. le había mostrado lo útiles que en ciertos casos pueden ser las enfermedades. K. pasaba fuera de su casa, en viajes de negocios, una parte del año, y siempre que volvía encontraba enferma a su mujer, a la que veinticuatro horas antes Dora había visto en perfecta salud. La muchacha comprendió así que la presencia del marido hacía enfermar en el acto a la mujer puesto que le permitía eludir el cumplimiento de sus deberes matrimoniales. Una observación sobre sus propias alternativas de salud y enfermedad durante los primeros años que pasó en B. me hizo sospechar una análoga dependencia de su salud. Una de las reglas técnicas psicoanalíticas pretende que una conexión interna, aun oculta, se manifiesta por la contigüidad de las asociaciones, de la misma manera que en la escritura una *a* puesta al lado de una *b* significa que hemos de formar con ambas letras la sílaba *ab*. Dora había padecido toda una serie de accesos de tos acompañados de afonía. ¿Habría influido para algo la presencia o la ausencia del hombre amado en esta aparición y desaparición de los fenómenos patológicos? Si así era, habríamos de hallar en algún lado una coincidencia delatora. Pregunté, pues, cuál había sido la duración media de aquellos accesos. De tres a seis semanas. Luego, ¿cuánto habían durado las ausencias de K.? Dora hubo de confesar que también de tres a seis semanas. Demostraba así, con su enfermedad, su amor por K., del mismo modo que la mujer de este último su

---

[25] Más adelante veremos qué conclusión puede deducirse de este síntoma.

desamor. Pero entonces habríamos de suponer que Dora se había conducido al revés que la esposa, enfermando mientras K. estaba ausente y sanando en cuanto llegaba. Así pareció haber sucedido realmente, por lo menos durante el primer período de los accesos, pues en épocas ulteriores se impuso a necesidad de encubrir la coincidencia del acceso con la ausencia del hombre secretamente amado, para evitar que la constancia del fenómeno llegase a descubrir el secreto y a partir de entonces la duración del ataque se conservó como signo de su significación primera.

En este punto recordé haber visto y oído en la clínica de Charcot que en las personas aquejadas de mutismo histérico la escritura se hacía más fácil en compensación del habla. Escribían, pues, con mayor soltura, rapidez y corrección que las demás y que ellas mismas antes del acceso del mutismo. Así había sucedido también en el caso de Dora. En los primeros días de su afonía le era siempre grato y fácil escribir. Esta singularidad no exigía ninguna explicación psicológica especial, puesto que constituía la manifestación de una función fisiológica sustitutiva creada por la necesidad, pero, de todos modos, fue singular la facilidad con que en el acto surgió tal explicación. K. solía comunicarle con frecuencia sus impresiones de viaje, y le mandaba numerosas postales, hasta el punto de que Dora sabía, antes que la propia mujer de K., la fecha de su retorno. El hecho de corresponder con un ausente, con el que no se puede hablar, no es menos natural que el de tratar de hacerse comprender por medio de la escritura cuando se está afónico. La afonía de Dora permitía, por tanto, la siguiente interpretación simbólica: Cuando el hombre amado estaba ausente renunciaba ella a hablar; el habla no tenía ya para ella valor ninguno, puesto que no le servía para comunicarse con él. En cambio, adquiría mucha más importancia la escritura como el único medio de seguir en relación con el ausente.

No me propongo sentar ahora la afirmación de que en todos los casos de afonía periódica pueda orientarse el diagnóstico hacia la existencia de un hombre amado, temporalmente ausente. La determinación del síntoma en el caso de Dora es demasiado específica para pensar en un frecuente retorno de la misma etiología accidental. ¿Qué valor tendrá, pues, nuestra explicación de la afonía? ¿No nos habremos dejado engañar por un azar? No lo creo. Habremos de recordar más bien la cuestión, tantas veces planteada, de si los síntomas de la histeria son de origen psíquico o somático o, reconociéndolos de origen psíquico, si necesariamente han de hallarse todos psíquicamente determinados. Esta cuestión es, como tantas otras en cuya solución vemos esforzarse continuamente en vano a los investigadores, inadecuada. No integra, en su alternativa, el verdadero estado de cosas. A mi juicio, todo síntoma histérico necesita aportaciones de ambos lados. No puede formarse sin una cierta colaboración somática facilitada por un proceso normal o patológico en algún órgano del cuerpo. No surge más de una vez —y para que un síntoma tenga carácter histérico es necesario que posea la capacidad de repetirse— cuando no tiene una significación psíquica, un sentido. Y este sentido no lo trae ya consigo el síntoma histérico, sino que le es prestado, le es agregado y puede ser distinto en cada caso, según la composición de las ideas reprimidas que pugnan por encontrar una expresión. Claro está que toda una serie de factores actúa en el sentido de que las relaciones entre las ideas inconscientes y los procesos somáticos de que disponen como medio de expresión se estructuren de un modo menos arbitrario, aproximándose a varios enlaces típicos. Para la terapia, las determinaciones dadas en el material psíquico accidental son las más importantes, pues solucionamos los síntomas investigando su significación psíquica. Pero una vez desvanecido todo lo que es posible suprimir por medio del psicoanálisis podemos construir muchas hipótesis, probablemente acertadas, sobre las bases somáticas, regularmente orgánico-constitucionales, de los síntomas. También para los accesos de tos y afonía, en el caso de Dora, habremos de ir más allá de la interpretación psicoanalítica y buscar detrás de la misma el factor orgánico del que partió la colaboración somática que facilitó la expresión del amor a un hombre temporalmente ausente. Y si el enlace entre la expresión sintomática y el contenido ideológico inconsciente nos sorprende en este caso por su hábil artificio, habremos de tener en cuenta que esta misma impresión habrá de hacernos en todo otro caso y en todo otro ejemplo.

Se me objetará quizá que no supone ciertamente un gran progreso el hecho de que, merced al psicoanálisis, no hayamos de buscar ya el enigma de la histeria en un "desequilibrio especial de la molécula nerviosa" o en la posibilidad de los estados hipnoides, sino en una colaboración somática. Pero contra esta observación he de hacer constar que tal enigma no queda así meramente desplazado, sino también muy disminuido. No se trata ya de su totalidad, sino de un fragmento del mismo que integra aquel carácter peculiar de la histeria que la diferencia de las demás psiconeurosis. Los procesos psíquicos son, en todas las psiconeurosis, los mismos durante todo un principio, y sólo luego ha de tenerse en cuenta la colaboración somática que deriva hacia lo somático los procesos psíquicos inconscientes. Allí donde este factor no aparece surge algo distinto de un síntoma histérico, aunque siempre algo afín al mismo, esto es, una fobia o una idea obsesiva; en concreto: un síntoma psíquico.

Volveremos ahora al reproche de simulación que Dora dirigía a su padre. No tardamos en observar que a tal reproche no correspondían solamente los que Dora se hacía a sí misma con relación a pasadas enfermedades suyas, sino también otros relativos a la época presente. En estas circunstancias se plantea generalmente al médico la labor de adivinar y completar aquello que el análisis sólo le indica con signos poco evidentes. Tuve, pues, que llamar la atención de la paciente sobre el hecho de que su enfermedad actual se mostraba tan tendenciosa como la que aquejaba periódicamente a la mujer de K., e idénticamente motivada. No cabía duda de que Dora perseguía un fin que esperaba alcanzar por medio de su edad y tal fin no podía ser otro que el de separar a su padre de aquella mujer. Ya que no lo conseguía con ruegos y argumentos, esperaba lograrlo atemorizando al padre (recuérdese la carta de despedida) y despertando su compasión (con sus accesos de inconsciencia). Y si tampoco todo aquello le servía de nada, por lo menos la vengaba de él. Sabía muy bien cuán grande era el cariño que su padre la profesaba, y que cada vez que alguien le preguntaba por su estado de salud asomaban las lágrimas a sus ojos. Por mi parte, estaba convencido de que su enfermedad desaparecía por completo en cuanto su padre se declarara dispuesto a sacrificar por su salud su amistad con la señora de K. Pero esperaba que el padre no llegaría a hacerlo, pues entonces Dora se daría cuenta del arma poderosa que tenía en sus manos y no dejaría de aprovecharla en adelante simulando enfermedades cada vez que quisiera conseguir algo. De todos modos, si el padre no cedía, estaba seguro de que Dora no renunciaría tan fácilmente a su enfermedad.

Paso por alto los detalles que confirmaron plenamente la exactitud de estas deducciones mías, prefiriendo exponer, en relación con ellas, algunas observaciones generales sobre la actuación de los "motivos de la enfermedad" en la histeria. Tales motivos de la enfermedad pueden diferenciarse con toda precisión de las posibilidades de la enfermedad y del material que compone los síntomas. No tienen la menor participación en la formación de estos últimos ni existen siquiera al principio de la enfermedad, sino que se agregan a ella secundariamente, pero sólo con su aparición queda plenamente constituido el estado patológico[26]. Puede contarse con su existencia en todos aquellos casos que constituyen una verdadera enfermedad y se prolongan durante mucho tiempo. El síntoma empieza siendo en la vida psíquica un intruso indeseado al que todo es adverso, situación que nos explica su frecuente desaparición espontánea y en apariencia por la sola acción del tiempo. Al principio no ejerce función alguna en la economía psíquica, pero en muchos casos la encuentra luego secundariamente. Una corriente psíquica cualquiera encuentra cómodo servirse del síntoma y este llega así a una función secundaria, quedando ya fijamente adherido a la vida anímica. Si queremos curar al enfermo tropezamos entonces, para nuestra máxima sorpresa, con una gran resistencia, que nos demuestra cómo su intención de lograr la curación no es todo lo sincero que creíamos[27].

---

[26] *Adición en 1923:* No todo esto es exacto. El principio de que los motivos de la enfermedad no existen al comienzo de la misma y sólo secundariamente aparecen no puede ya mantenerse. En páginas posteriores se mencionan ya motivos patológicos existentes antes de iniciarse la enfermedad y a los que ha de atribuirse una cierta participación en la misma. Ulteriormente me he acercado más al verdadero estado de cosas introduciendo la distinción entre ventajas primarias y secundarias de la enfermedad. El motivo que lleva a enfermar al sujeto es siempre el propósito de conquistar una ventaja. En cuanto a la ventaja secundaria de la enfermedad es perfectamente exacto lo que se expone a continuación; pero en toda enfermedad neurótica existe y ha de reconocerse una ventaja primaria. La enfermedad ahorra, en primer lugar, un rendimiento psíquico, resultando la solución más cómoda, desde el punto de vista económico, de un conflicto psíquico (el refugio en la enfermedad), aun cuando en la mayoría de los casos se demuestre luego lo inadecuado de una tal solución. Esta participación de la ventaja primaria de la enfermedad puede considerarse como la interna y psicológica y es, por decirlo así, constante. Aparte de esto, pueden proporcionar motivos de la enfermedad, y establecer así la participación externa de la ventaja patológica primaria, factores externos tales como la situación expuesta, en calidad de ejemplo, de la mujer dominada y tiranizada por su marido.

[27] Un poeta que al mismo tiempo es médico, Arturo Schnitzler, ha dado exacta expresión a esta singularidad en su *Paracelso*.

Imaginemos un obrero —un albañil, por ejemplo— al que la caída de un andamio ha inutilizado para el trabajo y pide ahora limosna en una esquina. Si nos acercamos a él y le prometemos restablecer plenamente su integridad física esperaremos quizá ver pintarse en su rostro una expresión de infinita alegría. Pero es muy posible que nos equivoquemos. Seguramente, a raíz de quedar inválido, se sintió extraordinariamente desdichado al advertir que nunca más podría trabajar y tendría que morirse de hambre o vivir de limosna, pero desde entonces aquello mismo que le dejó sin trabajo ha llegado a ser su fuente de ingresos. Vive precisamente de su invalidez, y si se la quitamos le dejaremos, quizá, sin medio alguno de ganarse la vida, pues entretanto ha olvidado su oficio, ha perdido el hábito de trabajar y se ha habituado a la ociosidad y acaso a la bebida.

Los motivos de la enfermedad empiezan a actuar muchas veces ya en la infancia. La niña ansiosa de cariño y que sólo a disgusto comparte con sus hermanos la ternura de sus padres, observa que esta ternura se concentra exclusivamente sobre ella cuando está enferma. Descubre así un medio de provocar el cariño de sus padres y se servirá de él en cuanto disponga del material psíquico necesario para producir una enfermedad. Cuando luego llega a ser mujer y un matrimonio poco afortunado la sitúa en circunstancias contrarias a las que ha exigido desde su infancia, pues su marido le guarda escasas atenciones, tiraniza su voluntad, aprovecha sin consideraciones su capacidad de trabajo y no le ofrece compensaciones morales ni materiales, su única arma para afirmarse en la vida será la enfermedad, que le procurará las consideraciones deseadas, obligará al hombre a sacrificios en cuidados y en dinero que nunca hubiese hecho por una mujer sana, y le forzará a seguir tratándola delicadamente después de la curación, para evitar una recaída. El carácter aparentemente objetivo e involuntario de la enfermedad, carácter que el médico se ve también obligado a reconocer, hasta que la sujeto pueda emplear, sin reproche alguno consciente contra sí misma, este medio cuya utilidad descubrió ya en su infancia.

Y, sin embargo, la enfermedad toda es intencionada. Los estados patológicos aparecen dedicados regularmente a una persona determinada y se desvanecen en cuanto tal persona se aleja. Aquel juicio vulgar sobre la histeria en el que suelen coincidir los familiares menos ilustrados de los enfermos es hasta cierto punto exacto. Es indudable que una histérica paralítica saltaría espontáneamente del lecho en que lleva postrada largos meses, si se declarase un fuego en su habitación, y que la esposa de continuo doliente e insatisfecha olvidaría todas sus quejas y sus enfermedades en cuanto un hijo suyo enfermase gravemente o surgiera una catástrofe que amenazase perturbar la vida del hogar. Todos los que hablan así de los enfermos histéricos tienen razón en cierto modo y sólo puede reprochárseles olvidar la diferencia psicológica entre lo consciente y lo inconsciente, olvido permisible aun cuando se trata de un niño, pero no en el caso de un adulto, y que hace inútil todo intento de persuadir a los enfermos de que les bastaría un esfuerzo de voluntad para curarse. Es preciso primeramente convencerlos, por medio del análisis, de la existencia de su propósito de enfermar.

La lucha contra los motivos de la enfermedad es en la histeria el punto débil de toda terapia, incluso de la psicoanalítica. El destino logra más fácilmente la victoria, pues no precisa atacar la constitución del enfermo ni tampoco su material patógeno. Destruye simplemente el motivo de la enfermedad y libra de ella al sujeto, por lo menos temporalmente, y a veces de un modo definitivo. Si los médicos pudieran averiguar más a menudo los intereses personales de sus enfermos, que estos suelen ocultarles cuidadosamente, admitirían muchos menos casos de curación milagrosa y de desaparición espontánea de los síntomas. En estos casos, lo que suele suceder es que ha transcurrido un determinado plazo, ha desaparecido la consideración debida a una segunda persona o se ha modificado fundamentalmente la situación por sucesos exteriores, cesando en el acto la enfermedad, espontáneamente en apariencia, pero realmente por la desaparición del motivo que la hacía útil en la vida del sujeto.

En todos los casos llegados a un pleno desarrollo descubriremos motivos que apoyan la enfermedad. Pero hay algunos que muestran motivos puramente internos, tales como el autocastigo, esto es, el remordimiento y la penitencia, y en ellos la labor terapéutica se hace mucho más fácil que en aquellos en los que la enfermedad se relaciona con la consecución de un fin exterior. Este fin era indudablemente para Dora obligar a su padre a romper su amistad con la mujer de K.

Ninguno de los actos del padre había llegado a indignarle tanto como la facilidad con que aceptó la opinión de que la escena junto al lago no había sido más que un producto de la fantasía de su hija. Se ponía fuera de sí cuando oía decir que en aquella ocasión podía haberse imaginado algo inexacto. Durante mucho tiempo no conseguí averiguar qué reproche contra sí misma podía esconderse detrás de su apasionada repulsa de tal explicación. Estaba justificada la sospecha de que encubriera algo importante, pues un reproche inexacto no suele ofender por mucho tiempo. Mas, por otro lado, hube de concluir que el relato de Dora correspondía a la verdad. En cuanto había comprendido las intenciones de K., no le había dejado continuar hablando, le había abofeteado y había echado a correr. Su conducta hubo de parecer al rechazado tan incomprensible como nos lo parece a nosotros, pues debía de haber deducido ya, por innumerables indicios harto significativos, el cariño que la muchacha le profesaba. En el análisis del segundo sueño hallamos, por fin, tanto la solución de este enigma como el autorreproche que al principio buscamos inútilmente.

Al comprobar que las acusaciones contra el padre retornaban con fatigosa monotonía en tanto que la tos nerviosa perduraba sin el menor alivio, hube de pensar que tal síntoma debía tener una significación referente al padre. Las exigencias que acostumbro plantear a la aclaración de un síntoma para aceptarlo como verdadero no llegaban a cumplirse. Según una regla confirmada siempre hasta entonces, pero a la que no me había decidido aún a dar un carácter general, un síntoma significa la representación —realización— de una fantasía de contenido sexual y, por lo tanto, de una situación sexual. O, mejor dicho, por lo menos uno de los sentidos de un síntoma se refiere siempre a una fantasía sexual, en tanto que para sus demás significaciones no existe tal limitación de contenido. El hecho de que un síntoma tiene más de un sentido y sirve simultáneamente de expresión a varios procesos mentales inconscientes es uno de los primeros que comprobamos en la labor psicoanalítica. Y todavía podemos añadir que un único proceso mental inconsciente o una única fantasía no bastan casi nunca para producir un síntoma.

No tardó en presentarse una ocasión que permitió interpretar la tos nerviosa de la sujeto como expresión de una situación sexual fantaseada. Cuando la enferma repitió una vez más que la mujer de K. amaba solamente a su padre porque se trataba de un hombre "de recursos", observé, por ciertos detalles secundarios de su expresión, que dejaré sin mencionar, como en general todo lo puramente técnico de la labor de análisis, que detrás de aquel giro se escondía la idea antitética, esto es, la de que el padre era un hombre "sin recursos". Esto podía tener tan sólo una interpretación sexual, o sea, la de que el padre era impotente. Una vez confirmada conscientemente por la sujeto esta interpretación, le hice observar que se contradecía al afirmar por un lado que las relaciones de su padre con la mujer de K. eran de carácter íntimo, sosteniendo por otro que el padre era impotente y por lo tanto incapaz de tales relaciones. Su respuesta mostró que no existía tal contradicción. Sabía —dijo— que había más de una forma de satisfacción sexual, aunque no pudo indicar de dónde había extraído tal conocimiento, y al preguntarle yo a continuación si se refería al empleo de órganos distintos de los genitales en el comercio sexual, asintió a mi suposición, y pude observar que pensaba precisamente en aquellos órganos que en ella se hallaban en estado de excitación (la boca y la garganta). Aquí no obtuve ya su confirmación expresa, pero precisamente para la reproducción del síntoma que nos ocupaba era requisito indispensable que la representación sexual correspondiente no fuese claramente consciente. Había, pues, que deducir que con aquella tos periódica, originada, como generalmente sucede, por un cosquilleo en la garganta, expresaba una situación de satisfacción sexual *per os* entre las dos personas cuyas relaciones amorosas la ocupaban de continuo. El hecho de que poco tiempo después de esta explicación que la paciente escuchó en silencio, desapareciese por completo la tos, parecía confirmarla. Pero no queremos dar demasiado valor demostrativo a tal desaparición ya que se había presentado otras veces espontáneamente.

Este fragmento del análisis despertará quizá en el lector médico, además de la incredulidad a la que tiene perfecto derecho, extrañeza y horror. Pero estoy dispuesto a someter a prueba la justificación de ambas reacciones. La extrañeza me la figuro motivada por mi osadía al tratar de cuestiones tan espinosas con una muchacha. El horror proviene probablemente de la posibilidad de que una muchacha virgen conozca ya tales prácticas y ocupe con ellas su fantasía. En ambos puntos aconsejaría yo moderación y reflexión. Ninguno de tales dos hechos da motivo para indignarse. Puede hablarse con muchachas y mujeres de cuestiones sexuales sin perjudicarlas en lo más mínimo ni tampoco hacerse uno sospechoso.

Basta con hacerlo de cierta manera y saber despertar en ellas la convicción de que es necesario e inevitable. En idénticas circunstancias se permite el ginecólogo someterlas a los más audaces contactos. La mejor manera de hablar de estas cosas es directa y secamente, pues contrasta de un modo rotundo con la complacencia con que se tratan veladamente en sociedad los mismos temas, complacencia a la cual se hallan de sobra acostumbradas las mujeres. En mi consulta doy tanto a los órganos como a los procesos sexuales sus nombres técnicos y cuando las pacientes no conocen tales nombres, se los comunico, *J'appelle un chat, un chat*. Sé, desde luego, que dentro y fuera de la profesión médica hay muchas personas a quienes escandaliza una terapia en la que se habla de tales cosas y que parecen envidiarme o envidiar a mis pacientes la excitación que, a su juicio, han de producir semejantes conversaciones. Pero conozco muy bien la moralidad de estos señores para que su opinión me produzca algún efecto. No caeré en la tentación de escribir una sátira. Pero sí he de hacer constar la satisfacción que me produce oír a muchas enfermas que al principio tropezaban con grandes dificultades para discurrir francamente sobre las cuestiones de orden sexual, frases análogas a la siguiente: "Su tratamiento es, desde luego, harto más correcto que las conversaciones de muchos caballeros".

Antes de emprender el tratamiento de una histeria es necesario hallarse convencido de que ha de ser inevitable tratar de cosas sexuales o estar dispuesto a dejarse convencer por la experiencia. Los pacientes mismos se convencen pronto, pues en el curso del tratamiento encuentran múltiples ocasiones para ello. Por nuestra parte nos bastará con no hacernos un reproche de tratar con ellos cuestiones de la vida sexual normal o anormal. Si obramos con prudencia, no haremos más que traducirles a lo consciente aquello que ya inconscientemente saben, y toda la acción de la cura reposa en el conocimiento de que la influencia afectiva de una idea inconsciente es más enérgica y más perjudicial que la de una idea consciente, pues no es susceptible de contención. Por lo demás, no se corre nunca peligro alguno de pervertir a una muchacha inexperimentada, pues en aquellos casos en los que no existe ya un conocimiento inconsciente de los procesos sexuales no llega jamás a producirse síntoma histérico alguno. Allí donde surge una histeria no puede hablarse ya de inocencia en el sentido que los padres y los educadores dan a este concepto. En niños y niñas de diez, doce y catorce años he llegado a convencerme de la absoluta exactitud de este principio.

Por lo que respecta a la segunda reacción afectiva, orientada no ya hacia mí, sino hacia la paciente —el horror provocado por el carácter perverso de su fantasía— quisiera hacer constar que tales juicios apasionados no son nada propios de un médico. Encuentro innecesario que un médico que escribe un trabajo sobre las aberraciones del instinto sexual aproveche toda ocasión para intercalar en el texto la expresión de su horror personal ante cosas tan repugnantes. Se trata de hechos reales a los que hemos de habituarnos, sin tener para nada en cuenta nuestras directivas estéticas. Es preciso hablar sin indignación ninguna de aquello a lo que damos el nombre de perversiones sexuales, o sea, de las extralimitaciones de la función sexual en cuanto a la región somática y al objeto sexual. Ya la variabilidad de los límites asignados a la vida sexual considerada normal en las diversas razas y épocas debía bastar para enfriar nuestro celo. No debemos olvidar que la más extraña de estas perversiones, la homosexualidad masculina, fue tolerada e incluso encargada de importantes funciones sociales en un pueblo de civilización tan superior como el griego. Cada uno de nosotros traspasa a veces en su propia vida sexual las limitadas fronteras de lo considerado como normal. Las perversiones no constituyen una bestialidad ni una degeneración en el sentido patético de la palabra; son el desarrollo de gérmenes contenidos en la disposición sexual indiferenciada del niño y cuya represión u orientación hacia fines asexuales más elevados —sublimación— está destinada a producir buena parte de nuestros rendimientos culturales. Así, pues, cuando alguien ha llegado a ser grosera y manifiestamente perverso, será más exacto decir que ha permanecido tal y representa un estadio de una inhibición del desarrollo. Los psiconeuróticos son todos ellos personas de inclinaciones perversas enérgicamente desarrolladas, pero reprimidas en el curso del desarrollo y relegadas a lo inconsciente. Sus fantasías inconscientes muestran, en consecuencia, exactamente el mismo contenido que los actos de los perversos, aun cuando no hayan leído la *Psicopatía sexual*, de Krafft-Ebing, a la cual atribuyen muchas personas ingenuas tanta culpa en la génesis de inclinaciones perversas. Las psiconeurosis son, por decirlo así, el negativo de las perversiones. La constitución sexual, en la cual queda integrada la herencia, colabora en los neuróticos con influencias accidentales de la vida, que perturban el desarrollo de la sexualidad normal. Las corrientes que tropiezan con un obstáculo en su curso refluyen a otros lechos antiguos que, de no ser así, hubieran permanecido en seco. Las energías de la producción de síntomas histéricos no son aportadas tan sólo por la sexualidad normal reprimida, sino también por los impulsos perversos inconscientes[28].

Las perversiones sexuales menos repulsivas gozan de gran difusión entre nuestros contemporáneos, cosa que sabe todo el mundo menos los autores médicos que han escrito sobre esta cuestión. O, mejor dicho, tales autores lo saben también, pero

---

[28] Estas observaciones sobre las perversiones sexuales fueron escritas varios años antes de la excelente obra de I. Bloch (*Aportaciones a la etiología de la psicopatía sexual*, 1902 y 1903). Véase también mis *Tres ensayos para una teoría sexual* (1905). *Cf.* el tomo segundo de estas *Obras Completas*.

se esfuerzan en olvidarlo al coger la pluma para escribir sobre ello. No es, pues, de extrañar que nuestra paciente histérica hubiera oído ya hablar, a los diecinueve años, del comercio sexual *per os* o hubiera desarrollado una fantasía inconsciente con semejante contenido y la hubiera expresado por medio de la sensación de cosquilleo en la garganta y la tos. Tampoco habría de extrañarnos que hubiera llegado a una tal fantasía sin revelación especial exterior ninguna previa, pues en otras pacientes hemos podido comprobar con toda seguridad procesos semejantes. La premisa somática de una tal creación autística de una fantasía coincidente luego con los actos de los perversos habría sido constituida en ella por una circunstancia personal. Dora recordaba muy bien haber observado en sus años infantiles, hasta épocas muy tardías, la costumbre del “chupete”. También el padre recordaba que sólo había logrado hacerle prescindir de él cuando tenía cuatro o cinco años. La misma sujeto evocaba claramente una escena habitual de sus años infantiles en la que se veía sentada en el suelo en un rincón, chupándose el dedo gordo de la mano izquierda, mientras pellizcaba con la mano derecha el lóbulo de la oreja de su hermano, tranquilamente sentado junto a ella. Es esta una forma completa de autosatisfacción que me ha sido relatada por otras muchas sujetos, anestésicas e histéricas luego. Una de ellas me proporcionó un dato que arroja viva luz sobre el origen de este hábito singular. Tratábase de una mujer joven que no había logrado aún prescindir de aquella costumbre infantil. En su recuerdo se veía a la edad de año y medio en brazos de su ama y tomando el pecho en tanto le pellizcaba rítmicamente el lóbulo de la oreja.

Es innegable que las mucosas labiales y bucales son una zona erógena primaria, carácter que conservan permanentemente en el beso, considerado como un acto sexual normal. Una intensa actividad temprana de esta zona erógena constituye, pues, premisa necesaria de la colaboración somática ulterior de toda la mucosa que comienza en los labios. Cuando luego, en una época en que el objeto sexual propiamente dicho, el miembro viril, es ya conocido y se dan circunstancias que intensifican la excitación de la zona erógena bucal, no hace falta gran fuerza creadora para sustituir en la situación de satisfacción sexual el pecho de la nodriza o el propio dedo, primer subrogado del pezón, por el miembro viril. De esta manera, la fantasía perversa de la satisfacción sexual *per os* tiene un origen absolutamente inocente, siendo tan sólo una transformación de la impresión que pudiéramos denominar prehistórica de tomar el pecho de la madre o de la nodriza, impresión reanimada luego, habitualmente, por la vista de niños pequeños en el acto de ser amamantados. Por lo general, la ubre de la vaca sirve de representación transitoria entre el pezón de la nodriza y el miembro viril.

Esta interpretación del síntoma faríngeo de Dora puede dar motivo a una nueva objeción. Puede preguntársenos cómo esta situación sexual fantaseada resulta compatible con la otra explicación de que la aparición y desaparición de los fenómenos patológicos imita la presencia y la ausencia del hombre amado, esto es, expresa, integrando la conducta de la mujer de K., la idea siguiente: "Si yo fuera su mujer le querría de muy distinto modo y enfermaría (de pena) cuando estuviera ausente, curándome (de gozo) en cuanto volviera a casa". Fundándonos en nuestra experiencia en la solución de síntomas histéricos responderíamos a esta observación lo que sigue: No es necesario que las distintas significaciones de un síntoma sean compatibles entre sí, esto es, que se complementen formando un todo unitario. Basta que tal unidad resulte de ser un solo y mismo tema el que ha dado origen a las distintas fantasías. En nuestro caso no queda excluida, además, aquella compatibilidad. Uno de los sentidos del síntoma es expresado por la tos, y el otro por la afonía y el curso de los estados patológicos. Un análisis más sutil hubiera demostrado, probablemente, una mayor espiritualización de los detalles de la enfermedad. Hemos visto ya que un síntoma integra siempre *simultáneamente* varios sentidos. Añadiremos ahora que también puede expresar *sucesivamente* varias significaciones. Puede cambiar por otro, en el transcurso de los años, uno de sus sentidos, incluso el capital, y esta importancia principal puede quedar transferida de un sentido a otro. Hallamos en la neurosis un rasgo conservador en cuanto el síntoma, una vez constituido tiende a perdurar, aunque la idea inconsciente que halló en él su expresión haya perdido su significación primera. Pero tampoco es difícil explicar mecánicamente esta tendencia a la conservación del síntoma. La constitución de un síntoma es tan ardua, la transferencia de la excitación puramente psíquica a lo somático —la conversión— se halla ligada a tantas condiciones favorables, y es tan difícil de obtener la colaboración somática indispensable para ella, que el impulso a la derivación lleva al estímulo emanado de lo inconsciente a satisfacerse, si es posible, con el exutorio preexistente. Mucho más fácil que el desarrollo de una nueva conversión es la constitución de relaciones asociativas entre una idea nueva necesitada de derivación y la antigua que ha perdido ya tal necesidad. Por el camino así abierto fluye la excitación procedente de la nueva fuente de estímulo hasta la antigua salida, y el síntoma semeja entonces, según la expresión bíblica, un odre viejo lleno de vino nuevo. Si después de estas aclaraciones la parte somática del síntoma histérico aparece como la más permanente y la más difícil de sustituir y la psíquica como el elemento variable fácilmente reemplazable, no habremos de deducir de este hecho un orden de primacía entre ambas. Para la terapia psíquica es siempre la parte psíquica la más importante.

La repetición incesante de las mismas ideas relativas a los amores de su padre con la mujer de K. ofreció al análisis de Dora ocasión de otros distintos descubrimientos.

Tales ideas pueden calificarse de "prepotentes" o, mejor aún, de "reforzadas" o de "preponderantes" en el sentido de Wernick. Se demuestran patológicas no obstante su contenido aparentemente correcto, por la invencible resistencia que oponen a todos los esfuerzos mentales conscientes y voluntarios que el sujeto realiza para sustituirlas o alejarlas de su pensamiento. Una idea normal, por intensa que sea, no resiste jamás a tales esfuerzos. Dora se daba perfecta cuenta de que sus ideas con respecto a su padre tenían un carácter especial. "No puedo pensar en otra cosa —lamentaba repetidamente—. Mi hermano me dice que no tenemos derecho a criticar los actos de nuestro padre. En todo caso debíamos alegrarnos de que haya encontrado una mujer a la que pueda dedicar su corazón, y que mamá no le comprende. Estas ideas de mi hermano me parecen muy justas y quisiera pensar como él, pero no puedo. No puedo perdonar a mi padre su conducta[29]".

¿Qué hacer, pues, ante una tal idea cuando conocemos ya su base consciente y las vanas objeciones que contra ella eleva el sujeto? Concluimos que debe su intensificación a lo inconsciente. No puede ser resuelta por una labor mental, bien porque alcanza con sus raíces hasta el material inconsciente reprimido o porque se esconde detrás de ella otra idea inconsciente, la cual es entonces casi siempre su antítesis directa. Las antítesis se hallan siempre estrechamente enlazadas entre sí y con frecuencia apareadas de tal modo que una de las ideas es

[29] Una tal idea preponderante constituye, en unión con una profunda depresión de ánimo, el único síntoma de un estado patológico al que se da generalmente el nombre de melancolía, pero que es susceptible de solución por medio del psicoanálisis, lo mismo que una histeria.

intensamente consciente y la otra, en cambio, inconsciente y reprimida. Esta situación es consecuencia de una modalidad especial del proceso de la represión. La represión se constituye a veces de manera que la antítesis de la idea que ha de ser reprimida queda extraordinariamente reforzada. Damos a este proceso el nombre de *intensificación por reacción* y a la idea que se afirma intensamente en lo consciente y se muestra irreprimible como si de un prejuicio se tratase, el de idea de reacción. Merced a cierto exceso de intensidad, la idea de reacción mantiene reprimida a la otra, pero simultáneamente queda a su vez como desvanecida y protegida contra la labor mental consciente. El camino para despojar de su excesiva intensidad a la idea dominante es hacer consciente la antítesis reprimida.

No podemos excluir tampoco el caso de que la preponderancia de una idea no sea el producto de uno solo de los procesos reseñados, sino de ambos conjuntamente. Pueden también presentarse otras complicaciones fácilmente reducibles a las indicadas.

Veamos qué resulta de aplicar a este caso la hipótesis de que Dora desconocía la raíz de su preocupación obsesiva en torno de las relaciones de su padre con la mujer de K. por ser dicha raíz inconsciente en ella. Los datos obtenidos en el análisis nos revelan cuál era. La conducta de Dora iba más allá de su condición final. Sentía y obraba más bien como una mujer celosa; tal y como hubiera parecido comprensible que obrase su madre. Con el dilema que a su padre planteaba —"Esa mujer o yo"— los reproches que le dirigía y su amenaza de suicidio, se situaba claramente en el lugar de la madre. Pero al mismo tiempo, si la fantasía en que se basaban sus accesos de tos ha sido exactamente reconstruida por nosotros, resultará que se identificaba en ella con la mujer de K. Se identificaba, pues, con las dos mujeres a quienes su padre había amado. Hemos de concluir, por lo tanto, que obraba como si ella misma supiera o estuviera dispuesta a reconocer que se hallaba enamorada de su padre.

Mi experiencia psicoanalítica me ha enseñado a ver en estas relaciones inconscientes entre padre e hija o madre e hijo, reconocibles en sus consecuencias anormales, una reviviscencia de gérmenes sensitivos infantiles. Ya en otro lugar hemos expuesto cuán tempranamente se establece la atracción sexual entre padre e hijos y hemos demostrado que la fábula de Edipo constituye probablemente una elaboración poética del nódulo típico de estas relaciones. Esta temprana inclinación de la hija hacia el padre y del hijo hacia la madre, de la cual entrañan casi todos los hombres clara huella, ha de ser supuesta muy intensa en los niños constitucionalmente predispuestos a la neurosis, tempranamente maduros y ansiosos de cariño.

Intervienen luego determinadas influencias que ahora no podemos entrar a describir, y que fijan el impulso amoroso rudimentario o lo intensifican de tal manera que, ya en los años infantiles o luego en la época de la pubertad, se convierte en algo equivalente a una inclinación sexual, atrayendo así, como esta, una carga de libido[30]. Las circunstancias externas de la vida de nuestra paciente no son nada desfavorables a tal hipótesis. Su disposición congénita la había impulsado siempre hacia el padre, cuyas numerosas enfermedades hubieron de intensificar su cariño por él. En algunas de ellas el padre no consentía que le cuidara más que Dora, y orgulloso de su inteligencia tempranamente desarrollada, había hecho de ella, desde muy niña, su persona de confianza. La aparición de la mujer de K. la había suplantado, pues, realmente, en muchos sentidos, más que a su madre.

---

[30] El factor decisivo es aquí la temprana aparición de sensaciones genitales auténticas, bien espontáneas, bien provocadas por la seducción o la masturbación.

Cuando comuniqué a Dora mi sospecha de que su inclinación hacia el padre había integrado ya tempranamente un preciso carácter de enamoramiento, la sujeto me dio su respuesta habitual: "No me acuerdo". Pero en el acto relató algo totalmente análogo de una primita suya de siete años en la que creía ver un reflejo de su propia niñez. Esta pequeña había sido testigo una vez de una violenta discusión entre sus padres y cuando poco después fue Dora a visitarla, se acercó a ella y le murmuró al oído: "No puedes figurarte cuánto odio a esa mujer (refiriéndose a su madre). Cuando se muera me casaré con papá". En tales asociaciones, que armonizan con una afirmación mía anterior, acostumbro a ver una confirmación de la misma, procedente de lo inconsciente.

Este amor a su padre no se había manifestado en mucho tiempo. Por el contrario, Dora había vivido durante muchos años en perfecta armonía con aquella mujer que la había suplantado cerca de su padre, e incluso había fomentado sus relaciones con este, como ya hemos visto por sus autorreproches. Este amor había sido intensificado ahora, aunque no sabemos por qué ni con qué fin. Seguramente como síntoma de reacción para reprimir otro impulso aún poderoso en lo inconsciente. Ante el aspecto que las cosas presentaban, hube de pensar, en primer lugar, que tal elemento reprimido era el amor a K. Había de suponer que su enamoramiento duraba aún, pero que desde la escena del lago —y por motivos desconocidos— había surgido en ella una violenta resistencia contra aquel amor, renaciendo entonces su antigua inclinación hacia el padre, intensificada con objeto de desvanecer su recuerdo consciente de aquel amor displaciente de sus primeros años infantiles. Pero luego descubrí un conflicto muy apropiado para conmover la vida anímica de la muchacha. Por un lado, lamentaba haber rechazado las pretensiones de aquel hombre tan enamorado de ella, pero, por otro, se resistían contra ellos poderosos motivos, entre los cuales se traslucía fácilmente su orgullo. Había llegado así a convencerse de haber alejado totalmente de su pensamiento a K. —tal era la ventaja extraída en el proceso de represión— y, sin embargo, tuvo que evocar y exagerar, para protegerse contra él, su inclinación infantil hacia el padre. El hecho de que entonces la dominase constantemente una celosa irritación parecía correspondiente a otra determinación suplementaria.

No era contrario a mis esperanzas el hecho de que al desarrollar esta explicación ante Dora la recibiese ella con la más violenta repulsa. La negativa que nos opone el paciente cuando situamos por vez primera ante su percepción consciente la idea reprimida, no hace más que confirmar la represión. Si eludimos interpretar tal negativa como la expresión de un juicio imparcial, del que no es capaz el enfermo, la dejamos de lado y continuamos nuestra labor, no tardan en presentarse pruebas de que el "no" significa en tales casos el "sí" deseado. Dora confesó que no le era posible guardar a K. todo el rencor que por su conducta para con ella merecía, y relató que un día se había cruzado con él en la calle, yendo acompañada por una prima suya que no le conocía. Su prima le había dicho: "¿Qué te pasa, Dora? Te has puesto pálida como una muerta". Ella misma no había sentido nada que pudiera hacerle sospechar semejante transformación exterior, y entonces le expliqué que la expresión de los afectos obedece más a lo inconsciente que a la conciencia y delata frecuentemente los impulsos de aquel. Otro día llegó a la consulta de muy mal humor, sin que pudiera explicarme por qué. Dijo tan sólo que aquel día era el cumpleaños de su tío y que sin saber por qué motivo le molestaba mucho tener que ir a felicitarlo. Mi arte interpretativo carecía aquel día de penetración. Dejé, pues, hablar a la paciente hasta que recordó de pronto que aquel mismo día era también el cumpleaños de K., hecho sobre el cual hube de atraer su atención. No fue difícil entonces hallar también la explicación de por qué los regalos que había recibido días antes, con motivo de su cumpleaños, no le habían proporcionado la menor alegría. Faltaba entre ellos el de K., que antes había sido para Dora el más valioso.

Entretanto seguía contradiciendo mi afirmación, hasta que al final ya del análisis pude obtener su confirmación completa.

He de tratar ahora de una nueva complicación, de la que no hablaría seguramente si hubiera de inventar un tal estado de ánimo para una novela en lugar de analizarlo como médico. El elemento al que ahora voy a aludir puede tan sólo desvanecer y enturbiar el bello conflicto poético que suponemos en Dora, y seguramente sería suprimido por el poeta, que siempre tiende a simplificar y a abstraer cuando actúa como psicólogo. Pero en la realidad que aquí me esfuerzo en describir es regla general la complicación de los motivos y la acumulación y composición de los impulsos anímicos, o sea, la superdeterminación. Detrás de la serie de ideas preponderantes que giraban en derredor de las relaciones del padre con la mujer de K. se escondía también un impulso de celos, cuyo objeto era aquella mujer; un impulso, pues, que sólo podía reposar sobre una inclinación hacia el propio sexo. Conocido es, y ha sido múltiplemente acentuado, que tanto los muchachos como las muchachas muestran en los años de la pubertad, y aun siendo normales, claros indicios de una inclinación homosexual. La amistad apasionada por una compañera de colegio, con promesas de correspondencia constante y celos a sensibilidad, suele ser premisa del primer amor intenso a un hombre. En condiciones favorables, la corriente homosexual queda totalmente cegada; pero cuando el amor hacia el hombre resulta desdichado, dicha corriente es reanimada por la libido, en años posteriores, hasta diferentes grados de intensidad. Si en las personas sanas nos es difícil comprobar regularmente tales hechos, nuestras observaciones anteriores sobre el más amplio desarrollo de los gérmenes normales de perversión en los neuróticos nos prepararán a encontrar también en la constitución de estos últimos una disposición homosexual considerablemente más intensa. Y así debe ser, en efecto, pues en mi psicoanálisis de sujetos masculinos o femeninos he hallado siempre, y sin excepción, una tal corriente homosexual. En aquellos casos de mujeres o muchachas histéricas cuya libido sexual orientada hacia el hombre ha quedado enérgicamente reprimida, aparece regularmente intensificada la corriente homosexual, que a veces llega a hacerse consciente.

Este tema, indispensable para la inteligencia de la histeria masculina, no puede ser desarrollado aquí porque el análisis de Dora quedó interrumpido antes de poder arrojar ninguna luz sobre él. Recordemos, sin embargo, a aquella institutriz con la que al principio vivió en íntima comunión espiritual hasta advertir que su afecto era simplemente un reflejo del que a su padre profesaba, momento en el cual obligó a su familia a despedirla. También surgió con especial frecuencia entre sus confesiones el relato de otro análogo desengaño. Con aquella prima suya, que luego se había casado, había mantenido Dora relaciones muy cordiales, compartiendo con ella todos sus secretos. La primera vez que el padre volvió a B. después de la interrumpida visita a los K. en su residencia veraniega a orillas del lago y Dora se negó, naturalmente, a acompañarle, hizo que fuese con él aquella otra muchacha. Este hecho enfrió el cariño de Dora hasta tal punto que ella misma extrañaba cuán indiferente había llegado a serle aquella prima suya, tan querida antes, sin que pudiera explicárselo. Ello me llevó a preguntarle cuáles habían sido sus relaciones con la mujer de K. hasta la ruptura definitiva. Averigüé entonces que entre la joven casada y la tierna adolescente había subsistido durante años enteros una estrecha y confiada amistad. Durante las temporadas que Dora pasaba en casa de los K. compartía con la mujer el lecho conyugal, del cual quedaba temporalmente desterrado el marido. En todas las dificultades de la vida matrimonial había sido confidente y consejera de la mujer, que no tenía para Dora secreto alguno. Medea consentía gustosa que Kreusa se ganase el cariño de sus hijos, y no hizo tampoco nada para estorbar sus relaciones con el padre de los mismos. El hecho de que Dora llegase a amar a aquel hombre tan duramente criticado por su dilecta amiga plantea un interesante problema psicológico cuya solución nos la da acaso nuestro conocimiento de que en lo inconsciente coexisten sin violencia las ideas más dispares y antitéticas, coexistencia que subsiste frecuentemente aun en la conciencia.

Cuando la sujeto hablaba de la mujer de K., alababa su "cuerpo blanquísimo" con un acento más propio de una enamorada que de una rival vencida. En otra ocasión mostró más melancolía que enfado al comunicarme su convicción de que los regalos que su padre le hacía eran elegidos por la mujer de K., pues reconocía en ellos su gusto, y otra vez hizo resaltar que muchos de los regalos recibidos los debía, en realidad, a aquella mujer que la había oído manifestar el deseo de poseer tal o cual cosa y se lo había comunicado a su padre. En general, puedo afirmar no haber oído nunca a Dora palabra alguna hostil contra aquella mujer en la que hubiera debido ver, sin embargo, dada la orientación de su idea predominante, la causa principal de sus desdichas. Se conducía, pues, de un modo inconsecuente, pero esta inconsecuencia era precisamente la expresión de una corriente afectiva complicadora.

En efecto, ¿cómo se había portado con ella su amiga, tan apasionadamente querida? Cuando la sujeto denunció la conducta de K. y este recibió una carta del padre pidiéndole explicaciones, contestó a ella haciendo resaltar el respeto y la consideración que siempre le había inspirado la muchacha y ofreciéndose a acudir a B. para desvanecer el malentendido. Pero cuando unas semanas después habló efectivamente en

B. con el padre de la muchacha, no tuvo ya consideración alguna con ella, sino que la atacó duramente alegando, en defensa de su proceder, que una muchacha que leía libros como la *Fisiología del amor* y se interesaba por aquellas cosas no podía exigir respeto de un hombre. Así, pues, la mujer de K. la había traicionado, pues sólo con ella había hablado Dora del libro de Mantegazza y sobre temas sexuales. Le había pasado con ella lo mismo que antes con la institutriz. Tampoco la mujer de K. la había querido por ella misma, sino por su padre, y la había sacrificado sin la menor vacilación para no ver estorbadas sus relaciones con aquel. Esta ofensa dolió más a Dora y ejerció sobre ella más intensa acción patógena que aquella otra idea con la cual tendía a encubrirla, esto es, la de haber sido sacrificada por su padre. La obstinada amnesia de la sujeto en cuanto a las fuentes de sus conocimientos sexuales señalaba directamente el valor afectivo de la acusación y, en consecuencia, la traición de la amiga.

No creo, pues, errar al suponer que la idea predominante de Dora, la de las relaciones ilícitas de su padre con la mujer de K., estaba destinada no sólo a reprimir su amor, antes consciente, hacia aquel hombre, sino también a encubrir su amor a la mujer de K., inconsciente en un más profundo sentido. Con esta última corriente se hallaba dicha idea en absoluta y manifiesta oposición. La sujeto se decía sin cesar que su padre la había sacrificado a aquella mujer, demostraba ruidosamente que no se resignaba a ceder su padre y se ocultaba así lo contrario, esto es, que no se resignaba a ceder aquella mujer a su padre y que no había perdonado a la mujer amada el desengaño que la había causado su traición. Los celos de la muchacha se hallaban apareados en lo inconsciente a unos celos de carácter masculino. Estas corrientes afectivas masculinas o, más exactamente dicho, ginecofílicas, son típicas de la vida amorosa inconsciente de las muchachas histéricas.

II
El primer sueño

En un momento en que el análisis parecía llegar al esclarecimiento de un período obscuro de la vida infantil de Dora me comunicó ésta haber tenido de nuevo, noches antes, un sueño ya soñado por ella varias veces en idéntica forma. Un tal sueño de retorno periódico había de despertar mi curiosidad, y en interés del tratamiento debía ser interpolado en la marcha del análisis. Decidí, pues, analizarlo con toda minuciosidad.

Dora lo describió en la forma siguiente:

"Hay fuego en casa. Mi padre ha acudido a mi alcoba a despertarme y está en pie al lado de mi cama. Me visto a toda prisa. Mamá quiere poner aún a salvo el cofrecito de sus joyas. Pero papá protesta: No quiero que por causa de su cofrecito ardamos los chicos y yo. Bajamos corriendo. Al salir a la calle, despierto".

Como se trata de un sueño reiterado comienzo por preguntar a Dora cuándo lo ha soñado por primera vez. No lo sabe. Pero recuerda haberlo soñado tres noches consecutivas durante su estancia en L. (la localidad junto al lago en la que se había desarrollado la escena con K.) Luego había vuelto a tenerlo hacía unas cuantas noches[31]. La conexión así establecida entre el sueño y los sucesos acaecidos en L. me hace fundar, naturalmente, mayores esperanzas en la solución de aquel. Pero quisiera primero averiguar el motivo de su último retorno y con tal fin invito a la sujeto a descomponer el sueño

[31] El contenido del sueño permite deducir que fue soñado en L. por primera vez.

en sus elementos y a comunicarme lo que se le ocurra con respecto a cada uno de ellos:

—Lo que primero se me ocurre es algo que no puede tener relación ninguna con mi sueño, pues se refiere a cosas muy recientes y posteriores a la primera vez que lo soñé.

—No importa. Dígamelo usted.

—Se trata de que papá ha tenido en estos últimos días una discusión con mamá, porque ella se empeña en dejar cerrado con llave el comedor por las noches. La alcoba de mi hermano no tiene otra salida, y papá no quiere que mi hermano se quede así encerrado. Dice que por la noche puede pasar algo que le obligue a uno a salir.

—¿Y usted pensó en seguida en la posibilidad de un incendio?

—Sí.

—Retenga usted bien sus propias palabras. Quizá hayamos de volver sobre ellas. Ha dicho usted, textualmente, *que por la noche puede pasar algo que le obligue a uno a salir*[32].

Pero la sujeto ha encontrado ya el enlace entre los motivos recientes del sueño y los que antes lo provocaron, pues prosiguen en la forma siguiente:

—Cuando llegamos con L., papá expresó directamente su temor a un incendio. Llegamos en medio de una fuerte tormenta y la casita que íbamos a habitar era toda de madera y no tenía pararrayos. Su temor era, pues, justificado.

Me interesa ahora descubrir la relación entre los sucesos que se desarrollaron en L. y los sueños idénticos de entonces. Con tal intención pregunto a Dora:

—¿Tuvo usted esos sueños en las primeras noches de su estancia en L. o luego en las inmediatamente anteriores a su

[32] Subrayo estas palabras porque me parecieron constituir un equívoco, pues podían referirse también a ciertas necesidades físicas. Tales equívocos suelen ponernos sobre la pista de las ideas buscadas y aun ocultas detrás del sueño.

partida? O lo que es lo mismo, ¿antes o después de la escena con K. en el bosque?

Dora responde primero: "No lo sé". Y al cabo de un rato: "Creo que después".

Quedaba así averiguado que el sueño era una reacción a aquel suceso. Mas ¿por qué hubo de repetirse por tres veces en aquellos días? Seguí preguntando: "¿Cuánto tiempo permaneció usted aún en L. después de la escena con K.?"

—Cuatro días. Al quinto partí con mi padre.

—Ahora estoy ya seguro de que su sueño fue por entonces efecto inmediato del suceso con K. Lo soñó usted allí por primera vez, y si antes pretendía usted no recordarlo así con seguridad, era para borrar ante sí misma tal relación. Lo que no acabo de explicarme es el número de repeticiones. Si todavía permaneció usted en L. cuatro noches, pudo usted soñarlo cuatro veces. ¿O quizá fue así?

La sujeto no contradice ya mi afirmación, pero en lugar de contestar a mi pregunta continúa diciendo:

—K. y yo regresamos a mediodía de nuestro paseo por el lago. Después de almorzar me eché en un sofá de la alcoba del matrimonio para reposar un rato. De pronto, desperté sobresaltada y vi a K. en pie junto al sofá...

—Como en el sueño, a su padre, al lado de la cama.

—Sí. Le pregunté qué venía a hacer allí y me contestó que había venido a buscar unas cosas, y que, además, nadie podía impedirle entrar en su alcoba cuando quisiera. Este incidente me hizo ver la necesidad de tomar alguna precaución. Pedí, pues, a la mujer de K. la llave del cuarto, y a la mañana siguiente (el segundo día) cerré por dentro mientras me arreglaba. Pero luego, a la hora de la siesta cuando quise volver a cerrar para echarme tranquilamente en el sofá, no encontré ya la llave en su sitio. Estoy segura de que fue K. quien la quitó.

—Tal es, pues, el tema de cerrar o no cerrar una habitación que surge en su primera ocurrencia con respecto al sueño, y ha desempeñado también, casualmente, un papel en la reciente motivación ocasional del mismo. ¿No tendrá también la frase "Me visto a toda prisa" una relación con estos sucesos?"

—Fue entonces cuando me propuse no quedarme en casa de K. sin mi padre. En las mañanas siguientes *me vestí a toda prisa*, temiendo siempre la aparición de K. Papá vivía en el hotel y la mujer de K. salía temprano para dar un paseo con él. Pero K. no volvió a importunarme.

—Ahora voy ya viendo claro. En la tarde del segundo día se propuso usted sustraerse a aquella persecución, y en las noches segunda, tercera y cuarta, después de la escena del bosque, renovó usted en el sueño tal propósito. En la segunda tarde, o sea, antes del sueño, sabía usted ya que a la mañana siguiente —la tercera— no podría usted encerrarse durante su tocado, puesto que la llave había desaparecido, y se propuso usted vestirse lo más rápidamente posible. Su sueño retornaba todas las noches por corresponder precisamente a un propósito. Un propósito subsiste hasta que es realizado. Es como si se hubiera usted dicho: *Aquí no tengo tranquilidad. No podré dormir tranquilamente hasta que no salga de esta casa*. En el sueño dice usted inversamente: *Al salir a la calle, despierto*.

Interrumpiré aquí la comunicación del análisis para comprobar cómo responde este fragmento de una interpretación de un sueño a mis principios generales sobre el mecanismo de la producción onírica. En mi *Interpretación de los sueños* hube de afirmar que todo sueño era la representación del cumplimiento de un deseo, que tal representación aparecía deformada y encubierta cuando se trataba de un deseo reprimido, confinado en lo inconsciente, y que, salvo en los niños, sólo un deseo inconsciente poseía fuerza bastante para producir un sueño. Creo que hubiera obtenido más general aquiescencia si me hubiese limitado a afirmar que todo sueño entrañaba un sentido hasta el cual podríamos llegar por medio de la labor interpretadora.

Una vez llevada a cabo la interpretación se podía sustituir el sueño por ideas localizadas en un punto fácilmente determinable de la vida anímica despierta. Hubiera podido proseguir, diciendo que este sentido del sueño se demuestra tan vario como los procesos mentales de la vigilia. Unas veces es un deseo cumplido, otras un temor, una reflexión continuada durante el reposo, un propósito (como en el sueño de Dora), etc. Esta exposición, más fácilmente aprehensible, hubiera captado mejor el ánimo de mis lectores y hubiese podido apoyarse en numerosos ejemplos de sueños acabadamente interpretados, tales como el que aquí hemos empezado a analizar.

Pero en lugar de proceder así, senté una afirmación general que limita el sentido de los sueños a una única forma mental, a la representación de deseos, y desperté con ello la tendencia general a la contradicción. Pero no me creía obligado a simplificar, para hacerlo más aceptable a mis lectores, un proceso psicológico, porque ofreciera a mi investigación dificultades que podían tener más adelante su solución unitaria. Me interesará, pues, extraordinariamente mostrar que las excepciones aparentes, como este sueño de Dora, que en un principio se nos revela como un propósito diurno continuado durante el reposo, acaban por confirmar la regla discutida.

Todavía nos quedaba por interpretar buena parte del sueño. Seguí, pues, preguntando: "¿Qué se le ocurre a usted con respecto al cofrecito que su madre quería poner a salvo?"

—Mamá es muy aficionada a las joyas, y papá le ha regalado muchas.

—¿Y usted?

—Antes también me gustaban. Pero desde que estoy enferma no llevo ninguna... Hace cuatro años (un año antes del sueño) mis padres tuvieron un disgusto por causa de una joya. Mamá quería unos pendientes, unas "gotas" de perlas. Pero a papá no le gustaban y le compró una pulsera. Mamá se puso furiosa y se negó a tomarla, diciéndole que podía regalársela a quien quisiera, ya que se había gastado tanto dinero en una cosa que ella no quería.

—Y usted pensó que si su padre se la ofrecía, la aceptaría encantada, ¿no?

—No lo sé[33]. Ni tampoco cómo llegó mamá a intervenir en mi sueño, puesto que no estaba entonces en L. con nosotros.

—Yo se lo explicaré más adelante. ¿No se le ocurre a usted nada más con respecto al cofrecillo? Hasta ahora me ha hablado usted sólo de las joyas, pero no del cofrecillo.

—Sí. K. me había regalado poco antes un cofrecillo precioso.

—Estaba, pues, justificado que usted le regalase algo en correspondencia. Quizá no sabe usted aún que la palabra "cofrecillo" sirve corrientemente para denominar aquello mismo a lo que antes ha aludido usted jugueteando con el bolsillito[34], o sea, el genital femenino.

—Sabía que iba usted a decirme eso.

—Lo cual quiere decir que sabía usted la denominación indicada. El sentido de su sueño se hace ya más claro. Se dijo usted: Ese hombre anda detrás de mí; quiere entrar en mi cuarto; mi "cofrecillo" corre peligro, y si sucede algo, la culpa será de mi padre. Por ello integra usted en el sueño una situación que expresa todo lo contrario: un peligro del cual la salva su padre. En esta región del sueño queda todo transformado en su contrario. Pronto verá usted por qué. La clave nos la da precisamente la figura de su madre. ¿Cómo? Usted ve en ella a una antigua rival en el cariño de su padre. En el incidente

[33] Dora empleaba habitualmente esta expresión para reconocer la emergencia de algo reprimido.

[34] De este detalle tratamos más adelante.

de la pulsera pensó usted en aceptar gustosa lo que ella rechazaba. Vamos a sustituir ahora "aceptar" por "dar" y "rechazar" por "negar". Hallaremos así que usted estaba dispuesta a dar a su padre lo que mamá le negaba, y que se trataba algo de relacionado con las joyas[35]. Recuerde usted ahora el cofrecillo que le había regalado K. Tiene usted aquí el punto inicial de una serie paralela de ideas en la cual, como en la situación de hallarse en pie junto a su cama, debe sustituirse K. por su padre. K. le ha regalado a usted un cofrecillo y ahora debe usted regalarle a él el de usted. Por eso le hablé antes de un regalo "en correspondencia". En esta serie de ideas habremos de sustituir a su mamá por la señora de K., la cual sí estaba entonces con ustedes. Usted se halla, pues, dispuesta a dar a K. lo que su mujer le niega. Tal es la idea que con tanto esfuerzo ha de ser reprimida y hace así necesaria la transformación de todos los elementos en sus contrarios respectivos. Como ya indiqué a usted antes de iniciar el análisis, este sueño confirma que usted se esfuerza en despertar de nuevo su antiguo amor a su padre para defenderse contra el amor a K. ¿Qué demuestran todos estos esfuerzos? No sólo que teme usted a K., sino que aún se teme usted más a sí misma y teme a la tentación de ceder a sus deseos. Confirma usted, pues, con ello, cuán intenso era su amor a K.[36].

Como era de esperar, esta última parte de la interpretación no logró el asentimiento de Dora.

---

[35] También para las "gotas" de perlas hallaremos luego una interpretación.

[36] Añado aún: Además, de la repetición del sueño en estos últimos días, he de deducir que considera usted nuevamente llegada la misma situación y que ha resuelto interrumpir la cura, en la que sólo su padre la retiene.

El curso ulterior del análisis vino a darme plenamente la razón en este punto. Mi interpretación roza aquí el tema de la "trasferencia", importantísimo tanto desde el punto de vista teórico como desde el punto de vista práctico.

Pero la interpretación de su sueño no terminaba aquí. Tenía una continuación que me parecía indispensable tanto para la anamnesis del caso como para la teoría del sueño. Prometí, pues, a Dora comunicársela en la sesión siguiente.

No podía olvidar, en efecto, la indicación que parecía desprende de las palabras equívocas antes subrayadas ("que por la noche puede pasar algo que le obligue a uno a salir"). Agregábase a esto que la aclaración del sueño me parecía incompleta en tanto no se cumpliera una cierta condición a la que no quiero atribuir carácter general, pero cuyo cumplimiento busco siempre. Un sueño regular posee dos puntos de sustentación: el motivo esencial actual y un suceso infantil de graves consecuencias. Entre estos dos puntos, el suceso infantil y el actual, establece el sueño un enlace e intenta transformar el presente conforme al modelo del más temprano pretérito. El deseo que crea el sueño procede siempre de la infancia: quiere volver la infancia a la realidad, corregir el presente conforme al modelo de la infancia. En el contenido del sueño de Dora me parecía ya reconocer aquellos fragmentos con los que podía componerse una alusión a un suceso infantil.

Comencé la investigación correspondiente con un pequeño experimento que, como de costumbre, salió bien. Encima de mi mesa había casualmente una cerillera de amplias proporciones. Pedí a Dora que observase si sobre la mesa había algo desacostumbrado. No vio nada. A continuación, le pregunté si sabía por qué se prohibía a los niños jugar con cerillas.

—Sí. Por temor a que ocasionen un incendio. A los chicos de mi tío les gusta mucho jugar con cerillas.

—No es sólo por eso. Se les prohíbe jugar con fuego porque se cree que tales juegos tienen determinadas consecuencias...

Dora ignoraba a qué podía yo referirme.

—Se cree que si juegan con fuego mojarán por la noche la cama. Esta creencia se funda quizá en la antítesis entre el agua y el fuego, suponiéndose, por ejemplo, que soñarán con fuego e intentarán apagarlo con agua. No puedo dar una explicación exacta. Pero veo que la antítesis entre el agua y el fuego le ha prestado a usted excelentes servicios en su sueño. Su madre quiere poner en salvo el cofrecillo para que no *arda*, y en las ideas latentes del sueño de lo que se trata es de que el "cofrecillo" no se *moje*. El concepto fuego no es empleado únicamente como antítesis del concepto agua; sirve también para representar el amor. Del concepto fuego parte así un camino que conduce, a través de esta significación simbólica, hasta las ideas amorosas, y otro que, a través del concepto antitético, agua, y luego de ramificarse en una relación con el amor, que también *moja*, llega a lugar distinto. ¿Adónde? Piense usted en sus palabras de antes: "Puede suceder por la noche algo que le obligue a uno a salir". ¿No pueden referirse a una necesidad física? Y si las transfiere usted a la infancia, ¿pueden referirse a cosa distinta de que el niño moje la cama? ¿Y qué es lo que se suele hacer para evitar que los niños mojen la cama? Despertarlos por la noche, como en su sueño la despierta a usted su padre. Tal sería, pues, el suceso que le da a usted el derecho de sustituir a K., el cual la despierta a usted cuando dormía la siesta, por la figura de su padre. Debo, pues concluir que la enuresis nocturna duró en usted más tiempo del corriente en los niños. Lo mismo debió de sucederle a su hermano, pues su padre dice: "No quiero que mis dos hijos... perezcan". Fuera de esto, no tiene su hermano nada que ver con la situación de entonces en casa de K., pues ni siquiera estaba en L. ¿Qué recuerdos surgen en usted a propósito de todo esto?

—Con respecto a mí misma, ninguno —respondió Dora—. De mi hermano recuerdo que se orinaba en la cama hasta los seis o los siete años. Y a veces también durante el día.

Me disponía a indicarle cuánto más fácil era recordar tales cosas de un hermano que de uno mismo, cuando continuó con un recuerdo nuevo.

—Sí. También yo padecí enuresis nocturna durante una temporada. Pero cuando ya tenía siete u ocho años. Tanto, que tuvieron que consultar al médico. Fue poco antes de empezarme el asma nerviosa.

—¿Y qué dijo el doctor?

—Lo atribuyó a debilidad nerviosa y me recetó un tónico, asegurando que sería una cosa pasajera[37].

La interpretación del sueño parecía así quedar terminada[38]. La sujeto aportó aún, días después, un nuevo detalle del mismo. Había olvidado decirme que cuantas veces había soñado aquel sueño había advertido, al despertar, olor a humo. El humo concordaba muy bien con el fuego e indicaba que el sueño tenía una relación especial con mi persona, pues cuando la sujeto alegaba que detrás de algún punto no se ocultaba nada, solía yo argüir que "no hay humo sin fuego". Pero contra esta interpretación exclusivamente personal oponía Dora que su padre y K. eran, como yo, fumadores impenitentes. También ella fumaba y cuando K. inició su desgraciada declaración amorosa acababa de liarle un cigarrillo. Creía recordar también con seguridad que el olor a humo no había surgido por vez primera en la última repetición de su sueño, sino ya en las tres veces consecutivas que los había soñado en L. Como no me proporcionó más aclaraciones quedó de cuenta mía incluir este detalle del olor a humo en el tejido de las ideas latentes del sueño. Podía servirme de punto de apoyo el hecho de que la sensación de humo había aparecido como apéndice a su

---

[37] Este médico era el único a quien Dora no rechazaba, pues había observado en esta ocasión que no había penetrado en su secreto. Todos los demás le inspiraban temor, motivado, según se ve ahora, por el miedo a que descubrieran tal secreto.

[38] El nódulo del sueño, traducido al lenguaje vulgar, sería el siguiente: La tentación es cada vez más fuerte. Querido papá, protégeme como cuando era niña para evitar que moje mi cama.

relato del sueño, habiendo tenido que vencer, por lo tanto, un esfuerzo especial de la represión. En consecuencia, pertenecía probablemente a la idea mejor reprimida y más obscuramente representada en el sueño, o sea, a la de la tentación de ceder a los deseos de su enamorado, y siendo así, apenas podía significar otra cosa que el deseo de recibir un beso, caricia que si es hecha por un fumador ha de saber siempre a humo. Ya dos años antes había K. besado una vez a la muchacha, y si esta hubiera acogido ahora sus pretensiones amorosas, tales caricias se hubieran renovado con frecuencia. Las ideas de tentación parecen haber retrocedido así hasta la pretérita escena de la tienda y haber despertado el recuerdo de aquel primer beso contra cuya seducción se defendió por entonces la sujeto desarrollando una sensación de repugnancia. Reuniendo ahora todos aquellos indicios que hacen verosímil una transferencia sobre mí, facilitada por el hecho de ser yo también el fumador, llego a la conclusión de que en alguna de las sesiones del tratamiento se le ocurrió a la paciente desear que yo la besase. Tal hubiera sido entonces el motivo de la repetición del sueño admonitorio y de su resolución de abandonar la cura. Esta hipótesis nada improbable no pudo, sin embargo, ser demostrada a causa de las singularidades de la "transferencia".

Podía ahora vacilar entre aplicar al historial de nuestro caso los datos obtenidos en el análisis de este sueño o rebatir antes la objeción que del mismo parece deducirse contra mi teoría del fenómeno onírico. Elegiré lo primero.

Vale la pena de profundizar en la significación de la enuresis nocturna en la prehistoria de los neuróticos. Para evitar confusiones me limitaré a hacer constar que el caso de enuresis nocturna de Dora no era de los corrientes. No sólo se había prolongado más allá del tiempo considerado como normal, según la propia manifestación de Dora, sino que había desaparecido primero para reaparecer luego, en época relativamente tardía, cuando la sujeto había cumplido ya los seis años. Una incontinencia de este género no puede tener, a mi juicio, causa distinta de la masturbación, la cual desempeña en la etiología de la enuresis un papel insuficientemente apreciado hasta ahora. Según toda mi experiencia en la materia, los mismos niños se dan cuenta perfecta de esta relación y todas las consecuencias psíquicas ulteriores se derivan de este conocimiento como si los sujetos no lo hubieran olvidado jamás. Ahora bien, en el momento en que Dora desarrolló el relato de su sueño, la investigación analítica seguía una trayectoria que hubo de conducir a una tal confesión de la masturbación infantil. Poco tiempo antes, la sujeto había planteado la cuestión de la causa de su enfermedad, y antes que yo iniciase observación alguna a este respecto, se había respondido a sí misma imputando a su padre toda la culpa de su estado. Tal imputación no se basaba además en ideas inconscientes, sino en un conocimiento consciente. Para mi mayor sorpresa resultó, en efecto, que la muchacha sabía de qué género había sido la enfermedad de su padre. Al volver este de su primer viaje a Viena para consultarme, Dora había sorprendido una conversación en la que se había citado el nombre de la enfermedad. En años anteriores, cuando el padre sufrió el desprendimiento de retina, el oculista llamado a consulta debió de indicar la etiología luética de la enfermedad, pues la muchacha, preocupada y curiosa, oyó por entonces a una anciana tía suya decir a su madre: "Ya estaba enfermo antes de casarse contigo", añadiendo luego algo que Dora no comprendió de momento y luego refirió a cosas ilícitas.

Así, pues, el padre había enfermado a consecuencia de su vida libertina, y Dora suponía que le había transmitido hereditariamente la enfermedad. Por mi parte, evité cuidadosamente comunicarle mi opinión, ya antes expuesta, de que los descendientes de individuos luéticos integraban una predisposición especial a graves neuropsicosis. La continuación de esta serie de ideas acusadoras contra el padre avanzaba a través de material inconsciente. Dora se identificó durante algunos días, en ciertos síntomas y singularidades, con su madre, lo que le dio ocasión a mostrarse particularmente insoportable, y me dejó luego adivinar que pensaba pasar una temporada en el balneario de Franzensbad, donde ya había estado otra vez —no sé ya en qué año—, acompañando a su madre. Esta última padecía de dolores en el bajo vientre y flujo blanco —catarro genital—, síntomas que aconsejaban las aguas de Franzensbad. Dora suponía —probablemente con razón— que aquella enfermedad era también imputable al padre, que había contagiado a su mujer su afección sexual. No tenía nada de extraño que en esta deducción confundiera la sujeto, como en general la mayoría de los profanos, la gonorrea con la sífilis y la transmisión hereditaria con el contagio por el coito. Su persistencia en la identificación con la madre me obligó a casi preguntarle si también ella padecía una enfermedad genital, resultando que, en efecto, venía aquejada de flujo blanco, sin que pudiera precisar exactamente desde cuándo.

Comprendí ahora que detrás de la serie de ideas francamente acusadoras contra el padre, se ocultaba, como de costumbre, una acusación contra la propia persona, y salí a su encuentro asegurando a Dora que el flujo blanco constituía en las jóvenes solteras un indicio de masturbación y que, a mi juicio, todas las demás causas a las que solía atribuirse tal enfermedad quedaban muy en segundo término comparadas con la masturbación[39]. En consecuencia, parecía estar a punto de contestarse a sí misma la interrogante que antes había planteado sobre el origen de su enfermedad con la confesión de haberse entregado a la masturbación probablemente en sus años infantiles. Dora

[39] *Adición en 1923:* Es esta una afirmación extrema que hoy ya no sostendría.

negó resueltamente recordar nada de este orden, pero días después dejó ver algo que había de considerarse como un nuevo paso hacia tal confesión. Por primera y última vez en todo el tratamiento trajo colgado del antebrazo un bolsillo de piel, con el que empezó a juguetear mientras hablaba, abriéndolo y cerrándolo, metiendo en él un dedo, etc. Observé durante un rato este manejo de la paciente y le expliqué después el concepto del acto sintomático[40]. Llamamos así a aquellos actos que los hombres ejecutan automática e inconscientemente, sin darse cuenta de ellos, como jugando, y a los que niegan toda significación, declarándolos indiferentes y casuales cuando se los interroga sobre ellos. Pero una más cuidadosa observación muestra que tales actos, de los cuales la conciencia no sabe o no quiere saber nada, exteriorizan ideas e impulsos inconscientes, resultando así muy valiosos e instructivos como manifestaciones permitidas de lo inconsciente. La conducta consciente ante los actos sintomáticos es de dos clases. Cuando el sujeto puede motivarlos sin esfuerzo suele darse cuenta de ellos; pero si no le es posible justificarlos así ante su conciencia, entonces los ignora por completo y no advierte que los ejecuta. En el caso de Dora no era difícil la motivación: "¿Por qué no voy a usar un bolsillo como todo el mundo?" Pero tal justificación no excluye la posibilidad del origen inconsciente del acto de que se trate, aunque no sea posible, en general, demostrar irrebatiblemente al sujeto dicho origen y el sentido que atribuimos al acto. Hemos de contentarnos con hacer constar que tal sentido armoniza muy bien con la situación del momento y con la orden del día de lo inconsciente.

En otra ocasión expondremos toda una serie de estos actos sintomáticos, observables tanto en los nerviosos como en los

[40] *Cf. Psicopatología de la vida cotidiana*, tomo I de estas *Obras Completas.*

sanos. Su interpretación se hace a veces muy fácil. El bolsillito bivalvo de Dora no era otra cosa que una representación del genital femenino, y el acto de juguetear con él abriéndolo e introduciendo un dedo constituía una inconfundible exteriorización mímica de la masturbación. Recientemente he tenido ocasión de observar en mi consulta un caso análogo que resultó muy divertido. Una paciente, ya de cierta edad, sacó del bolsillo una cajita con pretexto de tomar de ella un caramelo refrescante, la abrió con cierto trabajo y, cerrándola de nuevo, me la entregó para que me convenciese por mí mismo de lo difícil que era abrirla. Manifesté entonces mi sospecha de que la aparición de aquella cajita tuviera alguna significación especial, ya que era la primera vez que la veía en manos de la paciente, sometida a tratamiento desde hacía más de un año. "¡Pero si la llevo conmigo siempre y a todas partes!", replicó vivamente la sujeto, y no se tranquilizó hasta que yo le hice ver, riendo, cuán perfectamente se adaptaban sus palabras a otro sentido. La caja —*box*, πυςις— es, como el bolsillo y el cofrecillo, una representación del genital femenino.

Hay en la vida muchos de estos símbolos que generalmente no advertimos. Cuando hube de plantearme la labor de prescindir del hipnotismo para extraer a la luz aquello que los hombres ocultan, guiándome tan sólo por sus palabras y sus actos, creí que habría de serme más difícil de lo que realmente es. Teniendo ojos para ver y oídos para escuchar, no tarda uno en convencerse de que los mortales no pueden ocultar secreto alguno. Aquellos cuyos labios callan, hablan con los dedos. Todos sus movimientos los delatan. Y así resulta fácilmente realizable la labor de hacer consciente lo anímico más oculto.

El acto sintomático con el bolsillito no fue el primer brote del sueño, pues Dora inició la sesión que culminó en su relato del mismo con otro acto de igual naturaleza. Al entrar yo en la habitación en que me esperaba, escondió rápidamente una carta que estaba leyendo. Naturalmente, le pregunté de quien era aquella carta y al principio se negó a decírmelo. Luego resultó que carecía de toda importancia y no tenía la menor relación con nuestra cura. Era una carta en la que su abuela le pedía que le escribiera con mayor frecuencia. Es de suponer que Dora quería sólo mostrarse primero misteriosa conmigo para indicar que ahora sí se dejaba ya arrancar su secreto por el médico. Su repugnancia a consultar a nuevos médicos se explica por el miedo a que el reconocimiento (flujo blanco) o la anamnesis (averiguación de la enuresis) descubrieran la causa de su dolencia, o sea, la masturbación.

Acusaciones contra el padre, que le habría transmitido su enfermedad, y detrás de ellas una acusación contra sí misma —flujo blanco, jugueteo sintomático con el bolsillo, incontinencia posterior a los seis años—, secreto que la enferma se resiste a dejarse arrancar por los médicos; todo esto me parece constituir una prueba indiciaria irreprochable de la masturbación infantil. Ya había yo empezado a sospecharle cuando la paciente me habló de los dolores de estómago que aquejaban a su prima y se identificó luego con ella acusando durante algunos días el mismo síntoma. Sabido es con cuánta frecuencia padecen los masturbadores estos trastornos. Según una comunicación personal de W. Fliess, son precisamente estas gastralgias las que pueden ser interrumpidas cocainizando en la nariz el punto correspondiente al estómago, por él localizado, y curadas totalmente cauterizándolo. Dora me confirmó conscientemente dos cosas: que había padecido con frecuencia tales gastralgias y que tenía fundadas razones para creer que su prima se masturbaba. No es nada raro que los enfermos descubran en otras personas cosas que en sí mismas no logran reconocer por oponerse a ello intensas resistencias afectivas. De todos modos, no oponía ya a la sospecha de masturbación negativa alguna, aunque no recordase aun nada que pudiera confirmarla. También la determinación cronológica de la duración de la incontinencia "hasta poco antes del primer acceso de asma nerviosa" me parecía clínicamente aprovechable. Los síntomas histéricos no aparecen casi nunca mientras los niños continúan masturbándose, sino luego en los períodos de abstinencia[41], pues representan una sustitución de la satisfacción masturbadora que lo inconsciente continúa demandando mientras no surge otra distinta satisfacción más normal, cuando tal satisfacción no se ha hecho ya imposible. De esta última condición depende la posibilidad de la curación de la histeria por medio del matrimonio y del comercio sexual normal. Si la satisfacción cesa luego en el matrimonio por la práctica del coito interrumpido o el extrañamiento psíquico de los cónyuges, etc., la libido vuelve a buscar su antiguo curso y se manifiesta de nuevo en síntomas histéricos.

Quisiera indicar aún con seguridad cuándo y bajo qué influencia especial abandonó Dora la masturbación, pero lo incompleto del análisis me obliga a aducir aquí material insuficiente. Ya hemos visto que la enuresis se prolongó casi hasta el primer acceso de disnea. Ahora bien, lo único que la sujeto supo aportar para la aclaración de este primer acceso fue que en aquellos días su padre había salido de viaje por vez primera después de su grave enfermedad. Este detalle conservado en su memoria debía integrar una relación con la etiología de la disnea. Ciertos actos sintomáticos y otros diversos indicios me hicieron suponer que la niña, cuya alcoba comunicaba directamente con la de sus padres, había sorprendido alguna noche una escena de amor entre ellos, oyendo jadear a su

[41] Lo mismo puede decirse con referencia a los adultos, pero en éstos basta una abstinencia relativa, una restricción de la actividad masturbadora, y así, dada una intensa libido, puede coexistir la histeria y la masturbación.

padre, cuya respiración era ya habitualmente fatigosa, en la excitación del coito. En tales casos, los niños sospechan lo sexual en los ruidos inquietantes, pues integran ya, como mecanismos congénitos, los movimientos expresivos de la excitación sexual. Hace ya muchos años afirmé que la disnea y las palpitaciones de la histeria y la neurosis de angustia no son sino trozos aislados del acto del coito, y en muchos casos, como en este de Dora, me ha sido posible retrotraer el síntoma de la disnea —el asma nerviosa— a la misma causa ocasional, esto es, al hecho de haber escuchado los ruidos producidos por una pareja adulta en el acto del coito. A la influencia de la excitación entonces sentida puede atribuirse fundadamente aquella transformación que se inició por entonces en la sexualidad de la infantil sujeto y sustituyó la tendencia a la masturbación por la tendencia al miedo. Algún tiempo después, cuando el padre estaba ausente y la niña lo echaba de menos, repitió aquella impresión bajo la forma de un acceso de asma. El hecho de esta ausencia conservada en la memoria de Dora como motivo ocasional de su enfermedad, relata el angustiado proceso mental que acompañó al ataque. Dora sufrió el primer acceso de asma después de una excursión por la montaña, en la que debió de sentir realmente alguna fatiga. A esta sensación física se agregó primero la idea de que los médicos habían prohibido a su padre andar por terreno accidentado, pues debía evitar todo esfuerzo, y luego el recuerdo de la fatiga que en aquella ocasión nocturna delataba su respiración jadeante. Este recuerdo la llevó a preguntarse si ella misma no se habría dañado gravemente con la masturbación, conducente también al órgano sexual, acompañado siempre de una ligera disnea, y luego, al retorno intensificado de esta disnea, como síntoma. Una parte de este material surgió en el análisis. La otra hube yo de completarla. La comprobación de la masturbación nos ha mostrado que el material de un tema es reunido fragmentariamente en diversos tiempos y relaciones distintas[42].

Surge aquí toda una serie de interrogantes importantísimas para la etiología de la histeria, por ejemplo, si el caso de Dora ha de considerarse típico desde el punto de vista etiológico y si presenta el único tipo de la causación, etc. Pero creo obrar prudentemente aplazando la contestación a estas preguntas hasta haber expuesto una más amplia serie de casos análogamente analizados. Además, quisiera empezar por plantear detalladamente la cuestión. En lugar de limitarme a contestar con un "sí" o un "no" a la interrogante de si la etiología de este caso patológico ha de buscarse en la masturbación infantil, habría de fijar previamente el concepto de la etiología en las psiconeurosis. El punto de vista desde el cual podría contestar se demostraría muy alejado de aquel otro desde el cual se me dirige la interrogante. Bastaría que en este caso lleguemos a la convicción de que ha sido posible descubrir la masturbación

[42] También en otros casos hemos llegado análogamente a la prueba de la masturbación. El material probatorio es casi siempre de naturaleza análoga: indicios de flujo blanco, incontinencia, ceremoniales manuales (obsesión de limpieza), etc. El conjunto de síntomas del caso deja adivinar siempre, con seguridad, si la masturbación fue o no descubierta por los guardadores del niño y si cesó por la lucha espontánea del mismo contra ella o por una repentina transformación. En el caso de Dora, la masturbación no había sido descubierta y había terminado de repente (secreto, temor a los médicos, sustitución por la disnea). Las enfermas niegan regularmente la fuerza probatoria de tales indicios, incluso cuando conservan el recuerdo consciente de haber padecido un catarro genital o haber sido amonestadas por sus familiares. Pero algún tiempo después surge siempre, sin excepción alguna y con plena seguridad, el recuerdo prolongadamente reprimido de aquel fragmento de la vida sexual infantil. En una paciente con representaciones obsesivas, que eran ramificaciones directas de la masturbación infantil, los síntomas principales (prohibiciones y castigos que la paciente se imponía a sí misma) revelaron ser componentes, conservados sin modificación alguna, de la labor desarrollada por sus guardadores para quitarle el hábito de la masturbación.

y que la misma no ha sido nada casual ni indiferente para la estructura del cuadro patológico[43].

Todavía conseguiremos una más amplia comprensión de los síntomas de Dora atendiendo a la significación de la dolencia —el flujo blanco— por ella confesada. La palabra "catarro", con la que aprendió a designar su afección cuando un padecimiento análogo de su madre hizo necesaria una cura en el balneario de Franzensbad, es nuevamente un "equívoco" que faculta una exteriorización, en el síntoma de la tos, a toda la serie de ideas sobre la culpabilidad del padre en la causación de la enfermedad. Esta tos, que tuvo seguramente su origen en un catarro real insignificante, constituía, por otro lado, una imitación del padre enfermo del pecho, y podía dar expresión a la piedad filial de la muchacha. Pero, además, exteriorizaba algo de lo cual la sujeto no tenía quizá aun conciencia por entonces: "Soy hija de mi padre. Tengo, como él, un catarro. Me ha contagiado su enfermedad como antes se la contagió a mi madre. También me ha transmitido malas pasiones, de las cuales es castigo la enfermedad"[44].

---

[43] Con el hábito de la masturbación ha de tener alguna relación el hermano de Dora, pues a este respecto relató ella, con aquel acento que delata la existencia de un "recuerdo encubridor", que su hermano le contagiaba todas sus enfermedades, las cuales adquirían siempre en ella mayor gravedad. También con respecto a él dice el padre en el sueño que no quiere que "perezca". Padeció igualmente de enuresis nocturna, pero por menos tiempo que su hermana. En cierto modo, también era un recuerdo encubridor de Dora su manifestación de que hasta su primera enfermedad había avanzado al mismo paso que el hermano en los estudios, quedándose luego atrás. Como si hasta entonces hubiera sido un chico y luego se hubiese convertido en chica. Realmente, hasta el primer acceso de "asma" había sido extraordinariamente traviesa rebelde, haciéndose después modosa y tranquila. Aquella enfermedad constituyó en Dora la frontera entre dos fases de la vida sexual, de carácter masculino la primera y femenino la segunda.

[44] Igual papel desempeñó la palabra "catarro" en el caso de aquella muchacha de catorce años cuyo historial condensamos antes en unas cuantas líneas. Yo

Intentaremos ahora reunir las distintas determinaciones halladas para los accesos de tos y de afonía. En el estrato más profundo hemos de suponer la existencia de un estímulo de la tos, orgánicamente condicionado, que sería el grano de arena en torno al cual forma el molusco la perla. Tal estímulo es susceptible de fijación por corresponder a una región somática que ha conservado en la muchacha un intenso carácter de zona erógena. Es, pues, muy adecuado para dar expresión de la libido excitada. Queda fijado por su primer disfraz psíquico la imitación compasiva del padre enfermo y luego por los autorreproches a causa del "catarro". Este mismo grupo de síntomas se muestra además adecuado para representar las relaciones con el señor K., lamentar su ausencia y expresar el deseo de ser para él una esposa mejor que la suya. Cuando una parte de la libido se orientó nuevamente hacia el padre, el síntoma adquirió su quizá última significación para representar el comercio sexual con el padre en identificación con la señora de K. Estoy plenamente seguro de que las ideas expuestas no son todas las que en este caso actuaron. Pero la interrupción del análisis no permitió, desgraciadamente, perseguir hasta agotarlos todos los cambios de sentido de los síntomas en el transcurso del tiempo, ni tampoco aclarar el orden de sucesión y la coexistencia de tales distintos sentidos. A un análisis completo sí pueden plantearse estas exigencias.

---

había instalado a la juvenil paciente en una pensión, acompañada por una señora muy inteligente que me prestaba servicios de enfermera. Esta señora me dio cuenta de que la enferma no toleraba su presencia en el momento de acostarse, y de que luego, ya en la cama, tosía de un modo singular, en tanto que por el día no se la oía toser nunca. Al interrogar yo después a la sujeto con respecto a aquel síntoma, supo sólo decime que también tosía así su abuela, de la que se decía que padecía un catarro. Era, pues, evidente, que también ella padecía un catarro (genital) y que no quería ser vista en el momento de sus abluciones nocturnas. El catarro así desplazado gracias a su nombre (equívoco) de abajo a arriba mostraba una intensidad nada corriente.

No quiero dejar de referirme a otras relaciones del catarro genital de Dora con sus síntomas histéricos. En una época en la que aún no se vislumbraba una explicación psíquica de la histeria, oí afirmar a colegas de mayor edad y experiencia que en las pacientes histérica aquejadas de flujo blanco toda agravación del catarro genital provocaba una agudización de la afección histérica y muy especialmente de la anorexia y de los vómitos. Nadie se explicaba claramente tal relación, existiendo, creo, una cierta tendencia a aceptar la opinión de los ginecólogos, según la cual las afecciones genitales ejercerían una influencia directa y orgánicamente perturbadora sobre las funciones nerviosas, hipótesis que, desgraciadamente, no admite prueba terapéutica alguna. El estado actual de nuestro conocimiento no permite aún excluir una tal influencia orgánica directa, pero sí hace más difícil demostrar su disfraz psíquico. El orgullo que inspira a la mujer una acabada conformación de sus genitales constituye uno de los elementos más importantes de la vanidad femenina y aquellas afecciones de dichos órganos, que la sujeto juzga susceptibles de inspirar desagrado o hasta repugnancia, la mortifican gravemente, disminuyendo su propia estimación y haciéndola irritable, susceptible y desconfiada. La secreción anormal de la mucosa vaginal es una de estas dolencias consideradas susceptibles de inspirar repugnancia.

Recordemos que el beso de K. provocó en Dora una viva sensación de asco y que encontramos fundamentos para completar su relato de esta escena suponiendo que sintió contra su cuerpo, al ser abrazada, la presión del miembro viril en erección. Averiguamos, después que aquella misma institutriz, cuyo despido provocó Dora, ofendida por la insinceridad de su afecto, la había advertido, fundándose en su propia experiencia, que todos los hombres eran inconstantes y falsos. Para Dora aquello había de significar que todos los hombres eran iguales a su padre, y como creía que su padre padecía una enfermedad sexual que había contagiado a su madre y a ella, podía imaginarse que todos los hombres padecían la misma enfermedad. Ahora bien, su concepto de la enfermedad genital se basaba, naturalmente, en su única experiencia de este género, estrictamente personal además, y, en consecuencia, padecer una enfermedad sexual significaba, para ella, verse aquejado de un flujo repulsivo ¿No podía ser esta una nueva motivación del asco experimentado en el momento del abrazo? Tal repugnancia, transferida al contacto del hombre, sería entonces una repugnancia proyectada conforme al mecanismo primitivo, citado en páginas anteriores, y referida, en último término, al flujo blanco de la propia sujeto.

Trátase aquí, a mi juicio, de procesos mentales inconscientes superpuestos a relaciones orgánicas preformadas, como las ramas de una planta trepadora a un enverjado, existiendo así la posibilidad de hallar aún otras distintas rutas mentales entre los mismos puntos inicial y final. En conocimiento de las asociaciones de ideas que sucesivamente actuaron entraña, desde luego, un valor insustituible para la solución de los síntomas, y si en el caso de Dora hubimos de recurrir a suposiciones y complementos, nuestra única justificación está en la prematura interrupción del análisis. De todos modos, haremos constar que aquello que aportamos para cegar las lagunas debidas a tal interrupción se apoya en otros casos fundamentalmente analizados.

El sueño, cuyo análisis nos ha llevado a las conclusiones que anteceden, corresponde, como vimos, a un propósito que Dora se llevó consigo al reposo, razón por cual se repite una noche tras otra hasta que el propósito queda cumplido, y reaparece años después al surgir una nueva ocasión de formar un propósito análogo. Traducido a lo consciente podría expresarse en la forma que sigue: Tengo que salir de esta casa, en la cual, como ya se ha visto, corre peligro mi virginidad. Partiré con mi padre, y mañana, mientras me visto, tomaré mis precauciones para que nadie me sorprenda. Estas ideas encuentran clara expresión en el sueño. Pertenecen a una corriente que ha alcanzado conciencia y predominio en la vida despierta. Detrás de ellas se trasluce otra serie de ideas, obscuramente representadas, que corresponden a la corriente opuesta y han sucumbido, por lo tanto, a la represión. Esta serie de ideas culmina en la tentación de entregarse a su pretendiente en agradecimiento al amor que el mismo le había demostrado durante los últimos años y evoca, quizá, el recuerdo del único beso que de él había recibido hasta entonces. Pero, según la teoría desarrollada en mi *Interpretación de los sueños*, tales elementos no bastan para producir un sueño. Un sueño no es la realización de un propósito, sino el cumplimiento de un deseo, y precisamente de un deseo procedente de la vida infantil. Tenemos la obligación de comprobar si este principio nuestro no queda contradicho por el sueño aquí analizado.

El sueño contiene, en efecto, material infantil que no delata relación ninguna, perceptible a primera vista, con el propósito de huir de la casa de su enamorado y de la tentación que de él emanaba. ¿A qué fin responde la emergencia del recuerdo de la enuresis infantil y del esfuerzo que el padre hubo de desarrollar para habituar a la niña a la limpieza? Porque sólo con ayuda de estas ideas resultaba posible reprimir las intensas ideas relativas a la tentación y lograr el predominio del propósito formado contra ellas. La muchacha decide huir con su padre. En realidad, lo que hace es refugiarse al amparo de su padre en su temor al hombre que la persigue. Reanima en sí una pretérita inclinación infantil hacia su padre, destinada a protegerla contra la inclinación presente hacia aquel hombre. El padre es responsable, en parte, del peligro que ahora la amenaza, pues la ha entregado a su pretendiente para mejor lograr sus propios intereses amorosos. ¡Cuánto mejor hubiera sido que no hubiese querido a nadie más que a ella y se hubiera consagrado a salvarla de los peligros que la amenazaban! El deseo infantil, inconsciente hoy, de situar al padre en el lugar de un enamorado es ya un poder capaz de producir un sueño. Si ha habido una situación que, siendo análoga a alguna de las actuales, se diferenciase, sin embargo, de ella en un tal intercambio de personas, se instituirá en situación capital del sueño. Así sucede, efectivamente: lo mismo que K. el día anterior, se llegaba ante su padre quizá con un beso, como acaso pensara hacerlo su enamorado. El propósito de huir de la casa no es, pues, por sí mismo, susceptible de producir un sueño y sólo adquiere esta capacidad al agregársele otra apoyado en deseos infantiles. El deseo de reemplazar a K. por el padre es el que proporciona la energía productora del sueño. Recordemos cómo la serie de ideas preponderantes sobre los amores del padre con la mujer de K. nos forzó a admitir una reviviscencia del amor infantil de la sujeto hacia su padre, provocada para poder mantener la represión del amor hacia K. El sueño refleja este cambio de orientación de la vida anímica de la enferma.

Sobre la relación existente entre los pensamientos de la vigilia continuados en el reposo —los restos diurnos— y el deseo inconsciente productor del sueño, expuse ya en mi *Interpretación de los sueños* algunas observaciones que transcribiré aquí literalmente, pues no tengo nada de agregar a ellas, y el análisis de este sueño de Dora demuestra una vez más su exactitud:

«Concedo que existe una clase de sueños cuyo estímulo procede predominantemente, o hasta de un modo exclusivo, de los restos de la vida diurna, y opino que incluso mi deseo de recibir algún día el título de "profesor extraordinario" me hubiera dejado dormir tranquilo aquella noche, si no hubiera perdurado aún en mí el cuidado que la salud de mi amigo me inspiraba. Pero este cuidado no habría provocado, sin embargo, sueño ninguno, pues la fuerza impulsora de que el sueño precisaba tenía que ser reforzada por un deseo. Así, pues, para formar el sueño, tuvo mi preocupación que buscar un tal deseo y aliarse con él. Tratamos de aclarar estas circunstancias por medio de una comparación tomada de la vida social. Es muy posible que la idea diurna represente en la formación del sueño el papel de socio industrial: El socio industrial posee una idea y quiere explotarla, pero no puede hacer nada sin capital y necesita un socio capitalista que corra con los gastos. En el fenómeno onírico, el capitalista que corre con el gasto psíquico necesario para la formación del sueño es siempre, cualquiera que sea la idea diurna, un deseo de lo inconsciente»[45].

Conociendo la sutil estructura de productos psíquicos tales como los sueños, no puede sorprendernos hallar que el deseo de que el padre ocupe el lugar del hombre que supone una tentación para la sujeto no aporte al recuerdo un material cualquiera infantil, sino precisamente aquel que integra también íntimas relaciones con la represión de dicha tentación. Pues si Dora se siente incapaz de ceder a su amor hacia aquel hombre y en lugar de abandonarse a tal amor lo reprime, esta resolución se enlaza a ningún otro factor tan íntimamente como a su prematura actividad sexual y a las consecuencias de la misma. Tal prehistoria puede servir luego de base en la edad adulta a dos actitudes distintas, según las condiciones constitucionales del sujeto ante la invitación al amor: la entrega sin resistencia alguna y hasta la perversión a la sexualidad o, por reacción, la repulsa de la sexualidad y la neurosis. La constitución de nuestra paciente y el nivel de su educación moral e intelectual hubieron de orientarla en el segundo sentido.

Quiero aún hacer constar que el análisis de este sueño nos ha descubierto ciertos detalles de los sucesos patógenos, que

---

[45] N. del Traductor. —*La interpretación de los sueños II*, tomo VII de estas *Obras Completas*.

no hubieran sido susceptibles de recuerdo o, por lo menos, de reproducción. En efecto, el recuerdo de la enuresis infantil había sucumbido ya totalmente a la represión y sobre los detalles de la persecución amorosa de K. no había dicho jamás Dora una sola palabra. No habían acudido a su pensamiento.

Todavía algunas observaciones para la síntesis de este sueño. La elaboración onírica se inicia en la tarde el segundo día, después de la escena en el bosque, al advertir Dora que no puede ya cerrar la puerta de su cuarto. Se dice entonces: "Corro aquí un grave peligro", y forma el propósito de no permanecer sola en aquella casa, sino partir con su padre. Este propósito queda capacitado para producir un sueño al encontrar una posibilidad de continuación en lo inconsciente, instancia en la cual corresponde a él el proceso en que la sujeto despierta su pretérito amor infantil a su padre como protección contra la tentación actual. La transformación que así se desarrolla en ella queda luego fijada y la conduce al punto de vista representado por sus ideas preponderantes (celos de la mujer de K. a causa de su padre, como si estuviera enamorada de él). Luchan en Dora la tentación de ceder a su pretendiente y la resistencia contra ella. Esta resistencia es el producto de varios factores: motivos de honestidad y de cordura, impulsos hostiles provocados por las confidencias de la institutriz (celos, orgullo ofendido) y un elemento neurótico, la parte de repulsa sexual pronta en ella y basada en su histona infantil. El amor hacia el padre, despertado como protección contra la tentación, procede de esta historia infantil.

El sueño transforma el propósito inconsciente de refugiarse al amparo del padre en una situación que muestra cumplido el deseo de que el padre la salve del peligro. Para conseguirlo así tiene que echar a un lado una idea contraria: la de que el padre es precisamente quien la ha expuesto a aquel peligro. El impulso hostil contra el padre (deseo de venganza) en este punto reprimido constituye luego uno de los motores del segundo sueño.

Conforme a las condiciones de la producción onírica la situación fantaseada es elegida tal que reproduzca una escena infantil. Para la elaboración de sueños supone un triunfo conseguir la transformación de una situación reciente, quizá la del mismo motivo ocasional del sueño, en una situación infantil. En este caso lo consigue por una pura casualidad del material. Exactamente en la misma forma en que su enamorado se había aproximado a su lecho, despertándola, lo hacía su padre en la infancia. Toda su transformación queda simbolizada exactamente sustituyendo en esta situación la persona de K. por la del padre.

Pero el padre la despertaba en su tiempo para que no mojase la cama.

Esta idea de "mojar" determina todo el resto del sueño, aunque sólo aparezca representado por una alusión lejana y por una antítesis.

La antítesis de "mojar, agua" puede ser muy bien "arder, fuego". La casualidad de que el padre hubiera expresado al llegar a L. su temor a un posible incendio, coadyuva a decidir que el peligro de que el padre la salva sea un fuego. En esta casualidad y en la antítesis de la idea de "mojar" se apoya la situación elegida para la imagen onírica. Hay fuego y el padre acude junto a su lecho para despertarla. El temor casualmente manifestado por el padre no hubiera llegado a adquirir esta significación en el contenido del sueño si no hubiera armonizado tan bien con la corriente afectiva victoriosa que tendía a hallar a toda costa en el padre auxilio y salvación. El sueño muestra así que el padre se ha dado cuenta inmediata del peligro y ha acudido en auxilio de su hija. (En realidad, lo que había hecho era exponer a la muchacha a tal peligro).

En las ideas latentes del sueño, el concepto "mojado" desempeña el papel de un foco de convergencia de varios núcleos de representaciones. Pertenece no sólo al de la enuresis nocturna, sino también al de la tentación sexual, reprimido y oculto detrás de aquel contenido del sueño. La sujeto sabe que también en el comercio sexual queda "mojada" la mujer, que el hombre da a la mujer, en el coito, algo líquido en forma de "gotas". Sabe que precisamente en ello está el peligro y que debe evitar que sus órganos genitales sean mojados.

Con los conceptos "mojado" y "gotas" se inicia simultáneamente el otro núcleo de asociaciones, esto es, el del repulsivo catarro genital que en los años de juventud de la sujeto tuvo para ella la misma significación vergonzosa que la enuresis en su infancia. "Mojado" equivale aquí a "contaminado". El órgano genital, que ha de ser conservado puro y limpio, está ya contaminado por el catarro, y tanto en su madre como en ella. Dora parece comprender aquí que la manía de limpieza de su madre no es sino la reacción a aquella impureza.

Ambos núcleos coinciden en un punto: la madre ha recibido del padre las dos cosas, la "mojadura" sexual y el flujo contaminador. Los celos contra la madre son inseparables del círculo de ideas correspondientes al amor al padre, despertado como protección. Este material no es aún capaz de representación. Pero en cuanto pueda encontrarse un recuerdo que esté en igual relación aprovechable con los dos círculos del "mojado" y eluda la repugnancia, tal recuerdo pasará a representar dicho material en el contenido del sueño.

El recuerdo buscado es hallado en el suceso, de las "gotas" de perlas que la madre deseaba recibir como "adorno". Aparentemente, el enlace de esta reminiscencia con los dos círculos de la humedad sexual y de la impureza es sólo exterior, superficial y meramente verbal, ya que las "gotas" parecen empleadas como equívoco, como palabra de doble sentido, y "adorno" es, como "limpio", una antítesis un tanto forzada de "impuro" (contaminado). Pero en realidad no es difícil señalar íntimos enlaces de contenido. El recuerdo proviene del material de los celos, de raíz infantil, pero continuados luego contra la madre. A través de los dos puentes de palabras indicados puede ser transferida a la reminiscencia de las "gotas" toda la significación concomitante a las representaciones del comercio sexual entre los padres, el flujo blanco y la atormentada manía de la limpieza de la madre.

Pero todavía ha de tener lugar otro desplazamiento. Lo que llega a ser acogido en el contenido del sueño no son las "gotas", más cercanas al "mojado" primitivo, sino las "joyas", más lejanas a él. Así, pues, si este elemento hubiera quedado incluido en la situación onírica ya fijada, el fragmento correspondiente del sueño habría sido: La madre quiere aún salvar las "joyas". Pero en la nueva variante —"joyero"— se impone *a posteriori* el influjo de elementos pertenecientes al círculo de la tentación emanada de K. Este no había regalado a Dora una "joya", pero sí un "joyero", representación de todas las tiernas atenciones por las cuales le había de estar agradecida la muchacha. El "joyero" así acogido en el contenido manifiesto del sueño tiene todavía un valor representativo especial. ¿No es, acaso, una imagen usual para designar el genital femenino intacto e impoluto? ¿Y, por otro lado, una palabra inocente y en consecuencia muy adecuada tanto para indicar como para encubrir las ideas sexuales ocultas detrás del sueño?

De este modo, el contenido del sueño incluye en dos puntos el "joyero de la madre", y este elemento sustituye la mención de los celos infantiles, de las gotas y, por tanto, de la humedad sexual y de la contaminación por el flujo, y, por otro lado, la de las ideas actuales de tentación que impulsan a la sujeto a corresponder al amor de su pretendiente y pintar la situación sexual inminente, deseada y temida. El elemento "joyero" es como ningún otro un resultado de la condensación y del desplazamiento, y una transacción entre corrientes antitéticas. Su doble aparición en el contenido del sueño indica su múltiple origen de fuentes actuales e infantiles.

El sueño es la reacción a un suceso reciente y excitante que hubo de despertar el recuerdo del único acontecimiento análogo de años anteriores, esto es, el de la escena de la tienda, el beso y la repugnancia sentida al recibirlo. Pero a esta escena puede llegarse también por caminos asociativos distintos, partiendo del círculo de ideas relativo al catarro y del referente a la tentación actual. Aporta, pues al contenido del sueño una contribución propia que ha de adaptarse a la situación preformada. Hay fuego..., y como el beso supo a humo, la sujeto advierte olor a humo en el contenido del sueño, el cual se prolonga, en este caso, más allá del despertar.

En el análisis de este sueño he dejado, desgraciadamente y por inadvertencia, una laguna. El padre dice en él: "No quiero que mis dos hijos perezcan...". (Las ideas latentes continuarían; a consecuencia de la masturbación). Tales frases emergentes en los sueños se componen regularmente de fragmentos de frases realmente dichas u oídas por el sujeto. Hubiera debido, por lo tanto, informarme del origen real de aquella. El resultado de esta investigación hubiera señalado una mayor complicación de la estructura del sueño, pero también la hubiera hecho más transparente.

¿Habremos de suponer que este sueño integró antes en L. exactamente el mismo contenido que en su repetición durante la cura? No parece necesario. La experiencia muestra que los hombres afirman muchas veces haber soñado reiteradamente idéntico sueño cuando en realidad las distintas apariciones del mismo se han diferenciado en numerosos detalles y amplias variantes. Así, una de mis pacientes me comunicó en una ocasión haber vuelto a soñar por aquellos días en la misma forma que siempre su sueño favorito, en el que se veía nadando en un mar intensamente azul cuyas olas surcaba gozosa, etc. Una investigación más detenida reveló que el sueño mostraba en sus repeticiones detalles diferentes sobre el mismo fondo. Por ejemplo: en una de las repeticiones del sueño el mar estaba helado y la sujeto nadaba entre grandes témpanos. Otros sueños que la paciente no intentaba ya dar como repeticiones del mismo mostraban con este reiterado un íntimo enlace. Así, en uno de ellos veía la isla de Heligoland, que conocía por fotografías, un barco en el mar y a su bordo dos amigos suyos de juventud, etc.

Lo indudable es que el sueño de Dora, emergido durante la cura, había adquirido un sentido nuevo actual sin modificar quizá su contenido manifiesto. Integraba entre sus ideas latentes una relación con el tratamiento y correspondía a una renovación del propósito pretérito de escapar a un peligro. Si no sufría un error mnémico al afirmar que ya en L. había advertido olor a humo al despertar de su sueño, ha de reconocerse que supo introducir muy hábilmente mi frase "No hay humo sin fuego" en aquel fragmento onírico ya forjado en el que aparece utilizada para la superdeterminación del último elemento. Un innegable azar fue que el último motivo ocasional actual, el hecho de que la madre cerrara con llave el comedor por las noches, dejando prisionero al hermano en su alcoba, trajera consigo un enlace con la ocultación de la llave por K. en L., acto que maduró el propósito de fuga de Dora al ver que no podía ya encerrarse en su cuarto. Quizá el hermano no apareciera en los sueños de entonces, en cuyo caso la frase "mis dos hijos" no habría llegado a ser integrada en el sueño hasta después del último motivo ocasional.

III
El segundo sueño

Pocas semanas después del primer sueño emergió el segundo, cuya solución coincidió con el prematuro final del análisis, interrumpido en este punto por causas ajenas a mi voluntad. Este segundo sueño no pudo ser tan plenamente esclarecido como el primero, pero trajo consigo la deseada confirmación de cierta hipótesis, ineludible ya, sobre el estado psíquico de la paciente, cegó una laguna mnémica y descubrió la génesis de otro de los síntomas que Dora presentaba.

La sujeto hizo de él el relato siguiente:

—Voy paseando por una ciudad desconocida y veo calles y plazas totalmente nuevas para mí[46]. Entro luego en una casa en la que resido, voy a mi cuarto y encuentro una carta de mi madre. Me dice que habiendo yo abandonado el hogar familiar sin su consentimiento no había ella querido escribirme antes para comunicarme que mi padre estaba enfermo. Ahora ha muerto, y si quieres[47] puedes venir. Voy a la estación y pregunto unas cien veces: "¿Dónde está la estación?" Me contestan siempre lo mismo: "Cinco minutos". Veo entonces ante mí un bosque muy espeso. Penetro en él y encuentro a un hombre al que dirijo de nuevo la misma pregunta. Me dice: "Todavía dos horas y media[48]". Se ofrece a acompañarme. Rehúso y continúo andando sola. Veo ante mí la estación, pero no consigo llegar a ella y experimento aquella angustia que siempre se sufre en

[46] Adición ulterior: "En una plaza veo un monumento".

[47] Adición ulterior: "Esta palabra estaba en interrogación: *¿quieres?*"

[48] En un relato ulterior repite: "Tres horas".

estos sueños en que nos sentimos como paralizados. Luego me encuentro ya en mi casa. En el intervalo debo haber viajado en tren, pero no tengo la menor idea de ello. Entro en la portería y pregunto cuál es nuestro piso. La criada me abre la puerta y me contesta: "Su madre y los demás están ya en el cementerio[49]".

La interpretación de este sueño no dejó de presentar dificultades. A consecuencia de las especialísimas circunstancias, íntimamente enlazadas a su mismo contenido, que provocaron la interrupción del tratamiento, no pudo ser totalmente aclarado. A ellas ha de imputarse también el hecho de que mi recuerdo del orden de sucesión de las soluciones logradas no sea muy seguro. Indicaré también cuál era el tema sobre el que recaía el análisis en el momento en que surgió el sueño. Dora trataba de fijar, por aquellos días, la relación de sus propios actos con los motivos que podían haberlos provocado. Se preguntaba, así, por qué en los días siguientes a la escena con K. en los alrededores del lago había silenciado celosamente lo sucedido y por qué luego, de repente, se había decidido a contárselo todo a sus padres. Por mi parte encontraba también necesario aclarar por qué Dora se había sentido tan gravemente ofendida por la declaración amorosa, tanto más cuanto que empezaba a vislumbrar que tampoco para K. se trataba de una liviana tentativa de seducción, sino de un hondo y sincero enamoramiento. El hecho de que la muchacha denunciase a sus padres lo sucedido me parecía constituir un acto anormal, provocado ya por un deseo patológico de venganza. A mi juicio, una muchacha normal hubiera resuelto la situación por sí sola.

---

[49] Adiciones en la sesión siguiente: "Me veo subiendo la escalera". Y luego: "Después de oír la respuesta de la criada me voy a mi cuarto, sin sentir la menor tristeza, y me pongo a leer un libro muy voluminoso que encuentro encima de mi escritorio".

Expondré ahora, en el orden en que va surgiendo en mi recuerdo, el material que emergió en el análisis de este sueño.

"Va paseando por una ciudad desconocida y ve calles y plazas". La sujeto asegura que no se trataba de B., como ya suponía en un principio, sino de una ciudad en la que jamás había estado. Le hice observar que podía haber visto cuadros o fotografías de las que luego hubiera extraído el escenario de su sueño. A esta observación mía enlazó Dora la ampliación antes citada de su primer relato: "En una plaza veo un monumento", y en el acto descubrió la fuente de que provenían las imágenes de su sueño. En Navidad había recibido un álbum con vistas de un balneario alemán y el mismo día del sueño lo había sacado de una caja en que guardaba multitud de estampas y fotografías, para enseñárselo a unos parientes suyos. Con tal motivo había preguntado a su madre: "¿Dónde está la caja?"[50]. Una de las vistas que el álbum contenía era la de una plaza en cuyo centro se alzaba un monumento. El álbum era regalo de un joven ingeniero al que había conocido en la ciudad en que el padre tenía sus fábricas. Este ingeniero, deseoso de crearse pronto una situación independiente, había aceptado una colocación ventajosa en Alemania y aprovechaba toda ocasión de hacerse recordar por Dora, demostrando su intención de pedirla en matrimonio en cuanto su situación se lo permitiese. Pero había que esperar.

El acto de vagar por una ciudad desconocida aparecía superdeterminado. Conducía a uno de los motivos diurnos ocasionales del sueño. Durante las fiestas de Navidad había acudido a Viena un joven provinciano, primo de Dora, al que la muchacha tuvo que pilotear por la capital. Este motivo diurno ocasional era totalmente indiferente. Pero aquel joven

[50] En el sueño pregunta Dora: "¿Dónde está la estación?" De estas aproximaciones deduje algo que más adelante expondré.

pariente recordó a Dora una estancia suya en Dresden, durante la cual paseó por aquella ciudad en la que nunca había estado y visitó, naturalmente, la famosa Galería pictórica. Otro primo suyo, que iba con ella y conocía ya Dresden, se ofreció a guiarla en esta visita, pero Dora rechazó su ofrecimiento y fue sola, recorriendo las salas con todo espacio y deteniéndose largamente ante los cuadros que más llamaron su atención. Ante la *Madonna* sixtina permaneció dos horas en serena ensoñación admirativa. Cuando luego le preguntaron qué era lo que tanto le había gustado en aquella pintura, no supo explicarse claramente. Por último, dijo: *La Madonna*.

Es indudable que todas estas asociaciones pertenecen al material productor del sueño, pues integran elementos que retornan sin modificación alguna en el mismo (rechazó su ofrecimiento y siguió sola, dos horas). Observo ya que las "imágenes" corresponden a un foco de convergencia del tejido de las ideas latentes del sueño (las fotografías del álbum—las pinturas de Dresden). También el tema de la *Madonna*, de la madre virgen, nos ofrece un punto de apoyo para ulteriores deducciones. Pero, ante todo, veo que en esta primera parte del sueño Dora se identifica con un hombre joven. Vaga por un país extranjero, se esfuerza en alcanzar un fin, pero hay algo que le detiene, precisa tener paciencia y esperar. Si Dora pensaba aquí en el ingeniero, el fin perseguido en su sueño hubiera podido ser la posesión de una mujer, la posesión de su propia persona. Pero en lugar de esto era una estación. Sin embargo, conforme a la relación de la pregunta formulada en el sueño con la que realmente hubo de formular durante el día inmediatamente anterior al mismo, podemos sustituir la estación por una caja y en el simbolismo onírico caja y mujer son ya conceptos próximos.

"Pregunta unas cien veces..." Esto nos lleva a otro motivo ocasional del sueño, menos indiferente ya. La noche misma de su sueño su padre le había pedido, al retirarse a dormir, que le trajese la botella de coñac, pues si no bebía un poco al acostarse no lograba conciliar el sueño. Dora pidió la llave del aparador a su madre, pero esta se hallaba tan abstraída en una conversación, que no oyó su demanda hasta que la muchacha exclamó, con exageración impaciente: "¿Quieres decirme dónde está la llave del aparador? Te lo he preguntado ya cien veces". En realidad, no habría repetido naturalmente su pregunta más de unas cinco veces[51].

La pregunta "¿Dónde está la llave?" me parece constituir la contrapartida masculina de la otra interrogación: "¿Dónde está la caja?" (Véase el primer sueño). Trátase, pues, de interrogaciones referentes a los genitales.

Aquella misma noche, en la cena con que habían obsequiado a varios parientes, uno de ellos había brindado por el padre, expresando su deseo de que gozara de salud por muchos años, etc., etc. Dora había visto entonces dibujarse en el fatigado rostro de su padre una contracción melancólica y había adivinado las tristes ideas que en él despertaban tales votos. ¡Pobre padre, tan gastado ya y tan enfermo! ¡Quién podía saber cuánto tiempo le quedaba aún de vida!

Con esto llegamos al contenido de la carta que aparece en el sueño, y según la cual Dora había abandonado el hogar familiar y su padre había muerto. En este punto recordé a la sujeto la carta de despedida que en otra ocasión había dirigido a sus familiares. Aquella carta estaba destinada a atemorizar a su padre impulsándole a romper sus relaciones con la señora de K., o, por lo menos, a vengarse de él si ni aun así lograba imponerle

---

[51] En el contenido del sueño, el número cinco aparece como indicación de tiempo: Cinco minutos. En mi obra sobre la interpretación de los sueños he mostrado, con diversos ejemplos, cómo son tratados por el sueño los números integrados en las ideas oníricas latentes. Con mucha frecuencia los encontramos desligados de sus relaciones e integrado en nuevos contextos.

tal ruptura. Nos hallamos, pues, ante el tema de la muerte de la propia Dora y de la muerte de su padre (el "cementerio" luego en el sueño). ¿Erraremos mucho suponiendo que la situación que forma la fachada del sueño corresponde a una fantasía de venganza contra el padre? Las ideas compasivas del día anterior armonizarían muy bien con esta hipótesis. Tal fantasía sería como sigue: ella abandonaría a sus padres, marchándose al extranjero, y su padre se moría de pena, quedando así vengada ella. Comprendía muy bien lo que ahora le faltaba al padre hasta el punto de que le fuera imposible conciliar el sueño sin beber coñac[52].

Dejaremos consignado este deseo de venganza como un nuevo elemento para una síntesis ulterior de las ideas latentes del sueño.

Pero el contenido de la carta había de tener más amplia determinación. Se imponía buscar la procedencia de las palabras "...si ¿quieres?"

Al llegar a este punto, aportó Dora una adición a su primer relato del sueño, manifestando que la palabra "quieres" estaba en interrogación, y seguidamente reconoció la frase como una cita de la carta que la señora de K. le había escrito invitándola a pasar con ellos una temporada en L. (la estación veraniega junto al lago). Dicha carta contenía, en efecto, un signo de interrogación completamente fuera de lugar y en medio de frase, después de las palabras "...si ¿quieres venir?"

Retornamos, pues, a la escena a orillas del lago y a los enigmas con ella enlazados. Rogué a Dora que me relatase una vez más, con todo detalle, tal escena. Al principio no aportó dato ninguno nuevo de importancia. K. había iniciado su decla-

[52] La satisfacción sexual es, indudablemente, el mejor somnífero. Inversamente, el insomnio es casi siempre consecuencia de la insatisfacción. El padre no dormía porque le faltaba el comercio sexual con la mujer amada. Véase, a este respecto, la declaración luego consignada: "Ya sabe usted que mi mujer no es nada para mí".

ración amorosa en serias reflexiones destinadas a justificarla, pero la muchacha no le dejó desarrollarlas, pues en cuanto comprendió de lo que se trataba le abofeteó y huyó de su lado. Quise saber cuáles habían sido exactamente las palabras de K., pero Dora sólo recordaba una de sus frases de justificación: "Ya sabe usted que mi mujer no es nada para mí"[53]. Para no volver a tropezar con K., Dora quiso regresar a L. a pie, rodeando el lago, y preguntó a un hombre, al que encontró en su camino, cuánto tardaría en llegar. "Dos horas y media" fue la respuesta. Dora renunció entonces a su propósito y se embarcó de nuevo en el vaporcito que los había traído. En él volvió a encontrar a K., que se acercó a ella para pedirle perdón y reconciliarse, pero Dora aún encolerizada no se dignó contestarle. El bosque de su sueño era idéntico al que cubría la orilla del lago en la que se había desarrollado la escena nuevamente descrita. Pero también el día anterior al sueño había visto la sujeto un bosque análogamente poblado en un cuadro de una exposición. Este cuadro mostraba en segundo término varias figuras de ninfas[54].

Quedaba así confirmada una sospecha que ya venía asaltándome. En efecto, los conceptos de estación (*Bahnhonf*) y cementerio (*Friedhof*) me habían parecido harto extraños e inhabituales como símbolos de los genitales femeninos y esta singularidad había orientado mi atención hacia la palabra vestíbulo (*Vorhof*), de análoga formación, empleada también como término anatómico para designar una determinada región de los genitales de la mujer. Pero esto podía ser un error mío. La nueva asociación relativa a las "ninfas" en el fondo de su "espeso bosque" vino ahora a disipar por completo tales dudas, confirmando plenamente mi

[53] Estas palabras conducen a la solución de uno de los enigmas planteados.

[54] Por tercera vez aparece aquí la idea de "imagen" (fotografías de la ciudad, pinturas de la Galería de Dresden) y ahora en una conexión mucha más significativa. Los elementos del cuadro (bosque, ninfa) hacen de ella una "imagen femenina".

hipótesis, pues estaba de lleno en la geografía simbólica sexual. "Ninfas" es un término anatómico, totalmente desconocido en este sentido por los profanos e incluso poco usado por los mismos médicos, con el que se designan los pequeños labios del genital femenino situado al fondo del "espeso bosque" del vello sexual. Ahora bien; una sujeto que empleaba términos técnicos tales como *Vorhof* y *ninfas*, tenía que haber adquirido semejantes conocimientos leyendo algún tratado de Anatomía o consultando una enciclopedia, refugio habitual esta última de la juventud devorada por la curiosidad sexual. Así, pues, detrás de la primera situación del sueño se ocultaba, si mi interpretación no era errónea, una fantasía de desfloración, esto es, cómo un hombre se esfuerza en penetrar el genital femenino[55].

Estas deducciones mías debieron de impresionar profundamente a la sujeto, pues hicieron emerger en ella el recuerdo de un trozo olvidado de su sueño: "Voy tranquilamente[56] a mi cuarto y me pongo a leer un libro muy voluminoso que encuentro encima de mi escritorio". Detalles importantes son aquí la "tranquilidad" de la sujeto y el "volumen" del libro. A mi pregunta de si el formato de este último era el habitual en las enciclopedias, respondió

---

[55] La fantasía de desfloración es el segundo elemento de esta situación. La dificultad de andar y la angustia sentida en el sueño aluden a la virginidad, lo mismo que en otro lugar la *Madonna* sixtina. Estas ideas sexuales constituyen un fondo inconsciente para los deseos relativos al pretendiente que esperaba haberse creado una posición en Alemania. El primer elemento de la situación onírica era, como ya vimos, una fantasía de venganza. Más adelante hallaremos aún una tercera serie de ideas de mayor importancia todavía.

[56] En su primer relato había dicho "sin sentir la menor tristeza" y no "tranquilamente". Este sueño puede presentarse como prueba de una afirmación más anterior (*Cf. La interpretación de los sueños*), según la cual aquellos detalles de un sueño, olvidados al principio por el sujeto y sólo ulteriormente recordados, son siempre los más importantes para la comprensión del mismo. Esta circunstancia me llevó a concluir que también el olvido de los sueños es un efecto de la resistencia psíquica interna.

en el acto afirmativamente. Ahora bien, cuando los niños cogen una enciclopedia para satisfacer su curiosidad sobre materias prohibidas, no leen nunca tranquilamente. Tiemblan y miran a cada momento en torno suyo, temiendo que sus familiares los sorprendan. Pero la fuerza cumplidora de deseos del sueño había mejorado fundamentalmente tan inquietante situación. El padre había muerto y los demás habían ido al cementerio. Dora podía leer tranquilamente lo que quisiera. ¿No indicaría acaso esto que una de las razones que impulsaban a Dora a la venganza era la rebeldía contra la coerción ejercida por los padres? Muerto el padre, podía ella leer y amar con plena libertad. Al principio no quiso recordar haber consultado nunca una enciclopedia, pero luego acabó por comunicarme tal recuerdo, si bien por completo inocente. Cuando aquella tía suya, a la que tanto quería, enfermó gravemente y Dora había decidido ya trasladarse a Viena para estar a su lado, recibió una carta de otro tío suyo comunicándole que, por su parte, le era imposible ponerse en camino, pues uno de sus hijos, primo de Dora, por tanto, había caído en cama con un ataque de apendicitis. En esta ocasión había consultado la sujeto una enciclopedia para enterarse de cuáles eran los síntomas de la apendicitis. De su lectura recordaba aún el dolor característico en el vientre.

Recordé entonces, que poco después de la muerte de su tía y hallándose aún en Viena, había Dora pasado una enfermedad que se supuso apendicitis. Hasta el momento no me había yo atrevido a contar esta enfermedad entre sus dolencias histéricas. La sujeto relataba haber tenido fiebre alta los primeros días y haber sufrido aquel dolor en el vientre que la enciclopedia señalaba como uno de los síntomas de la apendicitis. Le habían recetado compresas frías, pero no había podido resistirlas. El segundo día, y entre violentos dolores, se le había presentado el período, muy irregular en ella desde que había comenzado a estar enferma. Por aquella época padecía un estreñimiento pertinaz.

No parecía factible considerar tal estado como puramente histérico. No obstante, al estar plenamente comprobada la existencia de fiebres histéricas, parecía arbitrario atribuir a la histeria y no a una causa orgánica la fiebre de esta dudosa enfermedad de Dora. Me disponía, pues, a abandonar esta pista cuando la misma sujeto vino en mi ayuda aportando una última adición a su sueño: "Me veo subiendo la escalera".

Naturalmente, demandé en el acto una especial determinación de este detalle. Dora objetó, probablemente sin tomarlo ella misma en serio, que para llegar al piso en que habitaban no tenía más remedio que subir la escalera, pero yo rebatí fácilmente tal objeción, haciéndole observar que si su sueño la había trasladado desde la ciudad desconocida en la que se iniciaba hasta Viena, prescindiendo en absoluto de todo detalle referente al viaje en ferrocarril, también podía haber prescindido de aquel acto, mucho menos importante, de subir la escalera. Entonces continuó en la forma siguiente: Después de la apendicitis se le había hecho difícil andar, pues le costaba trabajo avanzar el pie izquierdo. Esta dificultad, prolongada durante bastante tiempo, la había llevado a evitar en lo posible las escaleras. Todavía arrastraba a veces trabajosamente el pie izquierdo. Los médicos a los que su padre la hizo acudir en consulta extrañaron mucho aquel residuo inhabitual de una apendicitis, tanto más cuanto que el dolor abdominal no había vuelto a presentarse ni acompañaba siquiera el esfuerzo que la paciente había de hacer para avanzar el pie.

Se trataba, pues, de un verdadero síntoma histérico. Aunque la fiebre hubiera obedecido a una causa orgánica circunstancial —quizá a una afección de tipo gripal sin localización especial alguna—, quedaba demostrado que la neurosis había aprovechado la ocasión utilizándola para una de sus manifestaciones. Dora se había procurado aquella enfermedad cuyos síntomas había leído en la enciclopedia, se había castigado así por tal lectura y había de decirse que el castigo no correspondía a la lectura del artículo "apendicitis", totalmente inocente, sino que había surgido por un proceso de desplazamiento una vez que a tal lectura vino a agregarse otra, más culpable, que hoy se ocultaba detrás de la primera, inocente[57]. Quizá pudiera investigarse todavía cuáles habían sido los temas de la otra lectura.

¿Qué significaba, pues, aquel estado que quería imitar una peritiflitis? El resto de aquella enfermedad, la dificultad para avanzar una pierna, no correspondía a una peritiflitis; debía armonizar mejor con la significación secreta, posiblemente sexual, del cuadro patológico y su aclaración habría de arrojar alguna luz sobre dicha buscada significación. El sueño había integrado indicaciones de tiempo, concepto nada indiferente en cuanto atañe al suceder biológico. Pregunté, pues, a la sujeto cuándo había sufrido aquel ataque de apendicitis, si antes o después de la escena junto al lago. Rápidamente y sin titubeos produjo Dora una respuesta que resolvía ya de una vez todas las dificultades: nueve meses después. No podía darse un plazo más característico. Así, pues, la supuesta apendicitis había realizado la fantasía de un parto, utilizando para ello los modestos medios de que la paciente disponía: dolores y hemorragia menstrual[58]. Dora conocía, naturalmente, la significación de semejante plazo y no pudo negar toda verosimilitud a mi sospecha de que también hubiese consultado la enciclopedia en lo referente al embarazo y al parto. Pero ¿qué podía significar aquella dificultad para avanzar una pierna? En este punto tenía que arriesgarme a

---

[57] Es este un ejemplo típico de la génesis de síntomas dependientes de motivos ocasionales aparentemente ajenos a todo lo sexual.

[58] Ya he indicado que la mayor parte de los síntomas histéricos, una vez llegados a su total desarrollo, representan una situación fantaseada de la vida sexual, esto es, una escena de comercio sexual, un embarazo, un parto, el puerperio, etc.

adivinar. Andamos así cuando nos hemos lastimado un pie. Ahora bien, si los síntomas de Dora nueve meses después de la escena junto al lago transferían a la realidad su fantasía inconsciente de un parto, ello quería decir que la muchacha había dado, en aquella otra fecha anterior, un "mal paso", o lo que es lo mismo, un "paso en falso". Mas para considerar acertada esta adivinación mía me era preciso obtener de la paciente una determinada confirmación. Tengo la convicción de que síntomas tales como este del pie no surgen jamás cuando la vida infantil del paciente no integra un suceso que pueda servirles de antecedente y modelo. Los recuerdos de épocas posteriores no entrañan, según toda mi experiencia en la materia, fuerza suficiente para exteriorizarse como síntomas. En el caso de Dora no me atrevía casi a esperar que la sujeto me proporcionase el material buscado procedente de su vida infantil, pues, aunque el principio antes expuesto me parecía rigurosamente exacto, no podía, sin embargo, atribuirle con plena seguridad alcance general. Pero precisamente con esta enferma obtuve en el acto su confirmación. Siendo niña había rodado por la escalera de su casa en B., y se había lastimado un pie, el mismo que ahora le costaba trabajo avanzar. Se lo vendaron y tuvo que permanecer en reposo semanas enteras. Ello sucedió teniendo la paciente ocho años y poco antes de presentársele el primer acceso de asma nerviosa.

Tratábase ahora de utilizar el descubrimiento de la fantasía inconsciente antes descrita, y lo hice en la siguiente forma: "El hecho de que nueve meses después de la escena a orillas del lago simule usted inconscientemente un parto y arrastre luego hasta hoy la consecuencia de aquel "paso en falso", demuestra que en su inconsciente lamenta usted el desenlace de aquella escena, sentimiento que la ha llevado a rectificarlo en su pensamiento inconsciente. Su fantasía de un parto exige como premisa la condición de que por entonces hubiera ocurrido realmente algo[59] y hubiese usted vivido y experimentado en aquella ocasión todo lo que después hubo de buscar en la enciclopedia. Ya ve usted cómo su amor a K. no terminó con aquella escena y continúa vivo hasta hoy, como desde un principio sostuve yo, contra su opinión, aunque no tenga usted conciencia de ello". Dora no me contradijo ya[60].

---

[59] La fantasía de desfloración encuentra así una referencia a la persona de K., circunstancia que nos explica por qué la misma región del contenido del sueño integra también material correspondiente a la escena junto al lago (repulsa del ofrecimiento de compañía; dos horas y media; el bosque; la invitación a ir a L.).

[60] Algunas adiciones a las interpretaciones desarrolladas hasta ahora: La *Madonna* es, evidentemente, la propia sujeto. En primer lugar, por el "devoto adorador" que le había remitido el álbum de visitas; luego, por haber sido el cariño maternal demostrado a los hijos de K. lo que la había conquistado, ante todo, el amor de aquel hombre y, en último término, por aquella fantasía inconsciente en la que suponía haber tenido un hijo siendo aún virgen. La *Madonna* es, además, una representación antitética de carácter sexual, caso en el que también se hallaba Dora. Esta relación se me hizo visible por vez primera en un caso de demencia alucinatoria surgida como reacción a un reproche del novio de la sujeto.

Si el análisis no hubiese quedado interrumpido, su continuación nos habría descubierto en el deseo de tener un hijo un nuevo motivo, obscuro, pero poderoso, de la conducta de Dora.

Las numerosas preguntas que la sujeto hubo de plantear en el último período del análisis se nos muestran como brotes tardíos de las interrogantes provocadas por la curiosidad sexual que antes intentó satisfacer consultando la enciclopedia. Es de suponer que leyó en ella todo lo referente al embarazo, el parto, la virginidad y otros temas análogos. En su relato del segundo sueño olvidó mencionar una de las preguntas que parece ineludible integrar en el mismo. Tal pregunta había de ser la siguiente: "¿Vive aquí el señor***?" o "¿Dónde vive el señor***?" El hecho de haber olvidado esta pregunta, aparentemente inocente, después de haberla incluido en el sueño, ha de tener en razón especial y yo la encuentro en el apellido mismo de tal individuo, apellido que tenía, además, una múltiple significación objetiva, constituyendo, por lo tanto, una palabra "equívoca". Desgraciadamente no me es posible consignar aquí tal apellido y demostrar así cuán hábilmente fue empleado para designar algo "equívoco" o "indecoroso". Esta interpretación queda robustecida por el hecho de que en otra región distinta del sueño, allí donde el material procede de los recuerdos de la muerte de la tía, esto es, en la frase "Los demás están va en el cementerio",

Esta labor encaminada a lograr la explicación del segundo sueño nos llevó dos horas, o sea, dos sesiones completas del tratamiento. Cuando al final de la segunda hora manifesté mi satisfacción ante los resultados conseguidos, Dora observó despreciativamente: "No veo que haya salido a luz nada de particular", preparándome así a la proximidad de nuevas revelaciones.

La sesión inmediata la inició Dora con las palabras siguientes:

—¿Sabe usted, doctor, que hoy es la última vez que vengo aquí?

—¡Cómo voy a saberlo si hasta ahora no me ha dicho usted nada que pudiera hacérmelo prever!

—Sí. Resolví seguir viniendo hasta Año Nuevo[61], pero ni un día más. No quiero esperar por más tiempo la curación.

—Ya sabe usted que puede interrumpir el tratamiento cuando quiera. Pero hoy vamos a trabajar todavía. ¿Cuándo tomó usted esa resolución?

—Hace quince días.

—Quince días. Parece como si se tratase del despido de una criada o de una institutriz. Es el plazo habitual para anunciarles o anunciar ellas su despido.

---

encontramos otro juego de palabras a base del nombre de aquella tía. Estas palabras equivocas o indecorosas nos indicarían la existencia de una fuente oral de los conocimientos sexuales de Dora, ya que en la enciclopedia no podía haberlas encontrado. No me hubiera engañado que tales de procedieran de la propia señora de K., la misma que luego hubo de acusar falsamente a Dora. La sujeto, que tan vengativa se había mostrado con otras personas, había otorgado siempre, en cambio, a aquella mujer una singular generosidad. Detrás de la amplia serie de desplazamientos que así se descubren, puede muy bien sospecharse un factor simple: el profundo amor homosexual de Dora hacia la señora de K.

[61] Estábamos a 31 de diciembre.

—Cuando fui a L. a pasar unos días con los K., tenían estos en su casa una institutriz que se despidió poco después.

—¡Ah!, ¿sí? Nunca me ha hablado usted de ella. Cuénteme.

—Sí. Tenían una institutriz para los niños, una muchacha cuya conducta para con el amo de la casa me pareció muy singular desde el primer momento. No le saludaba ni le dirigía la palabra, ni siquiera hacía ademán de alcanzarle las cosas que pedía en la mesa. Parecía como si no existiese para ella. Tampoco él se mostraba ciertamente muy cortés para con la muchacha. Uno o dos días antes de la escena a orillas del lago, la institutriz me llamó aparte y me contó que durante una temporada que la mujer de K. había estado ausente, el marido la había cortejado con insistencia, apremiándola tenazmente y asegurándole que su mujer no era nada para él, etcétera...

—Las mismas palabras que acababa de pronunciar en su declaración a usted cuando usted le abofeteó, ¿no?

—Sí. La institutriz acabó por ceder a sus deseos. Pero K. dejó de ocuparse de ella al poco tiempo y la muchacha le odiaba desde entonces.

—¿Y se despidió durante su estancia de usted en L.?

—No. Pensaba hacerlo. Me dijo que, al verse abandonada, había comunicado a sus padres, residentes en Alemania, todo lo sucedido. Sus padres le aconsejaron que abandonara en el acto aquella casa y al ver que no lo hacía, le escribieron rompiendo toda relación con ella y prohibiéndole volver jamás a su lado.

—¿Y por qué no se había marchado?

—Me dijo que quería esperar aún algún tiempo para ver si K. modificaba su conducta. En caso contrario se despediría.

—¿Qué ha sido de la muchacha?

—No sé nada. Sólo que se marchó de la casa.

—¿No quedó embarazada a consecuencia de aquella aventura?

—No.

Había surgido, pues, en medio del análisis —cosa perfectamente normal— un trozo de material real que ayudaba a resolver problemas anteriormente planteados.

Podía ya decir a Dora: Ahora conozco el motivo de aquella bofetada con la que respondió usted a la declaración de su amor. No fue la indignación provocada por suponerla a usted capaz de aceptar tales proposiciones de un hombre casado, sino un impulso de celosa venganza. Cuando la institutriz le contó su historia, usted hizo aún uso de su destreza habitual para echar a un lado todo aquello que contrariaba sus sentimientos. Pero en el momento en que K. le dirigió las mismas palabras que antes a la otra muchacha —"Mi mujer no es nada para mí"— despertaron en usted nuevos impulsos y la balanza se inclinó decisivamente. Se dijo usted: Este hombre se atreve a tratarme como a una institutriz, como a una persona subordinada. Y esta ofensa inferida a su orgullo, sumada a sus celos y a los restantes motivos conscientes y razonados, colmó ya las medidas[62]. Para demostrarle hasta qué punto se halla usted aún bajo la influencia de la historia de la institutriz, me bastará hacerle observar cuán repetidamente se identifica usted con ella en sus sueños y en su conducta. Se despide usted de mí como una institutriz, tomándose un plazo de quince días. La carta de su sueño, autorizándola a usted para retornar a su casa, es la contrapartida de la carta en que los padres de la institutriz prohibían a esta presentarse ante ellos.

—¿Por qué no se lo conté entonces todo inmediatamente a mis padres?

—¿Qué tiempo dejó usted pasar?

—La escena con K. fue el último día de junio. Hasta el 14 de julio siguiente no se lo conté a mi madre.

---

[62] No fue quizá tampoco indiferente que la sujeto hubiera oído a su padre quejarse alguna vez de su mujer en forma análoga, cuyo sentido hubo de comprender perfectamente, tal y como yo le había oído en mi consulta.

—Otra vez el plazo de quince días característico para el despido de una sirviente. Ahora puedo ya contestar a su pregunta anterior. Comprendió usted muy bien a aquella pobre muchacha. No quiso despedirse en el acto porque esperaba que K. le otorgara de nuevo su cariño. Tal fue también el motivo que determinó su propia conducta. Se dio usted un plazo para ver si K. renovaba su declaración, demostrándole así la seriedad de sus intenciones y que no trataba solamente de jugar con usted como antes con la institutriz.

—Pocos días después de su partida aún me escribió una postal.

—Bien. Pero luego, al no volver a recibir noticias suyas, dio usted libre curso a su venganza. Aunque no es nada inverosímil que también su acusación contra K. obedeciese, en segundo término, a la intención de moverle a acudir a su lado para justificarse ante los suyos.

—Tal fue, en efecto, mi primera intención.

—Y entonces hubiera quedado cumplido su ardiente deseo de volver a verle (Dora asintió aquí, cosa que yo no esperaba) y hubiera podido darle la satisfacción que usted demandaba.

—¿Qué satisfacción?

—Empiezo a sospechar que toda esta historia con K. ha sido para usted mucho más seria de lo que hasta ahora ha querido reconocer. ¿No se habló varias veces de separación en el matrimonio K.?

—Sí. Primero no quiso ella, por causa de los hijos. Ahora quiere, pero su marido no.

—¿Y no ha pensado usted nunca que K. quería separarse de su mujer para casarse con usted? ¿Y que si ahora no quiere es porque no tiene ya tal compensación? Hace dos años era usted, desde luego, demasiado joven para casarse, pero usted misma me ha contado que su madre se prometió a los diecisiete y esperó luego dos años. La historia amorosa de la madre constituye, habitualmente, un modelo para la hija. Quería usted, pues, esperar a K. y suponía que por su parte sólo esperaba a que usted tuviera edad para casarse con él[63]. He de suponer que usted llegó a edificar seriamente todo un plan de vida sobre esta base. No puede usted negar que K. abrigara aquella intención, y en el curso del análisis han surgido muchas cosas que indican directamente la existencia de tal propósito[64]. La conducta de su enamorado en L. no integra tampoco prueba alguna en contrario. No le dejó usted acabar de explicarse e ignora, por lo tanto, lo que en definitiva quería decirle. Su matrimonio con K. no hubiera sido en realidad tan imposible. Las relaciones de su padre con la señora de K., relaciones que usted protegió en tanto resultaban favorables a sus propias intenciones, eran una garantía segura de que dicha señora consentiría en el divorcio, y en cuanto a su padre, siempre ha conseguido usted de él lo que ha querido, e incluso hubiera sido esta la única solución posible para todos si los sucesos desarrollados en L. hubieran tenido otro desenlace. Por haberlo comprendido así lamentó usted luego tan hondamente el desenlace por usted misma provocado y lo corrigió en la fantasía inconsciente que hubo de exteriorizarse bajo la forma de una apendicitis. Fue, pues, para usted un doloroso desengaño ver que su enamorado, en lugar de reaccionar a su acusación renovando seriamente sus pretensiones, la acusaba a su vez, calumniosamente. Ha confesado usted que lo que más le indigna es la suposición de que la escena a orillas del lago sea pura imaginación suya. Ahora sé ya lo que no quiere usted que se le recuerde: que imaginó

[63] La espera hasta alcanzar un fin aparece integrada en el contenido de la primera situación onírica. En esta fantasía de espera de la novia vemos un trozo del tercer componente, ya anunciado, de este sueño.

[64] Especialmente unas frases de una carta de K., remitiendo a Dora un regalo en los últimos tiempos de su estancia en B.

usted serias y sinceras las pretensiones amorosas de K. y creyó que no cejaría en ellas hasta conseguirla en matrimonio.

Dora me oyó sin contradecirme, como solía. Parecía impresionada. Se despidió amablemente de mí, deseándome toda clase de venturas en el nuevo año, y no volvió a aparecer por mi consulta. El padre, que aún me visitó varias veces, me aseguró que volvería, pues se le notaba deseosa de continuar el tratamiento. Pero no creo que hablara sinceramente. Había intervenido en favor de la cura mientras supuso que yo iba a convencer a Dora de que entre él y la señora de K. no existía sino una pura amistad. Pero al advertir que no entraba en mis cálculos tal cosa, se desinteresó por completo del tratamiento. Yo sabía muy bien que Dora no volvería a mi consulta. La inesperada interrupción del tratamiento cuando mis esperanzas de éxito habían adquirido ya máxima consistencia, destruyéndolas así de golpe, constituía por su parte un indudable acto de venganza y satisfacía, al propio tiempo, la tendencia de la paciente a dañarse a sí misma. Quien como yo despierta a los perversos demonios que habitan, imperfectamente domados, un alma humana, para combatirlos, ha de hallarse preparado a no salir indemne de tal lucha. Surge aquí la cuestión de si hubiera quizá logrado retener a la paciente prestándome a desempeñar un papel insincero, esto es, exagerando el valor que para mí había de tener la continuación del tratamiento y mostrando a Dora un caluroso interés que, no obstante, las limitaciones impuestas por mi situación profesional, habría sido acogido por ella como una sustitución del cariño que tanto ansiaba. No lo sé. Pero teniendo en cuenta que una parte de los factores que se oponen en calidad de resistencia permanece siempre y en todo caso incógnita, he huido constantemente de toda insinceridad, contentándome con ejercer desinteresadamente el arte psicológico. Con todo mi interés teórico y mis mejores deseos profesionales de ayudar a los enfermos, no olvido nunca que el influjo psíquico tiene necesariamente sus fronteras y respeto como tales el juicio y la voluntad de los pacientes.

No sé tampoco si el señor K. hubiera conseguido más si alguien le hubiera revelado que aquella bofetada de Dora no significaba en modo alguno un "no" definitivo y correspondía en realidad a los celos en ella a última hora despertados, en tanto que los más fuertes impulsos de su alma le eran francamente favorables. Si K. hubiera hecho caso omiso de aquel "no" y hubiera continuado pretendiendo a Dora con apasionamiento convincente, es muy posible que la inclinación de la muchacha hubiese superado todas las dificultades internas. Pero también podría haber ocurrido que tal insistencia no hubiese hecho sino incitar a Dora a satisfacer todavía más ampliamente en K. sus ansias de venganza. En la lucha de unos motivos contra otros no es posible prever de qué lado habrá de inclinarse la solución, esto es, si habrá de levantar la represión o, por el contrario, reforzarla. La incapacidad de satisfacer una demanda real de amor es uno de los rasgos característicos esenciales de la neurosis. Los enfermos se hallan dominados por la antítesis entre la realidad y la fantasía. Cuando encuentran en la realidad aquello mismo que más intensamente desean en su fantasía, huyen presurosamente de ello, entregándose con tanto mayor abandono a sus fantasías cuanto menos tienen que temer su realización. Desde luego, la barrera erigida por la represión puede también caer ante el ataque de violentas emociones de origen real, quedando así dominada y vencida la neurosis por la acción de la realidad. Pero no podemos saber, en general, en qué casos y cómo puede ser posible una tal curación[65].

---

[65] Todavía algunas observaciones sobre la estructura de este sueño que no ha llegado a hacérsenos suficientemente comprensible para intentar su síntesis. La fantasía de venganza contra el padre puede aislarse del resto del sueño como un trozo resaltante a modo de fachada: Dora ha abandonado voluntariamente

el hogar familiar; el padre ha enfermado y ha muerto... Ahora vuelve a casa. Los demás han salido ya para el cementerio. Sin sentir la menor tristeza, va a su cuarto y se pone a leer la enciclopedia. Hallamos aquí dos alusiones al otro acto de venganza que la sujeto había llevado realmente a cabo dejando al alcance de sus padres una carta de despedida: La carta (de su madre en el sueño) y la mención del entierro de aquella tía suya en cuya vida veía Dora el modelo de su destino. Detrás de esta fantasía se esconden aquellas ideas de venganza contra K., a las que Dora procuró un exutorio en su conducta para conmigo. La criada, la invitación, el bosque y las dos horas y media proceden del material suministrado por los sucesos desarrollados en L. El recuerdo de la institutriz y de las cartas que entre ella y sus padres se cruzaron aparece conjuntamente con el elemento proporcionado por su carta de despedida a la carta integrada en el contenido del sueño, autorizando a Dora para volver a su casa. La negativa a dejarse acompañar y la decisión de seguir sola su camino pueden traducirse en la forma siguiente: "Por haberme tratado como a una criada, te dejo plantado, me voy sola y no me caso". Encubierto por estas ideas de venganza, se trasluce en otros puntos un material correspondiente a fantasías amorosas procedentes del cariño hacia K., inconscientemente subsistente: Hubiera esperado hasta poder ser tu mujer —la desfloración, el parto—. Por último, el hecho de que la fantasía de desfloración aparezca representada desde el punto de vista masculino (identificación con el enamorado residente en el extranjero) pertenece al más profundo y secreto círculo de ideas, al del amor homosexual hacia la señora de K., y lo mismo la circunstancia de que en dos puntos aparezcan transparentes alusiones a frases equívocas (¿Vive aquí el señor X.?) y a la fuente escrita de sus conocimientos sexuales (la enciclopedia). En este sueño encuentran también su cumplimiento impulsos sádicos y crueles.

IV
Epílogo

No obstante haberme anticipado a hacer constar que el presente trabajo integraba tan sólo un fragmento de un análisis, algunos lectores lo habrán encontrado más incompleto de lo que lo que así era de esperar. Habré, pues, de aducir los motivos de las omisiones, plenamente voluntarias, que en él se advierten.

Falta, en primer lugar, toda una serie de resultados del análisis. Unos porque al tiempo de la interrupción del tratamiento no parecía aún suficientemente garantizada su exactitud. Otros porque hubieran precisado ser continuados hasta una conclusión de carácter general. En algunas ocasiones he indicado la continuación probable de ciertas soluciones. Por otro lado, he omitido también toda referencia a la técnica mediante la cual extraemos el contenido de ideas inconscientes integrado en la masa total de asociaciones espontáneas de los enfermos, omisión que trae consigo el inconveniente de impedir al lector apreciar la corrección de mis procedimientos en este proceso expositivo. Pero juzgaba totalmente irrealizable tratar simultáneamente de la técnica de un análisis y de la estructura interna de un caso de histeria. Ni yo hubiera podido desarrollar con claridad suficiente una tal exposición ni el lector hubiera podido orientarse en ella. La técnica requiere una exposición por separado, ilustrada con numerosos ejemplos tomados de los casos más diversos e independiente del resultado final de cada uno. Tampoco he intentado justificar ni fundamentar las premisas psicológicas que se traslucen en mis descripciones de fenómenos psíquicos. Una fundamentación incompleta y superficial no sería de utilidad alguna y la tentativa de desarrollarla con la debida minuciosidad constituiría por sí sola una extensa labor. Puedo tan sólo asegurar que al emprender el estudio de los fenómenos que nos revela la observación de los psiconeuróticos no me hallaba influido por ningún sistema psicológico y que he ido formando y modificando mis opiniones hasta que me parecieron adaptarse perfectamente a lo observado. No siento orgullo de haber evitado la especulación, pero sí quiero hacer constar que el material en que se basan mis hipótesis ha sido producto de una prolongada y laboriosa observación. Habrá de extrañar especialmente mi resuelta actitud en la cuestión de lo inconsciente, actitud que me lleva a operar con los impulsos, ideas y representaciones inconscientes cual si fuesen objeto tan indudable de la psicología como todo lo consciente. Pero estoy seguro de que todo aquel que emprenda con igual método la investigación de tales fenómenos acabará por compartir mi actitud, a pesar de todas las advertencias de los filósofos.

Aquellos de mis colegas que consideran puramente psicología mi teoría de la histeria, declarándola así, *a priori*, incapaz de resolver un problema patológico, verán en el presente trabajo cómo su reproche transfiere injustificadamente a la teoría un carácter de la técnica. Sólo la técnica terapéutica es puramente psicológica. La teoría no omite señalar la base orgánica de la neurosis, aunque no la busque en una alteración anatomopatológica y sustituya la supuesta alteración química, inaprehensible aún, por la interinidad de la función orgánica. No creo que nadie intente negar carácter de factor orgánico a la función sexual, en la que vemos la base tanto de la histeria como de las psiconeurosis. Ninguna teoría sexual puede prescindir, a mi juicio, de la hipótesis de la existencia de ciertas materias sexuales de acción excitante. Los fenómenos de intoxicación y abstinencia provocados por el uso de ciertos venenos crónicos se aproximan al cuadro patológico de las psiconeurosis genuinas mucho más que a ningún otro.

No he incluido tampoco en este trabajo lo que hoy puede decirse sobre la colaboración somática, los gérmenes infantiles de perversión, las zonas erógenas y la disposición a la bisexualidad, limitándome a señalar aquellos puntos en los que el análisis tropieza con estos fundamentos de los síntomas. No era posible hacer más en la exposición de un caso aislado.

Tan incompleta publicación tiende, sin embargo, a conseguir dos fines. En primer lugar, y como complemento a mi libro sobre la interpretación de los sueños, a demostrar cómo el arte onirocrítico puede ser utilizado para descubrir los elementos ocultos y reprimidos de la vida anímica. En el análisis de los dos sueños aquí comunicados se ha tenido también en cuenta la técnica de la interpretación onírica, análoga a la psicoanalítica. En segundo, quería despertar el interés de mis lectores hacia toda una serie de circunstancias desconocidas aún hoy en día para la ciencia, puesto que sólo se hacen visibles en la aplicación de este procedimiento especial. Nadie hasta ahora ha podido formarse una idea exacta de la complicación de los procesos psíquicos en la histeria, de la yuxtaposición de los impulsos más diversos, de la mutua conexión de las antítesis, de las represiones y los desplazamientos, etc. La teoría de Janet de la "idea fija" que se convierte en síntoma no es más que una esquematización, insuficiente a todas luces. No podemos sustraernos además a la sospecha de que las excitaciones basadas en representaciones carentes de capacidad de conciencia actúan distintamente, siguen un curso diferente y conducen a manifestaciones distintas que aquellas otras a las que denominamos "normales" y cuyo contenido ideológico se nos hace consciente. Admitido esto, nada se opone ya a la comprensión de una terapia que suprima los síntomas neuróticos al transformar aquellas primeras representaciones en representaciones normales.

Me interesaba también demostrar que la sexualidad no interviene como un *deus ex machina*, emergente una sola vez en el curso de los procesos característicos de la histeria, sino que constituye la fuerza impulsora de cada uno de los síntomas y de cada una de las manifestaciones de los mismos. Los fenómenos patológicos constituyen la *actividad sexual de los enfermos*. Un sólo caso no podrá jamás demostrar un principio tan general, pero toda mi experiencia en la materia me fuerza a repetir que la sexualidad es la clave del problema de las psiconeurosis y neurosis. Nadie que no lo reconozca así llegará jamás a solucionarlo. Aún espero las investigaciones que hayan de moverse a abandonar o restringir tal principio. Lo que hasta ahora he oído en contra del mismo han sido tan sólo manifestaciones de desagrado o incredulidad puramente personales, a las cuales basta oponer la frase de Charcot: *Ça n'empêche pas d'exister*.

El caso de cuyo historial publicamos aquí un fragmento no es tampoco nada apropiado para darnos una idea exacta del valor de la terapia psicoanalítica. No sólo la escasa duración del tratamiento —apenas tres meses—, sino también cierto factor intrínseco del caso, impidieron que la cura terminase con un alivio reconocido tanto por el enfermo como por sus familiares y más o menos próximos a la curación total. Tales resultados satisfactorios se consiguen siempre que los fenómenos patológicos son mantenidos exclusivamente por el conflicto interno entre los impulsos de orden sexual. En estos casos vemos mejorar a los enfermos en la misma exacta medida en que vamos contribuyendo a la solución de sus conflictos psíquicos por medio de la traducción del material patógeno en material normal. En cambio, aquellos otros casos en que los síntomas han entrado al servicio de motivos exteriores de la vida, como en el de Dora durante los dos últimos años, siguen muy distinto curso. En ellos extraña y puede incluso inducir en error ver que el estado del enfermo no presenta modificación alguna visible, aun estando ya muy avanzado el análisis. Pero en realidad no es tan negativo el resultado del mismo. Los síntomas no desaparecen durante el desarrollo de la labor analítica, pero sí una vez terminada esta y disueltas las relaciones del paciente con el médico. El retraso de la curación o del alivio tiene, efectivamente, su causa en la propia persona del médico.

Para explicar esta circunstancia hemos de partir de muy atrás. Durante una cura psicoanalítica queda regularmente interrumpida la producción de nuevos síntomas. Pero la productividad de la neurosis no se extingue con ello, sino que actúa en la creación de un orden especial de productos mentales, inconscientes en su mayor parte, a los que podemos dar el nombre de *transferencias*.

¿Qué son las transferencias? Reediciones o productos ulteriores de los impulsos y fantasías que han de ser despertados y hechos conscientes durante el desarrollo del análisis y que entrañan como singularidad característica de su especie la sustitución de una persona anterior por la persona del médico. O para decirlo de otro modo: Toda una serie de sucesos psíquicos anteriores cobran de nuevo vida, pero no ya como pasado, sino como relación actual con la persona del médico. Algunas de estas transferencias se distinguen tan sólo de su modelo en la sustitución de persona. Son, pues, insistiendo en nuestra comparación anterior, simples reproducciones o reediciones invariadas. Otras muestran un mayor artificio; han experimentado una modificación de su contenido —una sublimación según nuestro término técnico— y pueden incluso hacerse conscientes apoyándose en alguna singularidad real, hábilmente aprovechada, de la persona o las circunstancias del médico. Estas transferencias serán ya reediciones corregidas y no meras reproducciones.

Penetrando en la teoría de la técnica analítica hallamos que la transferencia es un factor imprescindible y necesario. Prácticamente se convence uno, por lo menos, de que no hay medio hábil de eludirla, haciéndose necesario combatir esta última creación de la enfermedad como todas las anteriores.

Y esta faceta de la labor analítica es, con mucho, la más difícil. La interpretación de los sueños, la extracción de las ideas y los recuerdos inconscientes integrados en el material de asociaciones espontáneas del enfermo, y otras artes análogas de traducción, son fáciles de aprender, pues el paciente mismo nos suministra el texto. En cambio, la transferencia hemos de adivinarla sin auxilio ninguno ajeno, guiándonos tan sólo por levísimos indicios y evitando incurrir en arbitrariedad. Lo que no puede hacerse es eludirla, pues es utilizada para constituir todos aquellos obstáculos que hacen inaccesible el material de la cura, y, además, la convicción de la exactitud de los resultados obtenidos en el análisis no surge nunca en el enfermo hasta después de resuelta la transferencia.

Se considerará, quizá, como un grave inconveniente del procedimiento analítico, ya harto espinoso de por sí, el hecho de hacer todavía más ardua la labor del médico creando una nueva especie de productos psíquicos patológicos, e incluso se querrá derivar de la existencia de las transferencias la posibilidad de que el tratamiento analítico dañe a los enfermos. Ambas cosas serían erróneas. La transferencia no hace más penosa la labor del médico, para el cual puede ser indiferente que el impulso que en el enfermo ha de vencer se refiera a su persona o a otra cualquiera, ni impone tampoco al paciente rendimiento alguno nuevo que no hubiera tenido que realizar sin ella. La curación de casos de neurosis en sanatorios en los que no se practica el método psicoanalítico, la opinión vulgar de que la histeria no es curada por el tratamiento, sino por el médico, y la ciega dependencia duradera que liga al enfermo con el médico que lo ha librado de sus síntomas por medio de la sugestión hipnótica tienen su explicación científica en las transferencias que el paciente hace recaer regularmente sobre la persona del médico. El tratamiento psicoanalítico no crea la transferencia; se limita a descubrirla como descubre otras tantas cosas ocultas de la vida psíquica. La única diferencia está en que, espontáneamente, el paciente sólo produce transferencias afectuosas y amigables, y cuando por cualquier causa no son posibles tales transferencias, se desliga rápidamente del médico que no le es "simpático", sin que este último haya conseguido ejercer sobre él la menor influencia. En cambio, en el psicoanálisis, y a consecuencia de una distinta disposición de los motivos, son despertados todos los impulsos, incluso los hostiles, y utilizados, haciéndolos conscientes, para los fines del análisis, quedando luego destruida en todo caso la transferencia. La transferencia, destinada a ser el mayor obstáculo del psicoanálisis, se convierte en su más poderoso auxiliar cuando el médico consigue adivinarla y traducírsela al enfermo.

He tenido que hablar de la transferencia porque sólo teniéndola en cuenta resulta posible explicar las singularidades del análisis de Dora. La cualidad más excelente de este análisis, aquella que lo hace tan apropiado para una primera publicación introductoria, su máxima transparencia, se halla íntimamente ligada a su mayor defecto, responsable de su prematura interrupción. No conseguí adueñarme a tiempo de la transferencia. La buena voluntad con la que Dora puso a mi disposición en el tratamiento una parte del material patológico me hizo olvidar la precaución de atender a los primeros signos de la transferencia que me preparaba con otra parte, desconocida para mí, del mismo material. Al principio se advertía claramente que yo sustituía para ella, en la fantasía, a su padre, como era natural, dada la diferencia entre nuestras edades respectivas. Dora me comparaba también de continuo conscientemente con él, buscando siempre convencerse de mi sinceridad para con ella, pues el padre "prefería siempre el misterio y los caminos torcidos". Cuando luego llegó el primer sueño, en el que Dora se proponía abandonar la cura, como antes la casa de K., hubiera yo debido darme cuenta de la advertencia que el sueño encerraba y haber dicho a la paciente: "Ahora ha realizado usted una transferencia de K. a mi persona. ¿Ha advertido usted algo que la lleve a deducir que yo abrigo hacia usted malas intenciones análogas (directamente o por sublimación) a las de K. o ha observado en mi persona o sabido de mí algo que fuere su inclinación, como antes en K.?" Esto hubiera orientado su atención hacia un detalle cualquiera de nuestras relaciones, de mi persona o de mis circunstancias, detrás del cual se mantuviera oculto algo análogo, aunque de importancia mucho menor, referente a K., y la solución de esta transferencia hubiera procurado al análisis el acceso a nuevo material mnémico. Pero incurrí en el error de descuidar esta primera advertencia, pensando disponer aún de tiempo más que suficiente, ya que no se presentaban nuevos estadios de la transferencia ni parecía agotarse aún el material analizable. De este modo, la transferencia me sorprendió desprevenido y a causa de un "algo" en que yo le recordaba a K., Dora hizo recaer sobre mí la venganza que quería ejercitar contra K., y me abandonó como ella creía haber sido engañada y abandonada por él. La paciente *vivió* así de nuevo un fragmento esencial de sus recuerdos y fantasías en lugar de reproducirlo verbalmente en la cura. No sé, naturalmente, qué podía ser aquello que había servido de punto de partida para la transferencia. Sospecho tan sólo que tenía alguna relación con el dinero o eran celos de otra paciente que después de su curación había continuado tratando a mi familia. En aquellos casos en que las transferencias se dejan integrar tempranamente en el análisis, se hace más lento y menos transparente el curso del mismo, pero su desarrollo queda más asegurado contra súbitas resistencias incoercibles.

En el segundo sueño de Dora, la transferencia aparece representada por varias alusiones clarísimas. Cuando me lo relató, no sabía yo aún —hasta dos días después no lo supe— que sólo teníamos ya ante nosotros dos horas de trabajo, el mismo tiempo que la sujeto había permanecido ante la *Madonna* sixtina y el mismo que mediante una corrección (dos horas en vez de dos horas y media) había convertido en medida de tiempo necesario para retornar a pie a L. bordeando el lago. La espera del sueño, que se refería al joven ingeniero residente en Alemania y procedía de su propia espera hasta que el señor K. pudiera matrimoniarla, se había ya exteriorizado algunos días antes de la transferencia: la cura se le hacía demasiado larga; no tendría paciencia para esperar tanto tiempo. En cambio, durante las primeras semanas había mostrado comprensión suficiente para aceptar, sin tales objeciones, mi advertencia de que su curación habría de exigir cerca de un año de tratamiento. El acto de rechazar la compañía ofrecida, prefiriendo continuar sola su camino, detalle onírico procedente también de su visita a la Galería de Dresden, hubo de ser repetido por Dora a mi respecto el día previamente marcado para ello. Su significación sería la siguiente: puesto que todos los hombres son tan asquerosos prefiero, no casarme. Tal es mi venganza[66].

En aquellos casos en los que el enfermo transfiere sobre el médico, en el curso del tratamiento, impulsos de crueldad y

[66] Cuanto más tiempo me separa del término de este análisis, más me voy convenciendo de que mi error técnico consistió en la omisión siguiente: Omití adivinar a tiempo, comunicándoselo a la sujeto, que su impulso amoroso homosexual (ginecófilo) hacia la mujer de K. era la más poderosa de las corrientes inconscientes de su vida anímica. Hubiera debido adivinar que sólo la mujer de K. podía ser la fuente principal de sus conocimientos en materia sexual, la misma persona que luego la había acusado de abrigar un excesivo interés por tales cuestiones. El segundo sueño me lo reveló así. El ansia de venganza que este sueño exteriorizaba era máximamente adecuada para encubrir a corriente antitética, la generosidad con que la sujeto perdonó la traición de la mujer amada y ocultó a todos haber sido esta misma la que le había hecho las revelaciones cuyo conocimiento había constituido luego la base de su acusación. Antes de haber descubierto la importancia de la corriente homosexual en los psiconeuróticos, he fracasado en muchos tratamientos por no saber cómo continuar el análisis.

motivos de venganza utilizados ya para mantener los síntomas, y antes que aquel haya tenido tiempo de desligarlos de su persona, retrotrayéndolos a sus fuentes, no podemos extrañar que el estado del enfermo no aparezca influido por la labor terapéutica. En efecto, ¿qué venganza mejor para el enfermo que mostrar en su propia persona cuán impotente e incapaz es el médico? No obstante, me inclino a atribuir un valor terapéutico nada escaso a tratamientos tan fragmentarios incluso como este de Dora.

Sólo cinco trimestres después de interrumpido el tratamiento y escritas las notas que preceden, tuve noticias del estado de mi paciente y con ellas del resultado de la cura. En una fecha no del todo indiferente, en 1.º de abril —ya sabemos que los períodos de tiempo no carecían nunca de significación en su caso—, apareció Dora en mi consulta para —según dijo— terminar de relatarme su historia y solicitar de nuevo mi ayuda. Pero su expresión al hablarme así delataba claramente la insinceridad de su demanda de auxilio. Después de la interrupción del tratamiento había pasado más de un mes muy "trastornada", según su propia expresión. Luego se inició una considerable mejoría; los ataques se hicieron menos frecuentes y su estado de ánimo mostró un gran alivio. En mayo del año anterior murió uno de los hijos del matrimonio K., enfermizo de siempre. Dora visitó con este motivo a los K. para darles el pésame y fue recibida por sus antiguos amigos como si nada hubiera sucedido entre ellos en los tres últimos años. En esta ocasión se reconcilió con el matrimonio, se vengó de él y llevó todo el asunto a un desenlace satisfactorio para ella. A la mujer le dijo que estaba perfectamente al tanto de sus relaciones ilícitas con su padre, sin que la interesada se atreviese a protestar. Luego obligó al marido a confesar la verdad de la escena junto al lago y se lo comunicó así a su padre, quedando ya plenamente justificada ante él. Después de esto, no volvió a reanudar sus relaciones con el matrimonio.

Siguió bien hasta mediados de octubre, fecha en la que padeció un nuevo ataque de afonía, prolongado durante seis semanas. Sorprendido ante esta noticia, pregunté a Dora cuál podía haber sido la causa de aquel acceso. Al principio se limitó a manifestar que había sido consecuencia del susto experimentado al presenciar en la calle un atropello. Pero después de algunas vacilaciones acabó por confesar que el atropellado había sido el propio K. Lo había encontrado una tarde en una calle de mucho tránsito. K. la había visto en el momento en que cruzaba la calzada y se había detenido de pronto, tan impresionado y aturdido, que se dejó derribar por un coche[67]. Afortunadamente, no sufrió lesión ninguna y Dora le vio levantarse del suelo y seguir andando, totalmente indemne. La sujeto experimentaba aún alguna emoción cuando oía hablar de las relaciones de su padre con la mujer de K., en las cuales no se mezclaba ya para nada. Vivía consagrada a sus estudios y no pensaba casarse.

Acudía a mí por causa de una neuralgia facial que ahora la atormentaba día y noche. "¿Desde cuándo?" "Desde hace exactamente quince días". No pude reprimir una sonrisa, pues podía demostrarle que precisamente hacía quince días había leído en los periódicos una noticia sobre mí. Dora lo reconoció así sin dificultad ninguna.

La supuesta neuralgia facial correspondía, pues, a un autocastigo, al remordimiento por la bofetada propinada a K. y por la transferencia sobre mí de los sentimientos de venganza extraídos de aquella situación. No sé qué clase de auxilio quería demandarme, pero le aseguré que la había perdonado por haberme privado de la satisfacción de haberla libertado más fundamentalmente de sus dolencias.

---

[67] Interesantísima aportación a las tentativas indirectas de suicidio estudiadas en mi *Psicopatología de la vida cotidiana*.

Desde esta visita de Dora han pasado ya varios años. Dora se ha casado, y precisamente con aquel joven ingeniero al que aludían, sino me equivoco mucho, sus asociaciones iniciales en el análisis del segundo sueño. Del mismo modo que el primer sueño significaba el desligamiento del hombre amado y el retorno al padre, o sea, la huida de la vida y el refugio en la enfermedad, este segundo sueño anunciaba que Dora se desligaría de su padre, ganada de nuevo para la vida.

II

ANÁLISIS DE LA FOBIA DE UN NIÑO DE CINCO AÑOS (CASO «JUANITO»)

I
Introducción

El presente historial clínico de un paciente infantil no constituye en rigor una observación directa mía. Dirigí, desde luego, en conjunto el plan del tratamiento, e incluso intervine una vez en él personalmente, manteniendo una conversación con el infantil sujeto. Pero quien llevó adelante el tratamiento fue el padre del enfermo, al que debo expresar aquí mi agradecimiento por haber puesto a mi disposición sus anotaciones, autorizándome a publicarlas. Y no fue este su único merecimiento. Ninguna otra persona hubiera logrado del pequeño sujeto las confidencias que luego veremos, ni hubiera poseído tampoco el conocimiento de causa que permitió al padre interpretar las manifestaciones de su hijo —niño de cinco años— y vencer así las dificultades de un psicoanálisis en edad tan tierna. Únicamente la unión de la autoridad paterna y la autoridad médica en una sola persona y la coincidencia del interés familiar con el interés científico hicieron posible dar al médico analítico un empleo para el cual hubiera sido inadecuado en otras condiciones.

Pero el valor singular de esta observación estriba en lo siguiente: En su labor de ir descubriendo por capas sucesivas los productos psíquicos, el médico que trata psicoanalíticamente a un nervioso adulto llega finalmente a ciertas hipótesis sobre la sexualidad infantil, en cuyos componentes cree haber hallado las energías impulsoras de todos los síntomas neuróticos de la vida ulterior. En mis *Tres ensayos para una teoría sexual*, publicados en 1905, hube ya de exponer tales hipótesis, tan singulares para el profano como irrebatibles para el psicoanalista. Pero también el psicoanalítico puede confesar su deseo de hallar una prueba más directa y próxima de aquellos principios fundamentales y preguntarse si no sería posible descubrir en el niño, en toda su fresca vitalidad, aquellos impulsos y deseos sexuales que con tanto trabajo logramos extraer a la luz en los adultos y de los que afirmamos, además, que son acervo constitucional común a todos los hombres y sólo intensificados en el neurótico.

Con tal propósito vengo excitando hace ya tiempo a mis amigos y discípulos a reunir observaciones sobre la vida sexual infantil. Entre el material que así ha ido llegando a mi poder, adquirieron pronto importancia preponderante las observaciones relativas a Juanito. Sus padres, identificados con mis teorías, habían convenido educar a su primer hijo con el mínimo de coerción estrictamente preciso para mantener las buenas costumbres, y como el niño fue haciéndose así una criatura despierta, alegre y juiciosa, la tentativa de dejarle formarse y manifestarse sin intimidarle pudo ser continuada sin temores. En lo que sigue reproduciré a la letra las anotaciones del padre, absteniéndome, naturalmente, de toda tentativa de velar por motivos convencionales la ingenuidad y la sinceridad del infantil sujeto.

Las primeras observaciones sobre Juanito datan de la época en que no había cumplido aún los tres años. Manifestaba por entonces, con diversas ocurrencias y preguntas, vivo interés por una cierta parte de su cuerpo, a la que llamaba "la cosita de hacer pipí". Así, una vez dirigió a su madre la pregunta siguiente:

JUANITO. —Oye, mamá, ¿tienes tú también una cosita de hacer pipí?

MAMÁ. —Naturalmente. ¿Por qué me lo preguntas?

JUANITO. —No sé.

Por ese mismo tiempo entró una vez en un establo en ocasión en que estaban ordeñando a una vaca, y observó: "Mira, mamá. De la cosita de la vaca sale leche".

Ya estas primeras observaciones justifican la esperanza de que gran parte de lo que Juanito nos descubría demostraba ser típico del desarrollo sexual infantil. Ya indicamos en otra ocasión[68] que no había por qué espantarse al encontrar en una sujeto la representación de la satisfacción sexual *per os*. Esta representación repulsiva tiene un origen inocente, pues se deriva del acto de mamar del seno materno, derivación en la cual actúa como elemento intermedio de transición la imagen de la ubre de la vaca, la cual es, por su naturaleza, una mama, y por su forma y situación, un pene. El descubrimiento de Juanito confirma la última parte de mi hipótesis.

El interés de Juanito por la cosita de hacer pipí no es exclusivamente teórico. Como era de esperar, lo incitaba también a tocamientos del miembro. Teniendo tres años y medio le sorprendió su madre con la mano en el pene y le amenazó: "Si haces eso, llamaré al doctor A. para que te corte la cosita, y entonces, ¿con qué vas a hacer pipí?"

JUANITO. —Con el "popó".

Juanito responde aún sin conciencia de culpabilidad, pero adquiere en esta ocasión el *complejo de castración*, cuya existencia nos vemos forzados a deducir en tantos análisis de sujetos neuróticos, a pesar de la tenaz resistencia que los enfermos oponen a reconocerla. Sobre la importancia de este elemento de la historia infantil habría mucho que decir. El *complejo de castración* ha dejado en el mito (y no sólo en el griego) huellas evidentes. Ya en mi *Interpretación de los sueños* y en otros varios trabajos he tratado más o menos detenidamente este tema[69].

---

[68] *Cf.* el historial clínico de Dora.

[69] *Adición en 1923:* La teoría del complejo de castración ha sido luego cumplidamente desarrollada y ampliada por las aportaciones de Lou Andreas, A. Stärcke, F. Alexander y otros. Se ha hecho observar que el niño de pecho tenía que sentir ya el acto de serle retirado el seno materno al terminar cada una de sus mamadas como una castración, esto es, como la pérdida de una parte importante de su propio cuerpo. Igual sensación despertaría en él el acto regular de la defecación. Por último, el nacimiento mismo, como separación del cuerpo de la

Aproximadamente en la misma época (a los tres años y medio), llevado un día ante la jaula de los leones en Schönbrunn, Juanito exclama alborozado: "¡Les he visto la cosita a los leones!"

Los animales deben gran parte de la significación que han alcanzado en fábulas y mitos a la naturalidad con la que muestran a las criaturas humanas, penetradas de ávida curiosidad, sus órganos genitales y sus funciones sexuales. La indudable curiosidad sexual de Juanito hace de él un pequeño investigador, permitiéndole descubrimientos conceptuales exactos.

Un día, a los tres años y nueve meses, ve desaguar la caldera de una locomotora y dice: "Mira, la locomotora está haciendo pipí. ¿Dónde tiene la cosita?"

Y después de una pausa, añade pensativo: "Un perro y un caballo tienen una cosita; una mesa y un sillón, no". Ha descubierto, pues, una característica esencial para la distinción entre lo animado y lo inanimado.

El ansia de saber y la curiosidad sexual parecen ser inseparables. La curiosidad de Juanito recae especialmente sobre sus padres:

---

madre, con la cual ha formado hasta entonces el niño un solo ser, constituiría el modelo primordial de toda castración. Sin dejar de reconocer todas estas raíces de complejo, he creído necesario hacer constar que el nombre de "complejo de castración" debía limitarse a los estímulos y efectos relacionados con la pérdida del pene. Aquellos a quienes los análisis de sujetos adultos han convencido de la existencia general e ineludible del complejo de castración se resistirán, naturalmente, a referirlo a una amenaza casual y mucho menos constante, y habrían de admitir que el niño construye por sí mismo, imaginativamente, dicho peligro, fundándolo en alusiones levísimas, siempre dadas. Tal es el motivo que ha impulsado a buscar las raíces más hondas y constantes del complejo. Tanto más valioso es, en este caso de Juanito, el hecho de que la amenaza de castración sea confirmada por los padres y situada en una época en que el infantil sujeto no mostraba aún síntoma alguno de su fobia ulterior.

JUANITO. —(*A los tres años y nueve meses*) Papá, ¿tienes tú también una cosita?

PADRE. —¡Naturalmente!

JUANITO. —Pues no te la he visto nunca al desnudarte.

Otra vez contempla interesado cómo se desnuda su madre al acostarse. La madre le pregunta:

—¿Qué me miras?

JUANITO. —Para ver si también tú tienes una cosita de hacer pipí.

MADRE. —¡Naturalmente! ¿No lo sabías?

JUANITO. —No. Pensaba que como eres tan mayor tendrías una cosita como un caballo.

Retendremos esta idea de Juanito, que adquiere luego extrema importancia.

Pero el magno acontecimiento en la vida de Juanito es el nacimiento de su hermanita Hanna, teniendo él exactamente tres años y medio (octubre de 1906). Su conducta en esta ocasión fue inmediatamente anotada por el padre:

«A las cinco de la mañana siente mi mujer los primeros dolores y Juanito es trasladado en su camita a una habitación contigua. A las siete despierta, oye los quejidos y pregunta: "¿Por qué tose mamá?" Y después de una pausa: "Hoy viene seguramente la cigüeña".

En los últimos días le habíamos dicho que la cigüeña nos iba a traer pronto un niño o una niña, y Juanito enlaza exactamente los quejidos inhabituales con la venida de la cigüeña.

Más tarde se lo llevan a la cocina. Al pasar por la antesala ve el *trousseau* del médico y pregunta: "¿Qué es eso?" Le responden: "Un maletín". Y vuelve a asegurar, convencido: "Hoy viene la cigüeña". Después del parto, la comadrona va a la cocina y encarga que hagan una taza de té. Juanito lo oye y dice: "Mamá tose, y por eso le dan té". Le llevan luego a la alcoba, pero en lugar de mirar a su madre contempla una palangana medio llena aún de agua sanguinolenta y dice extrañado: "Yo no echo sangre por la cosita".

Todas sus palabras demuestran que relaciona con la cigüeña aquella situación inhabitual. Lo observa todo con aire desconfiado. Indudablemente, se ha afirmado en él la primera desconfianza contra la historia de la cigüeña.

Juanito se muestra luego muy celoso de la nueva hermanita y cuando alguien la alaba en su presencia, objeta en el acto con acento de burla: "Pero no tiene dientes"[70]. Cuando la vio por primera vez, le sorprendió mucho que no pudiese hablar, y se figuró que era porque no tenía dientes. Durante los primeros días pasó, naturalmente, muy a segundo término. De pronto cayó enfermo de anginas. En la fiebre se le oía decir: "No quiero ninguna hermanita".

Al cabo de medio año desaparecieron, ya dominados, sus celos, y se convirtió en un hermano tan cariñoso como consciente de su superioridad[71].

Cuando la recién nacida tenía ya unos ocho días, Juanito presenció cómo la bañaban. Observó: "¡Qué pequeña tiene la cosita!" Y añadió luego a guisa de consuelo: "¡Ya le crecerá cuando sea mayor!"[72].»

---

[70] Otra reacción típica. Otro niño, sólo dos años mayor que su hermanito recién nacido, exclamaba despreciativamente en análogas circunstancias: "¡Es muy pequeño! ¡Demasiado pequeño!"

[71] Otro niño dio la bienvenida a un hermanito con las siguientes palabras: "Decidle a la cigüeña que se lo lleve otra vez". *Cf.* lo expuesto en *La Interpretación de los sueños* sobre aquellos sueños que nos fingen la muerte de familiares muy queridos.

[72] Igual juicio expresado con palabras idénticas y seguido de la misma esperanza, me ha sido referido de otros dos niños, que lo habrían emitido la primera vez que les fue dado contemplar desnuda a una hermanita suya. Semejante perversión prematura del intelecto infantil podría espantarnos. ¿Por qué estos investigadores

A la misma edad, tres años y nueve meses, nos ofrece Juanito su primer relato de un sueño: "Hoy, mientras dormía, he creído que estaba en Gmunden con Maruja".

Maruja es una hija del dueño de nuestra residencia veraniega en Gmunden. Una niña de tres años que jugó con él varias veces.

Poco después, cuando su padre relata a su madre el sueño en presencia suya, observa Juanito, rectificándole: "No con Maruja, sino solo, completamente solo, con Maruja".

A este respecto ha de hacerse observar lo siguiente: «Juanito pasó el verano de 1906 en Gmunden, donde andaba todo el día de un lado para otro con los hijos del dueño de la casa. Cuando dejamos Gmunden creíamos que la despedida y el traslado a la ciudad le serían penosos. Para nuestra sorpresa, no fue así. Se vio claramente que la variación le agradaba, y

---

infantiles no hacen constar sencillamente lo que ven, esto es, la falta absoluta de la cosita? En el caso de Juanito podemos dar una explicación plenamente satisfactoria de su defectuosa percepción. Sabemos que un minucioso proceso inductivo le ha llevado a la conclusión de que todo ser animado posee, en contraposición a lo inanimado, una cosita. Su madre hubo de robustecer en él esta convicción con sus datos afirmativos sobre aquellas personas que escapaban a su propia observación directa. Se le hace así imposible renunciar a sus conclusiones por la observación de la contextura de su hermanita. Juzga, pues, que también ella posee una cosita, sólo que aún muy pequeña, pero que irá creciendo hasta hacerse tan grande como la de un caballo.

Todavía podemos hacer algo más para justificar a nuestro pequeño sujeto. En realidad, no se conduce peor que un filósofo de la escuela de Wundt. Para un tal filósofo la conciencia es un carácter constante de lo anímico, del mismo modo que la cosita es, para Juanito, atributo indispensable de todo lo animado. Pues bien; cuando el filósofo tropieza con procesos cuya existencia se le impone, pero en los que no se advierte la menor huella de conciencia, no dice que sean, por ejemplo, procesos psíquicos inconscientes, sino que los denomina *obscuramente* conscientes. ¡La cosita es todavía muy pequeña! La comparación es incluso ventajosa para nuestro Juanito, pues como constantemente sucede en las investigaciones sexuales de los niños, su error encubre una cosita análoga a la suya, aunque más pequeña, el clítoris, sólo que en lugar de crecer permanecerá siempre atrofiada.

durante algunas semanas habló muy poco de Gmunden. Sólo después comenzaron a emerger en él con cierta frecuencia recuerdos vivamente coloreados del tiempo que había pasado en aquella localidad. Desde hace, aproximadamente, un mes transforma ya tales reminiscencias en fantasías. Fantasea estar jugando con los niños, Berta, Olga y Federico; habla con ellos como si estuvieran presentes y se entretiene así horas enteras. Ahora que le han traído una hermanita y se encuentra evidentemente preocupado por el problema de cómo se tienen los niños, llama a Berta y a Olga "sus niñas", y en una ocasión añade: "También a mis niñas Berta y Olga las ha traído la cigüeña". El sueño, acaecido seis meses después de nuestra partida de Gmunden, debe interpretarse, indudablemente, como expresión de un deseo de volver a Gmunden.»

Hasta aquí el padre. Por mi parte, haré constar que Juanito, con sus últimas manifestaciones sobre sus hijitas, a las que también habría traído la cigüeña, contradice abiertamente una duda latente en su interior.

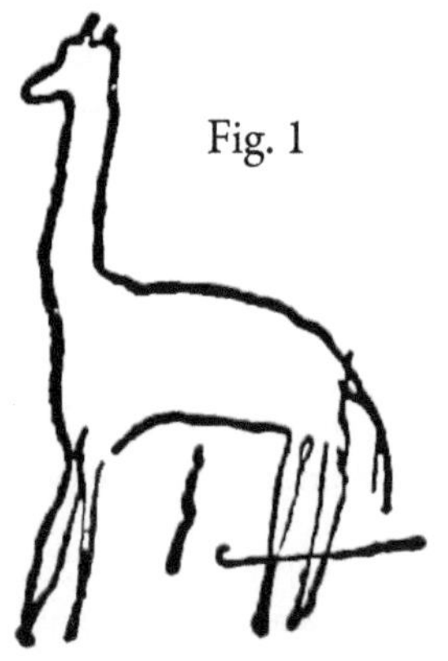
Fig. 1

Por fortuna, el padre hubo de anotar muchas cosas que luego llegaron a adquirir significación insospechada. Por ejemplo:

«Para entretener a Juanito, que en la última temporada ha ido varias veces al jardín zoológico de Schönbrunn, le dibujo una jirafa. Me dice: "Píntale también la cosita". Le respondo: "Píntasela tú mismo". Juanito agrega a mi dibujo un breve trazo (véase la figura 1), al que luego agrega otro, observando: "La cosita es más larga".

Paso con Juanito junto a un caballo que está orinando. Me dice: "El caballo tiene la cosita abajo, como yo".

Ve bañar a su hermanita de tres meses y dice con acento compasivo: "Tiene una cosita muy chiquituca".

Le dan una muñeca. La desnuda, la revisa minuciosamente y dice: "Esta sí que tiene pequeña la cosita".

Ya sabemos que esta fórmula le ha hecho posible no renunciar a su anterior descubrimiento inductivo.

Todo investigador está expuesto a equivocarse alguna vez, y en tal caso siempre le servirá de consuelo poder disculparse, como Juanito habría podido hacerlo en el caso siguiente, alegando no ser el único en errar y haber seguido simplemente los usos del lenguaje. Así, Juanito, al ver en un libro de estampas dos monos, señala la cola de uno de ellos y dice a su padre: "Mira, papá, la cosita del mono"[73].»

El interés que le inspira la cosita le lleva a imaginar un juego especialísimo. «Al lado del retrete hay una leñera obscura. Desde hace algunos días Juanito entra repetidamente en la leñera diciendo: "Voy a mi retrete". En una de estas ocasiones me asomo a la leñera para ver lo que hace en aquel obscuro chiscón. Exhibe su órgano genital y dice: "Estoy haciendo pipí". Juega, pues, a "ir al retrete". Es indudable que se trata de un juego, pues no sólo se limita a fingir el acto de la micción sin realizarlo efectivamente, sino que, en vez de entrar en el retrete, cosa mucho más sencilla, prefiere la leñera, a la cual llama su "retrete".»

Seríamos injustos con Juanito si persiguiésemos tan sólo los rasgos autoeróticos de su vida sexual. Su padre nos comunica minuciosas observaciones referentes a sus relaciones eróticas con otros niños, de las cuales resulta, como en el adulto, una *elección de objeto*, deduciéndose también, cierta-

[73] "Cola" es una de las múltiples designaciones vulgares del pene.

mente, de ellas una singularísima volubilidad y una intensa disposición poligámica.

«Durante el invierno (a los tres años y nueve meses) llevo a Juanito a la pista de patinaje sobre el hielo y le hago trabar conocimiento con las hijas de N., uno de mis colegas, dos niñas de unos diez años. Juanito se sienta a su lado. Conscientes de la superioridad que supone su edad avanzada, apenas se dignan posar sus ojos en aquel muñeco que las contempla con respetuosa admiración. A pesar de todo, Juanito, al referirse luego a ellas, dice constantemente: "mis niñas". ¿Dónde están mis niñas? ¿Cuándo vienen mis niñas? Y durante semanas enteras me persigue en casa con la pregunta: "¿Cuándo me llevas otra vez a la pista de hielo a ver a mis niñas?"

Un niño de cinco años, primo de Juanito, viene a visitarlo. Juanito (cuatro años) le abraza cariñosamente una y otra vez y le dice una de ellas: "¡Cuánto te quiero!"»

Es éste el primer rasgo de homosexualidad que hallamos en Juanito. No será el último. Nuestro pequeño sujeto parece ser realmente un dechado de todas las maldades.

«Nos hemos mudado de casa. (Juanito tiene cuatro años). La cocina tiene un balcón desde el cual se ven, al otro lado del patio, algunas habitaciones de otros pisos. En uno de ellos ha descubierto Juanito a una niña de siete a ocho años. Desde entonces permanece horas enteras sentado en el escalón que da acceso al balcón, esperando ocasiones de admirarla. Sobre todo, a las cuatro de la tarde, cuando la niña vuelve del colegio, es imposible retenerlo en otras habitaciones o apartarlo de su puesto de observación. Una tarde que la niña no apareció en la ventana a la hora acostumbrada, Juanito se mostró agitado e inquieto y atormentó a todos los de la casa con reiteradas preguntas: "¿Cuándo viene la niña? ¿Dónde está la niña?", etc. Cuando por fin apareció, exultó Juanito de gozo y no apartó ya los ojos de la casa frontera. La violencia con que surgió este "amor a distancia" tiene su explicación en el hecho de que Juanito carece de compañeros y compañeras de juego. Para el desarrollo normal del niño es indudablemente preciso el trato frecuente con otros niños.

Juanito lo consiguió poco después (tenía cuatro años y medio) en nuestra residencia veraniega de Gmunden. Sus camaradas allí fueron los hijos de nuestro casero: Francisco (doce años), Federico (ocho años), Olga (siete años) y Berta (cinco años). Además, los hijos de un vecino: Ana (diez años) y otras dos niñas de nueve y siete años, cuyos nombres no recuerdo. Su preferido es Federico, al que abraza a menudo y hace protestas de cariño. Una vez le preguntan: "¿A cuál de las niñas quieres más?" Responde: "A Federico". Al mismo tiempo se muestra muy agresivo, viril y conquistador con las niñas; las abraza y las besa, siendo de todas ellas la pequeña Berta la que más agrado parece hallar en tales manifestaciones de su cariño. Una tarde, al salir Berta de su cuarto, la estrechó en sus brazos, diciéndole con tiernísimo acento: "¡Cuánto te quiero, Berta!" Pero ello no le impide besar también a las demás y hacerles protestas de cariño. También le gusta mucho Maruja (catorce años), otra de las hijas del casero, que alguna vez juega con él, y una noche, cuando iban a acostarlo, dijo: "Quiero que Maruja duerma conmigo". "No puede ser", le contestaron. "Entonces que duerma con papá o con mamá". "Tampoco es posible. Maruja tiene que dormir en casa de sus papás", volvieron a objetarle. Y a continuación se desarrolló el diálogo siguiente entre Juanito y su madre:

Juanito. —Entonces me voy abajo a dormir con Maruja.

Madre. —¿De verdad quieres dejar a mamá para dormir abajo?

Juanito. —Mañana temprano volveré para tomar café y estar contigo.

MADRE. —Bueno. Pues si de verdad quieres irte de mamá y papá, coge tu ropa y vete. Adiós.

Juanito coge realmente su ropa y se encamina hacia la escalera para bajar a dormir con Maruja. Naturalmente, es detenido en la antesala y reintegrado a sus habitaciones.

(Detrás del deseo de que Maruja duerma en nuestra casa se esconde otro: el de que Maruja, cuya compañía tanto le gusta, sea acogida en nuestra comunidad familiar. Indudablemente el hecho de que papá y mamá le acogieran alguna vez, aunque no frecuentemente, en su cama, hubo de despertar en él sentimientos eróticos, y el deseo de dormir con Maruja tiene también su sentido erótico. El compartir el lecho con el padre o con la madre constituye para Juanito, como para todos los niños, una fuente de impulsos eróticos).»

En su escena con la madre, cuando esta le desafió a coger su ropa y marcharse, puesto que no quería estar ya con ellos, Juanito se condujo como un hombre hecho y derecho, a pesar de sus indicios homosexuales.

«También en el caso siguiente dijo Juanito a su madre: "Oye, me gustaría mucho dormir con esa niña". Este caso nos proporciona largo entretenimiento, pues Juanito se comporta con él realmente como un adulto enamorado. Al restaurante donde almorzamos diariamente acude también, desde hace algunos días, una niña muy linda, de unos ocho años. Naturalmente, Juanito se enamora de ella en el acto. Durante el almuerzo no hace más que volverse en su silla para mirarla, y después va a situarse en sus proximidades para coquetear con ella, pero se pone colorado cuando nota que alguien observa sus manejos. Si la niña responde alguna vez a sus miradas, vuelve en el acto los ojos, muy avergonzado, hacia el lado opuesto. Su conducta causa naturalmente el regocijo de los clientes del restaurante. Todos los días, cuando le llevamos a almorzar, pregunta: "¿Crees tú que la niña vendrá hoy también?" Y cuando, en efecto, llega, se pone encendido como en igual situación un adulto. Una vez se acerca a mí, rebosando alegría, y me susurra al oído: "Oye, papá: ya sé dónde vive la niña. La he visto entrar en su casa". La agresividad que muestra en sus relaciones con las niñas de nuestro casero se convierte aquí en una rendida adoración platónica. Ello depende quizá de que las primeras son niñas aldeanas y esta, en cambio, toda una señorita. Ya anotamos antes que también expresó una vez su deseo de dormir con ella.

Como no quiero dejar a Juanito en la tensión anímica a que le ha llevado su nuevo amor, he querido procurarle ocasión de hacer conocimiento con su amada y la he invitado a venir a jugar con él en nuestro jardín después de la siesta. La perspectiva de su visita provoca tal agitación en Juanito que, por vez primera en esta temporada, no logra conciliar el sueño después del almuerzo y se pasa la siesta dando vueltas en la cama. Su madre le pregunta: "¿Por qué no duermes? ¿Es que piensas en la niña?" "Sí", responde encantado.

Ya al volver a casa, después del almuerzo, hubo de comunicar a todo el que encontró la gran noticia: "Oye, esta tarde viene a casa la niña". Y Maruja (catorce años) nos refiere luego que le preguntó repetidamente: "¿Crees que será buena conmigo? ¿Me dará un beso si la beso yo?", etc.

Pero aquella tarde llovió, frustrándose la esperada visita. Juanito se consoló con Berta y Olga.»

Otras observaciones del mismo verano hacen sospechar que en el pequeño sujeto se preparan muchas cosas nuevas.

«Esta mañana, como todas, la madre baña a Juanito (cuatro años y tres meses), lo seca y luego le pone polvos. Cuando le está poniendo polvos por la región genital con gran cuidado de no rozarle siquiera el pene con la mano, dice Juanito:

—¿Por qué no me coges la cosita?

MADRE. — Porque sería una porquería.

JUANITO. —¿Qué es eso? ¿Una porquería? ¿Por qué?

MADRE. —Porque no se debe hacer.

JUANITO (*Riendo*). —Pero es muy divertido[74].»

Un sueño de Juanito en aquellos días contrasta singularmente con el descaro que había mostrado en la escena antes relatada con su madre. Es su primer sueño incomprensible por la acción de la deformación onírica. Pero el ingenio de su padre supo interpretarlo.

«Un sueño de Juanito (cuatro años y tres meses). Hoy me dice Juanito al levantarse: "Oye lo que pensado esta noche: *Una dice: ¿Quién quiere venir conmigo? Luego dice otro: Yo. Después tiene que ponerle a hacer pipí*".

Subsiguientes preguntas demostraron que este sueño carece de todo carácter visual, perteneciendo al tipo auditivo puro. Juanito y sus amiguitas, las niñas de nuestro casero, Olga (siete años) y Berta (cinco años) han aprendido estos días a jugar a las prendas. (A.: ¿De quién es esta prenda que tengo en la mano?; B.: Mía. Y luego se determina entre los demás lo que B. ha de hacer para rescatarla). El sueño incita este juego de prendas, sólo que Juanito desea que aquel a quien la prenda pertenece no sea condenado como habitualmente a dar o recibir un beso o una bofetada, sino a hacer pipí, o más exactamente, a que alguien le ponga a hacer pipí.

Hago que me relate otra vez el sueño. Lo cuenta con las mismas palabras, sustituyendo tan sólo la frase "Luego dice

---

[74] Una enfermera neurótica que se resistía a creer en la masturbación infantil me relató una análoga tentativa de seducción realizada por una hijita suya de tres años y medio. Probándole unas braguitas le había pasado varias veces la mano por la cara interna de los muslos, cuando la niña cerró de repente las piernas, aprisionando entre ellas la mano de su madre y diciéndole. "Deja la mano ahí, mamá. Me gusta mucho".

otro...", por: "Luego dice ella..." Esta "ella" es claramente una de sus compañeras de juego, Olga o Berta. Así, pues, la traducción del sueño sería como sigue: Juego a las prendas con las niñas. Pregunto: ¿Quién quiere venir conmigo? Ella (Olga o Berta) responde: Yo. Luego tiene que ponerme a hacer pipí. (Ayudarle, desabrochándole, etc., cosa que le es indudablemente grata).

Es indudable que el acto de ponerle a hacer pipí, en el cual otra persona le desabrocha el pantalón y le saca el pene, constituye para Juanito un placer. En sus paseos es el padre quien suele prestarle tales auxilios, circunstancia que da ocasión a una fijación de inclinaciones homosexuales sobre el mismo.

Como ya se ha indicado, hace dos días, cuando su madre le ponía polvos en la región genital, le preguntó: "¿Por qué no me coges la cosita?" Ayer, cuando Juanito quiso orinar me dijo, por primera vez, que le llevase detrás de la casa para que nadie pudiera verle y añadió: "El año pasado Berta y Olga miraban mientras yo hacía pipí". A mi juicio, esto quiere decir que el año pasado le era agradable aquella contemplación por parte de las niñas y que ahora ya no se lo es. El placer exhibicionista ha sucumbido ya a la represión. La represión del deseo de que Berta y Olga le contemplen mientras hace pipí (o le pongan a hacer pipí) encierra la explicación de su emergencia en el sueño, en el cual ha sabido proporcionarse un ingenioso disfraz con el juego de prendas. A partir de este día observo repetidamente que no quiere ser visto en el acto de orinar.»

Con respecto a esto, me limitaré a observar que también este sueño se conforma por completo a una de las reglas integradas en mi *Interpretación de los sueños*, esto es, a la de que las frases emergentes en un sueño proceden de frases oídas o dichas por el propio sujeto en los días inmediatamente anteriores.

Todavía otra observación anotada por el padre poco después del regreso de la familia a Viena:

«Juanito (cuatro años y medio) presencia de nuevo el baño de su hermanita y se echa a reír. Le preguntan: "¿De qué te ríes?"

JUANITO. — De la cosita de Hanna.

—¿Por qué?

—Porque es muy bonita.

La respuesta no es sincera. La cosita de su hermana le parecía realmente cómica y risible. Es la primera vez que reconoce la diferencia entre los genitales masculinos y los femeninos, en lugar de negarla.»

II
Historial clínico y análisis

«Señor profesor: De nuevo me permito enviarle una serie de notas y observaciones sobre Juanito, y esta vez, desgraciadamente, como aportaciones a un historial clínico. Como verá usted por ellas, Juanito presenta, desde hace algunos días, trastornos nerviosos que nos tienen muy intranquilos, pues no sabemos cómo librarle de ellos. En consecuencia, le ruego me dé hora para acudir mañana a consultarle. Por lo pronto, le remito mis últimas anotaciones.

Como base de la perturbación nerviosa sospecho una sobreexcitación sexual debida a los mimos de la madre. Lo que no puedo indicar es el último estímulo que ha provocado la emergencia de la enfermedad. El miedo a *que un caballo le muerda en la calle* parece hallarse relacionado en alguna forma con el susto experimentado por vista de un pene de grandes proporciones. Ya sabe usted, por anteriores anotaciones mías, que Juanito observó, ya en edad muy temprana, el pene desmesurado del caballo, y dedujo, por entonces, que su madre, siendo tan mayor, debía tener una cosita de hacer pipí como la de un caballo.

Pero no sé qué deducir de todo esto. ¿Ha tropezado acaso con algún exhibicionista? ¿O se relaciona todo exclusivamente con su madre? No nos es nada agradable que empiece ya a plantearnos enigmas. Aparte del miedo a salir a la calle y la depresión de ánimo que le acomete al anochecer, es el mismo de siempre, alegre y tranquilo.»

Dejando a un lado la comprensible preocupación del padre y sus tentativas de explicación, examinaremos objetivamente el material comunicado. Nuestra misión no es "comprender" en el acto un caso patológico. Ello puede venir después, cuando ya hayamos extraído de él impresiones suficientes. Por lo pronto, dejamos en suspenso nuestro juicio y nos limitamos a acoger todo lo observable con idéntica cuidadosa atención.

He aquí las primeras anotaciones, procedentes de los días iniciales del mes de enero del año actual (1908):

«Juanito (cuatro años y nueve meses) se levanta hoy llorando. Interrogado por su madre sobre las causas de su llanto, responde: "Mientras dormía he pensado que te habías ido y que no tenía ya una mamá que me acariciase".

Trátese, pues, de un sueño de angustia.

Ya este verano, en Gmunden, observé algo análogo. Por las noches, al acostarse, se ponía muy tierno, y una vez aludió a la posibilidad de que su madre se marchara, diciendo: "Cuando no tenga ya mamá...", "Si mamá se marcha..." o algo parecido, pues no recuerdo exactamente sus palabras. Desgraciadamente, siempre que mostraba tan alegíaco estado de ánimo, su madre, enternecida, le acogía en su cama.

El 5 de enero se encarama por la mañana en la cama de su madre y le dice: "¿Sabes lo que dijo una vez tía M.? Pues dijo: ¡Qué cosita más linda tiene!" (Tía M. había pasado con nosotros unos cuantos días del mes anterior. Asistiendo una vez al baño de Juanito, había dicho, efectivamente, en voz baja a mi mujer la frase citada. Juanito la oyó, e intenta ahora aprovecharla)[75].

El 7 de enero Juanito sale con su niñera, como de costumbre, para ir a pasear por el parque. Pero una vez en la calle se echa a llorar y pide que le vuelvan a casa, pues quiere que su

[75] Estos piropos, e incluso caricias afectivas a los genitales infantiles por parte de parientes cariñosos o de los mismos padres, son hechos muy corrientes, de los que están llenos los psicoanálisis.

madre le *mime*. Interrogado en casa por qué se ha negado seguir adelante y por qué ha llorado, no quiere decirlo. Hasta la noche se muestra alegre y risueño, como de costumbre. Pero al llegar la noche se ve claramente que tiene miedo, llora y no hay modo de separarlo de su madre. Quiere que le *mimen* de nuevo. Luego se tranquiliza y duerme bien.

El 8 de enero su madre se propone salir con él para ver por sí misma qué le pasa. Quiere llevarlo a Schönbrunn, lugar que siempre le ha gustado mucho. Juanito no quiere salir, llora de nuevo y tiene miedo. Por fin se convence y sale con su madre, pero en la calle se le advierte visiblemente atemorizado. Al regresar de Schönbrunn, y después de mucho resistir, confiesa a su madre la causa de sus temores: "Tenía miedo de que me mordiese un caballo". (Realmente su intranquilidad subió de punto en Schönbrunn a la vista de un caballo). Por la noche tuvo un acceso semejante al del día anterior, con ansiosa demanda de *mimo*. Intentaron calmarle, y dijo llorando: "Ya sé que mañana tendré que salir otra vez de paseo". Y luego: "El caballo entrará en mi cuarto".

Este mismo día le preguntó su madre si cuando estaba en la cama se cogía la cosita. Respondió: "Sí, todas las noches, cuando estoy acostado".

Al día siguiente, 9 de enero, antes de acostarle a dormir la siesta, se le advierte que no debe tocarse para nada la cosita. Interrogado sobre ello al despertar, contesta que se la ha cogido un poquito.»

Tal sería, pues, el principio de la angustia y de la fobia. Observamos ya que existen motivos bastantes para considerarlas por separado. Por lo demás, el material dado nos parece plenamente suficiente para orientarnos y ningún otro período es tan favorable para llegar a la comprensión de estos trastornos como su estado inicial, desgraciadamente descuidado o silenciado en la mayoría de los casos. La perturbación comienza aquí con ideas cariñosas y angustiadas, y luego con un sueño de angustia. El contenido de este último es que su madre va a marcharse y no podrá ya "mimarle". Su ternura hacia la madre ha debido, pues, experimentar una enorme intensificación. Tal sería el fenómeno básico del estado patológico. Recordaremos, para confirmarlo así, las dos tentativas de seducción de que Juanito hace objeto a su madre: La primera, todavía en el curso del verano, y la segunda, reducida a una alabanza de sus propios genitales, muy poco antes de la emergencia de la angustia al salir a la calle. Tal intensificada ternura hacia la madre es lo que se convierte en angustia; aquello, que, según nuestra tecnología analítica, sucumbe a la represión. Ignoramos todavía de dónde procede el impulso que desencadena la represión. Es posible que haya sido provocada simplemente por la intensidad del impulso, imposible de dominar para el niño; o también que hayan colaborado a ella otros poderes que desconocemos. Más adelante lo averiguaremos. Esta angustia, correspondiente a un deseo erótico reprimido, carece, en un principio, de objeto, como toda angustia infantil. Es aún angustia y no miedo. El niño puede saber de qué tiene miedo, y si Juanito, en su primer paseo con la niñera no quiere decir a qué tiene miedo, es porque realmente no lo sabe. Dice lo que sabe: Que echa de menos en la calle a su madre, con la que puede "hacer mimitos", y que no quiere estar sin ella. Confiesa aquí, con toda sinceridad, el primer sentido de su repugnancia a salir a la calle.

También sus estados de angustia, repetidos en dos noches consecutivas al llegar la hora de acostarse, y todavía claramente matizados de ternura, demuestran que al principio de la enfermedad no existía aún una fobia a la calle, al paseo o los caballos. De otro modo, sus estados crepusculares serían inexplicables, pues ¿quién piensa en salir a la calle o de paseo en el momento de acostarse? En cambio, vemos claramente que le da miedo al anochecer, cuando, llegada la hora de acostarse, le acomete con redoblada intensidad la libido, cuyo objeto es la madre y cuyo fin pudiera ser, quizá, dormir con ella en su cama. Sabe por experiencia que tales estados de ánimo suyo movían en Gmunden a su madre a acogerle en su lecho, y quisiera conseguir aquí en Viena idéntico resultado. No debemos tampoco olvidar a este respecto que en Gmunden permaneció a veces solo con la madre, ya que el padre no podía faltar de Viena constantemente durante el transcurso de las vacaciones; ni tampoco que allí dividía su ternura entre toda una serie de amiguitos y amiguitas, de los que aquí carece, de modo que su libido ha podido retornar indivisa y completa a la madre.

La angustia corresponde, pues, a un deseo reprimido, pero no es lo mismo que el deseo. Hemos de tener en cuenta la represión. El deseo se convierte totalmente en satisfacción cuando se le aporta el objeto deseado. En la angustia no sirve ya esta terapia. La angustia perdura, aun cuando el deseo pudiera ser satisfecho. No puede ser ya totalmente retransformada en libido. Hay algo que la mantiene en la represión. Así se demuestra en Juanito, cuando al día siguiente sale ya de paseo con su madre. Va al lado de su madre y, sin embargo, tiene angustia, esto es, deseo insatisfecho de ella. Desde luego, tal angustia es ya menos intensa, pues accede a continuar el paseo, en tanto que el día anterior había obligado a la muchacha a regresar a casa. Por otra parte, tampoco la calle es el lugar más apropiado para "hacer mimitos" o lo que el pequeño enamorado deseare. Pero la angustia ha resistido la prueba y tiene que hallar ahora un objeto. En este segundo paseo es cuando Juanito manifiesta por vez primera su miedo a que le muerda un caballo. ¿De dónde procede el material de esta fobia? Probablemente de aquellos complejos aún desconocidos, que han contribuido a la represión y mantienen reprimida la libido orientada hacia la madre. Esto es un nuevo enigma del caso, cuyo ulterior desarrollo habremos de perseguir para hallar su solución. El padre nos ha proporcionado ya varios puntos de apoyo en los que podemos confiar. Así, el interés que Juanito ha dedicado siempre a los caballos, a causa del tamaño de su cosita, y de su deducción de que la madre debía de tener una cosita como un caballo, etc. Podríamos, pues, sospechar que el caballo no es más que un sustitutivo de la madre. Pero ¿qué puede significar el hecho de que Juanito manifieste al ir a acostarse su miedo a que el caballo entre en su cuarto? Se dirá tan sólo que es un miedo tonto de una criatura. Pero la neurosis no dice nunca nada sin fundamento ni sentido, como tampoco los sueños. Cuando no comprendemos una cosa solemos calificarla de tontería. Es una manera muy cómoda de salir del paso.

De esta tentación habremos de guardarnos también a otro respecto. Juanito ha confesado que todas las noches, antes de dormirse, juguetea un rato con el pene para proporcionarse placer. Habrá, pues, quien lo juzgue todo aclarado atribuyendo la angustia a la masturbación. ¡Pues no! El hecho de que el niño se procure sensaciones placenteras por medio de la masturbación no explica en modo alguno su angustia. Por el contrario, la hace aún más enigmática. Ni la masturbación ni, en general, satisfacción alguna provocan estados de angustia. Además, hemos de admitir que nuestro Juanito, llegado ya a los cuatro años y nueve meses, viene ya procurándose todas las noches aquel mismo placer desde hace un año cuando menos, y averiguamos que precisamente se encuentra ahora en plena lucha de deshabituación, circunstancia mucho más propia a la producción de la represión y de la angustia.

También hemos de salir en defensa de la madre de Juanito, madre excelente y cuidadosa, a la que seguramente preocupan mucho los trastornos de su hijo. El padre la acusa, no sin un cierto viso de razón, de haber provocado la emergencia de la neurosis con su mimo exagerado y permitiendo con demasiada frecuencia que Juanito ocupara un sitio en su lecho. Con igual fundamento podríamos nosotros reprocharle haber apresurado la represión con su enérgica repulsa de las proposiciones de su hijo ("¡Eso es una porquería!"). Pero debemos tener en cuenta que en todo esto la madre no hace sino desempeñar un papel marcado por el destino y extremadamente espinoso y comprometido.

En mi entrevista con el padre convenimos en que dirá a Juanito que aquello del caballo es una tontería y nada más. La verdad es que quiere mucho a su mamá y desea que esta le acoja en su cama. Si le daban miedo los caballos, es porque antes le había interesado tanto cómo tenían la cosita, y ahora se había enterado de que no estaba bien ocuparse tanto de la cosita, ni siquiera de la suya propia. Además, propuse al padre que iniciase ya el camino del esclarecimiento sexual. Ya que por el historial del infantil sujeto habíamos de suponer que su libido se hallaba adherida al deseo de ver la cosita de su madre, podía despojarle de tal fin comunicándole que la madre y todas las demás criaturas femeninas, como ya le era conocido por Hanna, no poseían una cosita igual que la suya. Tal explicación debería dársela en ocasión propicia, aprovechando una pregunta o una observación del mismo Juanito.

Las primeras noticias ulteriores de nuestro Juanito comprenden desde el 1 hasta el 17 de marzo. Pronto se verá la causa de tal intervalo de un mes.

«A la explicación de lo que significaba su angustia (sin entrar aún en la relativa al órgano genital femenino) siguió una temporada de tranquilidad, durante la cual Juanito no pone grandes obstáculos a salir diariamente de paseo al parque. Su miedo a los caballos va transformándose cada vez más en una obsesión que le fuerza a mirarlos atentamente. Dice: "No tengo más remedio que mirar a los caballos, y luego me da miedo".

Después de un acceso de influenza que le retiene en la cama quince días, la fobia se intensifica de nuevo tanto, que Juanito no consiente ya en salir a la calle. Lo más que hace es asomarse al balcón. Sólo los domingos sale conmigo para ir a Lainz[76], pues ese día hay pocos coches en la calle y, además, la estación del ferrocarril está cerca de casa. En Lainz se niega una vez a salir al jardín porque hay un coche parado a la puerta. Al cabo de otra semana, durante la cual hubo de permanecer en casa por haberle sido cortadas las amígdalas, la fobia vuelve a hacerse muy intensa. Se asoma al balcón, pero no consiente en salir de casa. Llega hasta el portal y una vez en él da rápidamente media vuelta.

El domingo 1 de marzo mantiene conmigo, en camino a la estación, el diálogo siguiente: Trato de explicarle nuevamente que los caballos no muerden. Me dice: "Pero los caballos blancos sí muerden. En Gmunden hay un caballo blanco que muerde. Cuando se le ponen delante los dedos, muerde". (Me extraña que diga "los dedos" en lugar de la "mano"). Luego me cuenta la siguiente historia: "Cuando la Lizzi se marchó, había a la puerta de su casa un coche con un caballo blanco para llevar el equipaje a la estación. (La Lizzi es, según me dice, una niña que vivía cerca de nuestra casa). Su padre estaba cerca del caballo y el caballo volvió la cabeza. Entonces el padre dijo a Lizzi: *No toques con los dedos al caballo blanco, pues te morderá*". Le respondo: "Oye, me parece que de lo que estás hablando no es de un caballo blanco, sino de la cosita, que no se debe tocar con la mano". El: "Pero la cosita no muerde". Yo: "A lo mejor, sí". A continuación, intenta demostrarme vivamente que era en efecto un caballo blanco[77].

El 2 de marzo, ante un nuevo acceso de miedo, le digo: "¿Sabes una cosa? La tontería —así llama él a su fobia— se

[76] Localidad cerca a Viena, en la que residen los abuelos de Juanito.

[77] El padre no tiene fundamento alguno para dudar de que Juanito le ha relatado aquí un suceso real. Por lo demás, los niños suelen describir la sensación de prurito en el bálano, que les induce a tocamientos del pene, con el giro siguiente: "Me muerde" (*Es beisst mich*).

te irá quitando si sales más a menudo de paseo. Ahora es tan fuerte porque has estado malo y no has podido salir de casa".

Él. — ¡Que no! Es tan fuerte porque todas las noches le doy otra vez la mano a la cosita.»

El médico y el enfermo, el padre y el hijo coinciden, pues, en atribuir al hábito del onanismo el papel principal en la patogénesis de los estados morbosos. Pero no faltan tampoco indicios de la intervención de otros factores.

«El día 3 de marzo entra a servir en casa una nueva criada, con la que Juanito simpatiza en el acto. Como le deja que se monte a caballo encima de ella mientras friega los suelos, Juanito la llama "mi caballo" y va de un lado a otro agarrado por detrás a sus faldas, gritando: "¡Arre, caballo!" El 10 de marzo dice a esta criada: "Si hace usted tal o cual cosa, se tendrá que quitar toda la ropa, hasta la camisa". (Lo dice como un castigo, pero no es difícil reconocer el deseo oculto detrás).

Ella. —Entonces creerá la gente que no tengo dinero para comprarme ropa.

Él. —Pero será una vergüenza, porque se te verá la cosita.»

Reaparece, pues, la antigua curiosidad orientada hacia un nuevo objeto y como habitualmente en épocas de represión, encubierta por una tendencia moralizadora.

«El día 15 de marzo, por la mañana, digo a Juanito:

—Oye; si dejas de darle la mano a la cosita se te quitará la tontería, ¿sabes?

Juanito. —¡Pero si ya no se la doy!

Yo. —Pero quisieras dársela.

Juanito. —Sí, eso sí; pero "querer" no es "hacer", y "hacer" no es "querer" (!!).

Yo. —Pues para que no quieras esta noche dormirás con un camisón cerrado por abajo como un saco.

Después de esta conversación salimos delante de la casa. Juanito tiene un poco de miedo, pero visiblemente aliviado por la perspectiva de aquella medida que ha de facilitarle su lucha contra el hábito de la masturbación, dice: "Mañana, cuando tenga el saco, se me quitará la tontería". Realmente le dan ya menos miedo los caballos y no se altera gran cosa cuando pasan coches a su lado.

Juanito me había prometido venir a Lainz el domingo siguiente, 15 de marzo. Llegado el momento, se resiste un poco; pero acaba por salir conmigo. En la calle, al darse cuenta de que pasan pocos coches, se tranquiliza casi por completo y dice: "¡Qué bien! Hoy ha mandado Dios que no haya caballos". Por el camino le explico que su hermana no tiene una cosita como la suya. Las mujeres y las niñas no tienen cosita. Mamá no la tiene, Hanna tampoco, etc.

JUANITO. —¿Y tú? ¿Tienes cosita?

YO. —Naturalmente. ¿Qué te creías?

JUANITO (*Después de una pausa*). — Pero entonces, si las niñas no tienen cosita, ¿cómo hacen pipí?

YO. —Tienen una cosita distinta de la tuya. ¿No lo has visto cuando bañaban a Hanna?

Durante todo el día se muestra muy tranquilo y contento, monta en trineo, etc. Sólo al anochecer parece de nuevo deprimido y con miedo a los caballos.

Por la noche, el acceso nervioso y la necesidad de mimo son más débiles que en los días anteriores. Al día siguiente sale con su madre por la ciudad y tiene en la calle mucho miedo. Al otro, permanece en casa tranquilo y contento. Pero a las seis de la mañana siguiente se despierta muy asustado. Le preguntamos qué le pasa, y nos cuenta: "Le he dado un poco el dedo a la cosita. Y entonces he visto a mamá toda desnuda en camisa y se la veía la cosita. He enseñado a Grete, a mi Grete[78], lo que

[78] Otra de las niñas de Gmunden, que ahora ocupa su fantasía. Habla y juega con ella.

hacía mamá y le he enseñado mi cosita". A mi objeción de que su madre no podía estar al mismo tiempo "toda desnuda" y "en camisa", responde Juanito: "Estaba en camisa, pero la camisa era tan corta, que se le veía la cosita".»

No se trata de un sueño, sino de una fantasía onanista, equivalente a un sueño. La conducta que atribuye a su madre está destinada a justificar la suya: "Si mamá enseña la cosita, también yo puedo enseñarla".

Dos cosas nos revela esta fantasía. En primer lugar, que la repulsa de que su madre le hizo objeto ejerció sobre él, en su tiempo, efecto muy intenso. Y en segundo, que se resiste a aceptar la explicación de que las mujeres carecían de una cosita como la suya. Lamenta que haya de ser así y mantiene firme en su fantasía tal creencia. También tiene quizá sus razones para negar fe a las palabras de su padre.

Informe semanal del padre. —«Señor profesor: le envío la continuación del historial de nuestro Juanito. Un capítulo muy interesante. El lunes próximo me permitiré acudir a su consulta y llevaré conmigo a Juanito, suponiendo que no se niegue a ir. Ya hoy le he preguntado: "¿Quieres venir el lunes conmigo a casa del profesor que puede quitarte la tontería?"

ÉL. —No.

YO. —Pues tú te lo pierdes, porque tiene una niña muy guapa.

Ante este atractivo se ha declarado ya, alegremente, dispuesto a acompañarme.

Domingo 22 de marzo. Para ampliar nuestro programa dominguero propongo a Juanito que vayamos primero a Schönbrunn y luego, a mediodía, nos traslademos a Lainz desde allí. De este modo tendrá que ir a pie, no sólo desde casa a la estación del tranvía de la Aduana, sino también desde la estación de Hietzing a Schönbrunn, y luego desde allí a la estación del tranvía de vapor de Hietzing. Así lo hace, en efecto, apresurándose a volver la vista hacia otro lado cuando ve algún caballo. Sigue con ello un consejo de su madre.

En Schönbrunn le dan miedo algunos animales del parque zoológico que antes no le asustaban lo más mínimo. Así, no consiente en acercarse al departamento de las jirafas, ni tampoco al del elefante, que antes le divertía mucho. Le dan miedo todos los animales grandes. En cambio, los pequeños le entretienen mucho. De las aves le da ahora miedo el pelícano; seguramente también por su tamaño.

Le digo: "¿Sabes por qué te dan miedo ahora los animales grandes? Porque los animales grandes tienen grande la cosita y lo que verdaderamente te da miedo es eso".

JUANITO. —Pero nunca le he visto la cosita a un animal grande.

YO. —Sí; se la has visto al caballo y el caballo es un animal grande.

JUANITO. —Sí; al caballo, muchas veces. Una en Gmunden; había un coche delante de casa. Y otra vez junto a la Aduana.

YO. —Cuando eras pequeño entraste seguramente alguna vez en un establo, en Gmunden...

JUANITO (*Interrumpiéndome*). —Sí; todos los días. Cuando los caballos volvían a casa iba a verlos al establo.

YO. —Y una vez le viste a uno la cosita, y te dio miedo ver que era tan grande. Pero eso no tiene que darte miedo. Los animales grandes la tienen grande, y los pequeños, pequeña.

JUANITO. —Y todos los hombres tienen su cosita. Y la mía me crecerá conforme vaya yo creciendo. Para eso la tengo pegada al cuerpo.

Con esto terminó la conversación. En los días siguientes parece haber vuelto a intensificarse su miedo. Apenas se atreve a salir frente a la casa adonde le sacan después de comer.»

La última frase consoladora de Juanito arroja cierta luz sobre la situación y nos permite rectificar un poco las afirmaciones del padre. Es cierto que los animales grandes le dan miedo porque le hacen pensar en su órgano genital de gran tamaño, pero no puede decirse que sean los órganos genitales de gran tamaño lo que propiamente le da miedo. La representación de tal órgano le era antes placiente y procuraba proporcionarse ocasión de semejante espectáculo. Este placer le ha sido luego arrebatado por la transformación general de placer en displacer que —en forma aún no aclarada— ha recaído sobre toda su investigación sexual y, más transparentemente, por ciertas experiencias y ciertas reflexiones que le condujeron a resultados poco gratos. De las palabras con que trata de consolarse —"La cosita me crecerá conforme vaya yo creciendo"— podemos deducir que sus observaciones fueron siempre comparativas y le dejaron muy descontento del tamaño de su propia cosita. Este defecto le es recordado por los animales grandes, que por tal razón le desagradan. Pero como todo este proceso mental no puede llegar, probablemente, a hacerse claramente consciente, también aquella sensación penosa se transforma en angustia, de manera que su angustia actual se basa tanto en el placer pretérito como en el displacer presente. Una vez constituido el estado de angustia, devora esta todas las demás sensaciones, y dada una represión progresiva, cuanto más van aproximándose a lo inconsciente las representaciones saturadas de afecto que fueron ya conscientes, más fácilmente pueden convertirse en angustia todos los afectos.

La singular observación de Juanito "Para eso la tengo pegada al cuerpo" deja adivinar, relacionada con su frase de consuelo, muchas cosas que el infantil sujeto no puede expresar, ni expresó tampoco en este análisis. Completaré aquí una parte, por mi cuenta, conforme a la experiencia lograda en los análisis de adultos, esperando que tal interpolación de mi cosecha no se juzgue impertinente ni arbitraria. Dice Juanito: "Para eso la tengo pegada al cuerpo". Interpretada esta frase como desafío y consuelo, nos hace pensar en la antigua amenaza materna de que le haría cortar la cosita si continuaba ocupándose tanto de ella. Esta amenaza no tuvo por entonces, cuando Juanito tenía tres años y medio, efecto alguno. El niño respondió, impertérrito, que en ese caso haría pipí con el trasero. Correspondería por entero al proceso típico el hecho de que la amenaza de castración desarrollase ahora, *a posteriori*, su efecto, y que Juanito se hallara en estos momentos bajo la acción del miedo a perder aquella tan preciada parte de su yo. No es raro observar tales efectos *a posteriori* de mandatos y amenazas de la infancia en otros casos patológicos en los cuales el intervalo entre causa y efecto comprende a veces más de un decenio. Conozco incluso casos en los cuales la *obediencia a posteriori* de la represión desempeña el papel principal en la determinación de los síntomas patológicos.

La explicación obtenida recientemente por Juanito de que las mujeres no carecen realmente de cosita, no puede haber tenido otro efecto que el conmover su confianza en sí mismo y despertar el complejo de la castración. Por eso se rebela Juanito contra tal explicación, y por eso también careció esta de todo efecto terapéutico. Existían, pues, realmente seres animados que no tenían cosita. Entonces no era ya tan increíble que pudieran despojarle de ella y dejarle convertido en mujer[79].

---

[79] No me es posible proseguir la continuidad del análisis todo lo ampliamente que haría falta para mostrar hasta qué punto son típicos los procesos mentales inconscientes que aquí atribuyo a Juanito. El complejo de la castración es la raíz inconsciente más profunda del antisemitismo, pues ya en la *nursery* oye el niño que a los judíos les cortan algo en el pene —un pedazo de pene, imagina el infantil sujeto—, y esto les da el derecho de despreciar a los judíos. Tampoco la idea superioridad sobre la mujer posee más honda raíz inconsciente. Weininger, el joven filósofo de gran inteligencia, pero sexualmente perturbado, que después de escribir su obra singular *Sexo y carácter* (1903), puso fin voluntariamente

«En la noche del 27 al 28, Juanito nos sorprende levantándose a obscuras de su cama y viniéndose a la nuestra. Su cuarto está separado de nuestra alcoba por un gabinete. Le preguntamos por qué se ha levantado y si es que le ha dado miedo. Dice: "No; mañana lo diré". Se duerme en nuestra cama, y lo llevamos dormido a la suya.

Al día siguiente le someto a un interrogatorio para averiguar por qué se ha levantado por la noche, y después de alguna resistencia por parte suya se desarrolla el siguiente diálogo, que anoto en el acto, taquigráficamente:

ÉL. —*Por la noche había en mi cuarto una jirafa muy grande y otra toda arrugada; y la grande empezó a gritar porque yo le quité la arrugada. Luego dejó de gritar y entonces yo me senté encima de la jirafa arrugada.*

YO (*Extrañado*). —¿Cómo? ¿Una jirafa arrugada? ¿Qué es eso?

ÉL. —Sí. (*Busca apresuradamente un papel, lo arruga todo y dice*). Así estaba de arrugada.

YO. —¿Y tú te sentaste encima de la jirafa arrugada? ¿Cómo?

Juanito me lo muestra sentándose en el suelo.

YO. —¿Y por qué viniste a nuestra alcoba?

ÉL. —No lo sé.

YO. —¿Y tenías miedo?

ÉL. —No. Ninguno.

YO. —¿Soñaste con jirafas?

ÉL. —No; no lo soñé. Lo pensé. Lo pensé todo. Estaba ya despierto.

---

a su vida, arremete en aquella con idéntica hostilidad contra las mujeres y los judíos, y acumula sobre ambos los mismos improperios. Weininger, enfermo neurótico, se hallaba por completo bajo el dominio de complejos infantiles, y lo que lleva a unir a las mujeres y a los judíos es su relación común con el complejo de castración.

YO. —¿Qué puede ser eso de una jirafa arrugada? Tú sabes muy bien que no se puede arrugar una jirafa como un pedazo de papel.

ÉL. —Sí; lo sé. Es que me lo figuraba. Es una cosa que no hay en el mundo[80]. La jirafa arrugada estaba tendida en el suelo y la cogí; la cogí en las manos.

YO. —¿Cómo se puede coger en las manos un animal tan grande como la jirafa?

ÉL. —Pues sí. La jirafa arrugada la cogí en las manos.

YO. —¿Y dónde estaba la grande mientras tanto?

ÉL. —Un poco más allá.

YO. —¿Qué hiciste con la jirafa arrugada?

ÉL. —La tuve un rato en las manos hasta que la grande dejó de gritar, y cuando la grande dejó de gritar me senté encima de la otra.

YO. —¿Por qué gritaba la otra?

ÉL. —Porque yo le había quitado la pequeña.

En esto observa que voy anotándolo todo y me pregunta:

—¿Por qué lo anotas todo?

YO. —Para mandárselo a un profesor que puede quitarte la tontería.

ÉL. —¡Ah! Entonces, ¿has anotado también que mamá se quitó la camisa y se lo has enviado al profesor?

YO. —Sí. Pero el profesor no entenderá cómo se puede arrugar una jirafa.

ÉL. —Dile que yo tampoco lo sé, y no te preguntará más. Pero si pregunta lo que es la jirafa arrugada, puede escribirnos y le contestaremos. O mejor, le escribimos ahora diciéndole que yo mismo no lo sé.

YO. —¿Por qué has venido esta noche a nuestra alcoba?

[80] Juanito indica así, claramente, en su lenguaje, que se trataba de una fantasía.

ÉL. —No lo sé.

YO. —Dime aprisa en qué piensas ahora.

ÉL (*En tono humorístico*). —En un jugo de frambuesas.

YO. —¿Y en qué más?

ÉL. —En una escopeta para tirar[81].

{ Sus deseos }

YO. —¿De verdad no soñaste todo eso?

ÉL. —No. Seguro que no. Lo sé muy bien.

Luego sigue contando: "Mamá ya me ha pedido muchas veces que le diga por qué he ido esta mañana a vuestra alcoba. Pero yo no he querido decírselo porque al principio me daba vergüenza de mamá".

Yo. —¿Por qué?

Él. —No lo sé.»

Ya el mismo día encuentra el padre la solución de la fantasía de las jirafas.

«La jirafa grande soy yo —correlativamente, un pene de gran tamaño (el largo cuello de la jirafa)— y la jirafa arrugada mi mujer, correlativamente su genital. Todo ello consecuencia de la explicación sobre las diferencias sexuales.

Jirafa: véase la excursión a Schönbrunn. Además, Juanito tiene colgada por encima de su cama una estampa con una jirafa y un elefante.

Toda la fantasía es la reproducción de una escena que se ha desarrollado casi todas las mañanas en los últimos días. Juanito viene por la mañana temprano a nuestra alcoba y su madre no puede por menos de acogerle unos minutos en la cama. Por mi parte, le advierto siempre que no debe hacerlo ("la grande empezó a gritar porque yo le quité la

---

[81] El padre, en su perplejidad, intenta aplicar aquí la técnica clásica del psicoanálisis. No adelanta mucho con ello, pero lo que logra resulta pleno de sentido a la luz de ulteriores averiguaciones.

pequeña"), replicándome ella alguna vez irritada, que son tonterías mías, que por tenerle allí un minuto no puede pasar nada, etc. Juanito permanece entonces un breve rato a su lado. ("Luego dejó de gritar, y entonces yo me senté encima de la jirafa arrugada").

La solución de esta escena conyugal transformada en una fantasía sería, pues, la siguiente: Juanito ha echado de menos a su madre durante la noche, ha deseado sus caricias y ha venido en busca de ellas a nuestra alcoba. Todo ello es la continuación del miedo a los caballos.»

Por mi parte, sólo puedo añadir a la sutil interpretación del padre lo siguiente: El "sentarse encima" es probablemente la representación que Juanito se forma de la "toma de posesión". La totalidad es una fantasía de desafío enlazada a la victoria sobre la oposición del padre. "Grita todo lo que quieras. Mamá me acoge, a pesar de todo, en su cama. Mamá es mía; me pertenece". Se transparenta, pues, efectivamente detrás de ella lo que el padre sospecha: el miedo a que la madre no le quiera porque su cosita no puede compararse en tamaño a la del padre.

A la mañana siguiente, el padre ve plenamente confirmada su interpretación:

«El domingo 29 de marzo voy con Juanito a Lainz. En la puerta me despido de mi mujer bromeando: "Adiós, jirafa grande". Juanito me pregunta: "¿Por qué la llamas jirafa?" Respondo: "Mamá es la jirafa grande". Y Juanito: "¿Verdad que sí? Y Hanna, la jirafa arrugada".

En el tranvía le explico la fantasía de las jirafas. Me dice: "Es verdad". Y cuando le afirmo que la jirafa grande soy yo y que el largo cuello del animal le ha recordado una cosita de gran tamaño, agrega: "Mamá tiene también un cuello como una jirafa y muy blanco. Se lo he visto cuando se estaba lavando".

El lunes 30, por la mañana temprano, viene Juanito a mi cuarto y me dice: "Oye: hoy he pensado dos cosas. ¿La primera?

He ido contigo a Schönbrunn, al sitio donde están las ovejas, y nos hemos metido por debajo de la cuerda. Luego se lo hemos dicho al guarda que hay en la puerta y nos ha cogido presos. La segunda cosa la he olvidado".

A este respecto, he de observar lo siguiente: Cuando el domingo anterior quisimos penetrar en el departamento de las ovejas, nos encontramos cerrado el paso por una cuerda. Juanito se sorprendió mucho de que se pudiera impedir el paso a un sitio sólo con una cuerda, por debajo de la cual podía uno meterse fácilmente. Yo le dije que las personas decentes no se metían por debajo de la cuerda. Repitió que era facilísimo, y le repuse que entonces podía venir un guarda y llevarle a uno preso. A la entrada de Schönbrunn hay un guarda, del que una vez dije yo a Juanito que cogía presos a los niños malos.

A la vuelta de nuestra visita en aquel mismo día a su consulta, Juanito me confesó otro ejemplo de sus deseos de hacer cosas prohibidas. "Oye: esta mañana he pensado otra cosa". "¿El qué?" "He ido contigo en el tren, y hemos roto una ventanilla, y el vigilante nos ha cogido presos".»

Es esta una precisa continuación de la fantasía de las jirafas. Juanito sospecha que está prohibido tomar posesión de la madre; ha tropezado con la barrera opuesta al incesto. Pero lo considera prohibido para todos. En las proezas ilícitas que lleva a cabo en su fantasía, le acompaña siempre su padre, y es preso con él. Supone que el padre hace con la madre algo prohibido, que él sustituye en sus fantasías por algo violento, como la rotura del cristal de una ventanilla o la penetración en un lugar cercado.

Aquella tarde acudieron padre e hijo a mi consulta. Conocía ya al singular chiquillo, y le veía siempre con gusto. No sé si él me recordaba, pero se condujo irreprochablemente, como un cumplido miembro de la sociedad humana. El padre inició la conversación manifestando que, a pesar de todas las explicaciones, no parecía haber disminuido el miedo de Juanito a los caballos. Hubimos también de confesarnos que sólo muy contadas relaciones vislumbrábamos entre los caballos, que le daban miedo, y los impulsos de ternura hacia su madre en él descubiertos. Lo que hasta el momento sabíamos resultaba insuficiente para explicar ciertos detalles que ahora averiguábamos. Así, lo que resultaba más desagradable en los caballos eran las anteojeras y la mancha negra en torno de la "boca". Pero viendo ante mí al padre y al hijo, mientras escuchaba la descripción de los caballos que asustaban a Juanito, se me reveló de pronto un nuevo fragmento de interpretación, del que comprendía que hubiera escapado precisamente a la penetración del padre. Bromeando, pregunté a Juanito si sus caballos llevaban gafas, cosa que negó; si las llevaba su padre, lo que también negó contra toda evidencia, y si aquello negro que los caballos tenían en torno de la "boca" le recordaba un bigote. Luego comencé a explicarle que le tenía miedo a su padre precisamente por lo mucho que él quería a su madre. Creía, sin duda, que el padre le tomaba a mal aquel cariño, y eso no era verdad; su padre le quería también mucho, y él podía confesarle sin miedo todas sus cosas. Mucho antes que él viniera al mundo sabía yo que iba a nacer un pequeño Juanito que querría mucho a su madre, y por ello mismo le tendría miedo a su padre, y se lo había dicho así a este último. "¿Por qué crees que estoy enfado contigo?, interrumpió aquí el padre. ¿Acaso te he regañado o te he pegado alguna vez?" "Sí; me has pegado", aseguró Juanito. "No es verdad. ¿Cuándo?" "Esta mañana", advirtió el pequeño y el padre recordó que, en efecto, Juanito le había dado de pronto un cabezazo en el vientre, habiendo él reaccionado por reflejo automático con un manotazo. Era singular que no hubiese integrado este detalle en la continuidad de la neurosis de su hijo; mas ahora lo comprendía ya como manifestación de la disposición hostil del niño contra él y quizá también como expresión de la necesidad de atraerse con ello un castigo[82].

De vuelta hacia su casa, Juanito preguntó a su padre: "Oye, ¿es que el profesor habla con Dios para saber así todo lo que va a pasar?" Esta alabanza infantil me enorgullecería mucho si no la hubiese provocado yo mismo con mis jactanciosas bromas. A partir de esta consulta fui recibiendo casi a diario noticia de las modificaciones que iba experimentando el estado del pequeño paciente. No era de esperar que mis explicaciones le libertaran inmediatamente de su angustia, pero se demostró que le había proporcionado con ellas la posibilidad de derivar sus deducciones inconscientes e ir terminando con su fobia. Desde este momento desarrollo un programa cuyas líneas generales pude ya anunciar al padre.

«El día 2 de abril se observa ya la *primera mejoría importante*. Hasta ahora no consentía en permanecer por mucho tiempo delante de la casa y, en cuanto veía venir un caballo, corría a refugiarse en el portal, todo asustado. Hoy, en cambio, permanece fuera cerca de una hora, aunque pasan bastantes coches. De cuando en cuando, al ver venir de lejos algún coche, corre a refugiarse en casa, pero vuelve a salir en el acto, como si lo hubiera pensado mejor. Se ve que sólo padece ya un resto de angustia y que desde las explicaciones recibidas ha progresado evidentemente en el camino de la curación.

Por la noche dice: "Si ya salimos delante de la casa, también podemos ir al parque".

---

[82] Más tarde repitió Juanito, de un modo más claro y completo, esta reacción contra su padre, dándole primero un golpe en una mano y besándosela después cariñosamente.

El 3 de abril viene por la mañana temprano a mi alcoba, cosa que no había hecho en los últimos días, pareciendo incluso muy orgulloso de tal abstención. Le pregunto:

—¿Por qué has venido hoy?

JUANITO. —Hasta que ya no me dé miedo no volveré a venir.

YO. —Entonces, ¿vienes porque te da miedo?

JUANITO. —Cuando no estoy contigo, me da miedo. Cuando no estoy contigo en tu cama, me da miedo. Hasta que no me dé ya miedo no volveré a venir.

YO. —Entonces es que me quieres, y cuando por las mañanas te encuentras solo en tu cama, te da miedo, y por eso vienes a mi alcoba.

JUANITO. —Sí. ¿Por qué me has dicho que quiero mucho a mamá, y que por eso te tengo miedo, si te quiero?»

El niño muestra aquí una claridad de inteligencia verdaderamente superior a sus años. Deja ver que luchan en él el cariño hacia su padre y su hostilidad contra el mismo, considerado como un rival cerca de la madre, y reprocha al padre no haberle llamado hasta ahora la atención sobre aquella lucha de fuerzas encontradas que había de resolverse en angustia. El padre no le comprende aún por completo, pues hasta aquella conversación no llega a convencerse de la hostilidad del niño contra él, hostilidad que yo le había afirmado en su visita a mi consulta. Las anotaciones que siguen son, en realidad, más importantes para la ilustración del padre que para la de Juanito. No obstante, las transcribo sin modificación alguna:

«Desgraciadamente, no comprendí de momento el sentido de esta objeción. El amor de Juanito a su madre le lleva a desear que yo desaparezca para ocupar mi puesto al lado de ella. Este deseo hostil retenido se convierte en miedo de que pueda haberme sucedido algo y le hace acudir a primera hora de la mañana a mi alcoba para ver si he desaparecido. Por desgracia no lo comprendí así en aquel momento, y le dije:

—Cuando estás solo, me echas de menos y vienes a verme a mi cuarto.

JUANITO. —Cuando te vas, me da miedo de que no vuelvas.

YO. —¿Te he amenazado acaso alguna vez con no volver?

JUANITO. —Tú, no; pero mamá sí. Mamá me ha dicho que se iría y no volvería".

(Probablemente había sido malo, y su madre le había amenazado con irse).

YO. —Eso te lo dijo porque estabas siendo malo.

JUANITO. —Sí.

YO. —Entonces tienes miedo de que yo me vaya porque has sido malo, y por eso vienes a mi cuarto.

Durante el almuerzo me levanto una vez y Juanito exclama: "¡Papá, no te me escapes corriendo!" El detalle de que en esta frase use el verbo *rennen* (correr los animales) en vez del verbo *laufen* (correr las personas) me parece un tanto singular, y suplico: "Tienes miedo de que el caballo se te escape corriendo, ¿no?" Juanito se echa a reír.»

Sabemos que esta parte del miedo de Juanito tiene dos aspectos: Miedo *del* padre y miedo *por* el padre. El primero proviene de la hostilidad contra el padre, y el segundo, del conflicto de su cariño hacia él, exagerado aquí por reacción con la hostilidad.

El padre continúa: «Se inicia aquí, indudablemente, algo muy importante. El hecho de que sólo consienta en salir frente a la casa, sin alejarse de ella, y que al primer acceso de angustia dé media vuelta a mitad de camino, tiene su motivación en el miedo a no encontrarnos ya en casa ni a su madre ni a mí, a que nos hayamos marchado. Se mantiene tenazmente adherido a la casa por amor a su madre, y teme que yo me haya marchado por sus deseos hostiles contra mí, pues entonces sería él el padre.

Durante el verano tuve que venir a Viena varias veces desde Gmunden, por obligaciones profesionales, y en estas ocasiones Juanito era el padre. Recuerdo que el miedo a los caballos se enlaza a cuando en Gmunden vio partir el coche que debía llevar a la estación el equipaje de Lizzi. El deseo reprimido de que yo partiese hacia la estación para quedarse él solo con su madre ("Quiero que se vaya el caballo"), se convierte luego en miedo cuando ve echar a andar a un caballo. En efecto, nada le produce mayor miedo que el ver echar a andar a los caballos de los carros que entran y salen en el patio de la aduana, situada frente a nuestra casa.

Este nuevo fragmento de sus procesos íntimos pudo sólo emerger a la superficie cuando Juanito supo ya que yo no le tomaba a mal que quisiera tanto a su madre.

Por la tarde vuelvo a salir con él delante de la casa. En general permanece tranquilo, aunque pasen coches, y sólo de algunos se asusta y corre a refugiarse en el portal. Me explica: "No todos los caballos blancos muerden". Quiere esto decir que el análisis le ha hecho reconocer la persona de su padre en algunos caballos blancos, los cuales ya no muerden. Pero todavía quedan otros que sí muerden.

La situación de nuestra casa es la siguiente: Enfrente está el depósito de las oficinas del impuesto de consumos, con una rampa de carga y descarga delante, a la cual acuden constantemente carros y camiones. El patio de entrada al depósito queda separado de la calle por una verja de hierro cuya puerta se abre precisamente delante de nuestra casa (fig. 2). Desde hace ya varios días vengo observando que Juanito se asusta, particularmente, cuando los coches entran en el patio o salen de él, para lo cual tienen que trazar una curva. Le pregunté por qué se asustaba tanto, y me contestó: "Me da miedo de que los caballos se caigan al dar la vuelta (A)". También se asusta cuando los vehículos situados en la rampa de carga se ponen de pronto en movimiento para salir (B). Le dan más miedo (C) los grandes caballos de tiro pesado que los pequeños, y los caballos de los campesinos más que los de la ciudad (por ejemplo, los de los coches de alquiler). También se asusta más cuando un vehículo pasa de prisa (D) que cuando los caballos avanzan despacio. Naturalmente, todas estas diferencias no se han hecho visibles hasta los últimos días.»

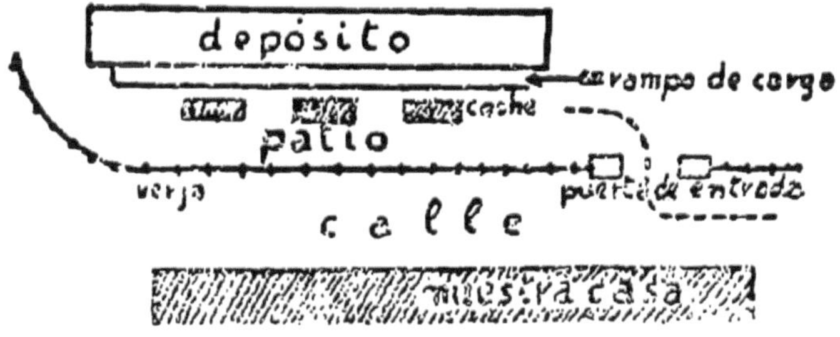

Fig. 2

Parece como si el análisis hubiera infundido más valor no sólo al paciente, sino también a su fobia, que ahora se atreve a mostrarse.

«El 5 de abril se presenta de nuevo Juanito en nuestra alcoba y le hacemos reintegrarse a su cama. Le digo: "Mientras vengas por la mañana temprano a nuestro cuarto no se te quitará el miedo a los caballos". Pero Juanito se rebela y responde: "Vendré, aunque siga teniendo miedo". No quiere dejarse prohibir la visita matinal a su madre.

Después del almuerzo pienso salir con él delante de la casa. Juanito acoge con alegría mi proposición y hace el proyecto de no permanecer esta vez como de costumbre delante de la casa, sino atravesar la calle y entrar en el patio del depósito donde muchas veces ha visto jugar a la chiquillería callejera. Le digo que me alegraré mucho de que se decida a atravesar la calle y aprovecho la ocasión para preguntarle por qué se asustaba tanto cuando echaban a andar los carros situados junto a la rampa de carga (B).

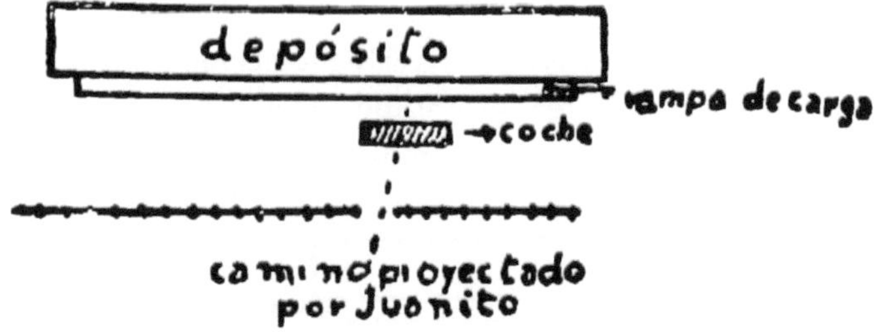

Fig. 3

JUANITO. —Me da miedo, porque si yo quiero llegar a la rampa pasando por encima del carro y el carro echa a andar de pronto cuando yo estoy encima, me llevará.

YO. —¿Y cuando el carro está parado? Entonces, ¿no tienes miedo? ¿Por qué no?

JUANITO. —Cuando el carro está parado, puedo pasar de prisa por encima de él y llegar a la rampa.

(Juanito proyecta, pues, subirse a la rampa pasando por encima de un carro y teme que este eche a andar cuando él esté precisamente encima).

YO. —¿Es que tienes miedo de no poder ya volver a casa si te vas con el carro?

JUANITO. —No. Siempre podría volver junto a mamá, en el mismo carro o en un coche de alquiler. Sé las señas de casa.

YO. —Entonces, ¿qué es lo que te da miedo?

JUANITO. —No lo sé. Pero el profesor lo sabrá. ¿Crees tú que lo sabrá?

YO. —Oye, ¿y para qué quieres subirte a la rampa?

JUANITO. —Porque no he estado nunca ahí enfrente y me gustaría estar. ¿Y sabes por qué me gustaría ir? Porque me gustaría cargar y descargar bultos y trepar por ellos. ¿Sabes quién me ha enseñado a trepar por ellos? El otro día había unos chicos subiéndose encima de los bultos; y yo los vi; y quiero hacer lo que ellos.

No llegó a satisfacer su deseo, pues cuando de nuevo salió delante de la casa no pudo decidirse a atravesar la calle y entrar en el patio del depósito a causa de los carros que continuamente entraban y salían.»

El profesor sólo puede hacer observar que el proyectado juego de Juanito con el carro cargado tiene que haber entrado en una relación simbólica, sustitutiva con otro deseo suyo, del que nada ha manifestado hasta el momento.

«Por la tarde volvemos a salir delante de la casa. De vuelta ya, pregunto a Juanito:

—¿Qué caballos te dan más miedo?

JUANITO. —Todos.

YO. —Eso no es verdad.

JUANITO. —Los que me dan más miedo son los que tienen en la boca una cosa así.

YO. —¿Qué cosa? ¿El hierro que lleva en la boca?

JUANITO. —No. Tienen una cosa negra en la boca. (Al decir esto se tapa la boca con la mano).

YO. —¿Un bigote?

JUANITO (*Echándose a reír*). — No.

YO. —¿Lo tienen todos?

JUANITO. —No. Algunos nada más.

Fig. 4

YO. —Pero ¿qué es lo que tienen en la boca?

JUANITO. —Una cosa así negra.

(Me figuro que se trata de la correa negra y ancha que los caballos de tiro pesado llevan en torno del hocico).

JUANITO. —También los carros de mudanza me dan más miedo que los otros.

Yo. —¿Por qué?

Juanito. —Porque pesan mucho y me figuro que se van a caer los caballos.

Yo. —Entonces, ¿los carros pequeños y los coches no te dan miedo?

Juanito. —No. Ni los carros pequeños ni los coches de Correos. También me dan mucho miedo los ómnibus.

Yo. —¿Por qué? ¿Porque son muy grandes?

Juanito. —No. Porque un día vi caerse a un caballo de un ómnibus de esos.

Yo. —¿Cuándo?

Juanito. —Una vez que salí con mamá, a pesar de la *tontería*. Cuando me compró el chaleco.

(Su madre confirma luego este hecho).

Yo. —¿Qué pensaste al ver caerse al caballo?

Juanito. —Que ahora siempre pasaría lo mismo. Que todos los caballos de los ómnibus se caerían.

Yo. —¿Los de todos los ómnibus?

Juanito. —Sí. Y los de los carros de mudanzas. Pero estos menos veces.

Yo. —¿Tenías ya la *tontería* por entonces?

Juanito. —No. Empecé a tenerla en seguida. Cuando vi caerse al caballo del ómnibus me dio mucho miedo. ¡De verdad! Al marcharme de allí fue cuando me dio la tontería.

Yo. —Pero la tontería era que pensabas que iba a morderte un caballo, y ahora dices que te daba miedo de que se cayera un caballo.

Juanito. —De que se cayera y me mordiera[83].

Yo. —¿Por qué te asustaste tanto?

[83] Juanito tiene razón, por muy inverosímil que parezca la unión de ambos actos. El caballo (el padre) mordería por su deseo de que se cayese (de que muriese).

JUANITO. —Porque hizo así con los pies (se tumba en el suelo y me muestra cómo pataleó el caballo). Me asusté porque *armó jaleo con los pies*.

YO. —¿Dónde estabas tú entonces con mamá?

JUANITO. —Primero en la pista de patinar, después en el café, luego a comprar un chaleco, luego en la confitería, y luego, al anochecer, en casa. Pasamos por el parque.

(Todo ello es confirmado por mi mujer, incluso la inmediata emergencia de la angustia).

YO. —¿Se mató el caballo al caerse?

JUANITO. —Sí.

YO. —¿Cómo lo sabes?

JUANITO. —Porque lo vi. (*Ríe*). No. No se mató.

YO. —Quizá pensabas que se había matado.

JUANITO. —No. Seguro que no. Lo he dicho en broma. (No es cierto. Lo dijo con toda seriedad).

Como le noto un poco fatigado, suspendo el interrogatorio. Todavía me cuenta que primero le dieron miedo los caballos de los ómnibus; luego, todos, y sólo al final, con más intensidad, los de los carros de mudanzas.

Camino de Lainz le hago aún algunas preguntas.

YO. —¿De qué color era el caballo del ómnibus? ¿Blanco, alazán, gris, obscuro?

JUANITO. —Negro. Los dos caballos eran negros.

YO. —¿Era grande o pequeño?

JUANITO. —Grande.

YO. —¿Gordo o delgado?

JUANITO. —Gordo. Muy grande y muy gordo.

YO. —Cuando viste caerse al caballo, ¿pensaste en papá?

JUANITO. —Quizá. Sí. Es posible.»

El padre puede no haber obtenido resultados positivos en alguna de las orientaciones de su investigación, pero no importa, pues siempre resulta interesante todo lo que pueda aproximarnos al conocimiento de una tal fobia. Vemos así cuán difusa es en realidad. Se refiere a los caballos y a los vehículos, a la posibilidad de que los caballos se caigan y muerdan, a ciertas clases de caballos y a los vehículos muy cargados. Revelaremos ya, que todas estas singularidades provienen de que la angustia no se refería originariamente a los caballos, sino que fue traspasada a ellos secundariamente, fijándose entonces a aquellos puntos del complejo de los caballos que se demostraron apropiados para determinadas transferencias. Debemos reconocer especialmente un resultado esencial de la inquisición del padre. Hemos averiguado la ocasión actual que provocó la eclosión de la fobia. Fue cuando Juanito vio caerse a un caballo grande y pesado, y por lo menos una de las interpretaciones de esta impresión parece ser la acentuada por el padre, esto es, que Juanito abrigaba por entonces el deseo de que el padre cayese también así... y muriera. La gravedad que tomó su expresión en esta parte de su relato procedía indudablemente de aquel sentido inconsciente. ¿No se esconderá acaso detrás todavía otro sentido? ¿Y qué significa el *armar jaleo* con las piernas?

«Desde hace algunos días, Juanito juega en casa a ser un caballo, corre de un lado para otro, se cae, patalea y relincha. Una vez se ata un saco pequeño como los que les ponen a los caballos con el pienso. Repetidamente se acerca a mí y me muerde.»

Acepta así las últimas interpretaciones más resueltamente de lo que podría hacerlo con palabras, pero trastrueca los papeles al poner aquel juego al servicio de una fantasía optativa. Ahora es él el caballo y muerde al padre, con el cual se identifica por lo demás en todo ello.

«Hace dos días vengo observando que Juanito se rebela contra mí de un modo resuelto, pero no con insolencia y descaro, sino con divertida alegría. ¿Acaso porque no me tiene ya miedo; porque no tiene ya miedo al caballo?

6 de abril. Por la tarde salgo con Juanito delante de la casa. Cada vez que pasa un caballo le pregunto si tiene en la boca aquella "cosa negra" que tanto le asustaba antes. Me responde siempre negativamente. Le pido que me describa cómo era aquella cosa. Dice que era un hierro negro. No se confirma, pues, mi primera hipótesis de que se trataba de una correa de la cabezada. Le pregunto si aquello "negro" le recordaba un bigote. Contesta: "Sólo por el color". No sé aún, por lo tanto, qué pueda ser.

Su miedo ha disminuido. Esta vez se arriesga hasta la casa de al lado, pero da media vuelta en cuanto oye pisadas de caballo. En esto, se detiene un coche delante de la puerta misma de nuestra casa y el caballo comienza a piafar. Juanito se asusta y corre a refugiarse en casa. Le pregunto si ha tenido miedo porque el caballo ha hecho así, e imito los movimientos de un caballo piafando. Me dice: "¡No *armes jaleo* con los pies!" Compárese su frase anterior sobre el pataleo del caballo caído.

Todavía le asusta más el paso de un carro de mudanzas. Esta vez no para hasta el interior de la casa. Le pregunto con aire indiferente: "Oye, ¿verdad que los carros de mudanzas se parecen mucho a los ómnibus?" Guarda silencio. Repito la pregunta. Me contesta por fin: "Claro. Si no, no me darían miedo los carros de mudanzas".

7 de abril. Vuelvo a preguntarle cómo es aquella "cosa negra que los caballos tienen en la boca". Me dice: "Como un bozal". Lo extraño es que desde hace tres días no hemos visto ningún caballo en el que haya podido señalarme aquel "bozal". Sigo suponiendo que una parte de la cabezada, la correspondiente al hocico, hubo de recordarle un bigote y

que mi explicación sobre este punto ha hecho desaparecer también el miedo correspondiente.

Sigue mejorando progresivamente. Su radio de acción, a partir de la puerta de la casa como centro, va haciéndose cada día mayor. Atraviesa la calle, hazaña antes imposible para él. Todo el miedo restante se enlaza a la escena del ómnibus, escena cuyo sentido no llego aún a vislumbrar.

9 de abril. Juanito se me acerca cuando estoy lavándome, desnudo de medio cuerpo arriba.

JUANITO. —¡Qué guapo eres, papá! ¡Tan blanco!

YO. —Como un caballo blanco, ¿verdad?

JUANITO. —Sólo tienes negro el bigote... ¿O es quizá el bozal negro?

Le cuento entonces que el día anterior he ido a ver al profesor: "Por cierto, que quiere saber varias cosas". Y Juanito: "¿Qué es lo que quiere saber? Me da curiosidad".

Le digo que ya sé en qué ocasiones suele él *armar jaleo* con los pies. Me interrumpe: "Sí. Cuando me enfado o cuando tengo que hacer *caca* y quisiera seguir jugando". (Realmente, cuando se enfada acostumbra a *armar jaleo* con los pies, esto es, a patalear. Siendo aún muy pequeño, cuando había que sentarle en el orinal y él hubiese querido seguir jugando, pataleaba furiosamente y a veces se tiraba al suelo).

YO. —También pataleas cuando tienes que hacer pipí y no quieres porque te gustaría seguir jugando.

ÉL. —Oye, tengo que ir a hacer pipí.

Y se va; conducta que equivale, quizá, a una confirmación de mis hipótesis.»

El padre me había preguntado en su visita qué es lo que el pataleo del caballo caído podía haber recordado a Juanito, y yo le había expuesto que un pataleo semejante podía haber sido su propia reacción a un deseo apremiante y contenido de orinar. Juanito confirma mi explicación con la reaparición de las ganas de orinar durante su diálogo con el padre y añade aún otras significaciones del acto de *armar jaleo* con los pies.

«Salimos luego delante de la casa. Viendo venir un carro cargado de carbón, me dice: "Oye, también me dan mucho miedo los carros de carbón".

Yo. —Acaso porque son tan grandes como los ómnibus.

Juanito. —Sí. Y porque van muy cargados, y los caballos tienen que tirar mucho y pueden caerse. Cuando los carros van vacíos no me dan miedo.

Efectivamente, como ya había podido comprobar antes, sólo los vehículos de carga pesada le dan miedo.»

Con todo esto, la situación no aparece nada transparente. El análisis progresa muy poco, y temo que su exposición no tarde en resultar aburrida a los lectores. Pero todo psicoanálisis integra tales períodos obscuros. Juanito pasa ahora a un terreno que no sospechábamos.

«Al llegar a casa me pongo a hablar con mi mujer, que ha hecho varias compras y me las enseña. Entre ellas, unos calzones de señora amarillos. Juanito exclama repetidamente: "¡Puah!", se tira al suelo y escupe. Mi mujer me dice que ya ha hecho lo mismo varias veces al ver aquellos calzones.

Le pregunto:

—¿Por qué dices "¡puah!"?

Juanito. —Por los calzones.

Yo. —¿Por qué? ¿Porque son amarillos y te recuerda la caca o el pipí?

Juanito. —La caca no es amarilla; es blanca o negra. Y a continuación: Oye, ¿es verdad que se hace caca mejor cuando se come queso? (Esto se lo había dicho yo una vez que me preguntó por qué comía queso).

Yo. —Sí.

JUANITO. —Entonces, ¿por eso vas tú siempre a hacer caca en cuanto te levantas por la mañana? Oye, me gustaría comer pan y queso.

Ya el día anterior me había preguntado mientras corría y brincaba delante de la casa: "Oye, ¿verdad que corriendo y brincando mucho se hace caca mejor?"

Juanito ha padecido desde siempre un estreñimiento pertinaz, que nos ha obligado a emplear laxantes e irrigaciones. En una ocasión llegó a hacerse tan intenso, que mi mujer hubo de pedir consejo al doctor L., el cual opinó que el niño comía con exceso, cosa efectivamente cierta, y aconsejó una alimentación menos copiosa. Seguimos su prescripción, y el estreñimiento desapareció en el acto. Hace una temporada ha vuelto a presentarse algún nuevo acceso.

Después de comer, le digo: "Vamos a escribir otra vez al profesor". Juanito me dicta: "Cuando vi los calzones amarillos, dije: ¡Puah! Escupí, me tiré al suelo, cerré los ojos y no miré".

YO. —¿Por qué?"

JUANITO. —Porque había visto los calzones amarillos. Y con los calzones negros hice lo mismo[84]. Los calzones negros son unos calzones parecidos, sólo que negros. (*Interrumpiéndose*) Oye, me gusta mucho escribir al profesor. Me divierte mucho.

YO. —¿Por qué dijiste "¡puah!"? ¿Es que te dio asco?

JUANITO. —Sí. Porque veía aquello. Creí que tenía que hacer caca.

YO. —¿Por qué?

JUANITO. —No lo sé.

YO. —¿Cuándo viste los calzones negros?

[84] "Mi mujer compró, hace algunas semanas, unos pantalones cerrados, negros, para montar en bicicleta".

JUANITO. —Una vez. Ya estaba Ana (la criada) en casa. Los vi en el cuarto de mamá. Se los acababa de comprar.

(Mi mujer me confirmó luego estos detalles).

YO. —¿Y también te dio asco entonces?

JUANITO. —Sí.

YO. —¿Has visto alguna vez a mamá con esos calzones puestos?

JUANITO. —No.

YO. —¿Quizá al vestirse alguna vez?

JUANITO. —Los amarillos se los he visto ya. (Inexacto). Los negros los lleva puestos hoy. (¡Exacto!) Esta mañana temprano se los he visto cuando se los quitó.

YO. —Querrás decir cuando se los puso.

JUANITO. —Esta mañana, cuando iba a salir, se quitó los pantalones negros y luego, cuando volvió a casa, se los puso otra vez.

Pareciéndome absurdo, interrogué a mi mujer. Naturalmente, no se había cambiado de calzones para salir.

Sigo preguntando a Juanito:

—Me has dicho que mamá llevaba esta mañana unos calzones negros; que se los quitó cuando iba a salir y se los volvió a poner al regresar a casa. Pero mamá dice que no es verdad.

JUANITO. —Se me habrá olvidado ya que no se los quitó. (*Irritado*). ¡Déjame en paz!»

Con respecto a esta historia de los calzones habré de observar lo siguiente: La buena disposición que Juanito muestra al comienzo del interrogatorio es, evidentemente, fingida. Luego arroja la máscara y se descara con su padre. Se trata de cosas que antes hubieron de proporcionarle placer y que ahora, cumplida ya la represión, le avergüenzan y le repugnan. Miente a sabiendas para encubrir la verdadera ocasión en que vio a su madre quitarse los calzones y volvérselos a poner. En realidad, esta escena pertenece al conjunto de hechos relacionados con el complejo de la defecación. El padre sabe perfectamente de lo que se trata y lo que Juanito intenta encubrir.

«Pregunto a mi mujer si Juanito la ha acompañado alguna vez cuando ha ido al retrete. Me dice: "Sí. Muchas veces. Juanito me da la lata hasta que lo dejo entrar. Todos los niños lo hacen".»

No debemos perder de vista este antiguo placer, hoy reprimido ya, de ver a su madre en el acto de la defecación.

«Salimos delante de la casa. Juanito se muestra muy contento. Viéndole trotar de un lado a otro como un caballo, le pregunto:

—Oye, ¿quién es verdaderamente el caballo del ómnibus? ¿Yo, tú o mamá?

JUANITO (*Rápidamente*). —Yo. Yo soy un potrito.

Cuando en los peores tiempos de su angustia vio una vez retozar y saltar a unos caballos jóvenes y se asustó mucho, le había dicho yo para tranquilizarle: "Son potritos, que saltan y juegan como los niños. También tú juegas y saltas porque eres un niño". Desde entonces, cuando ve retozar a un caballo, dice: "Es un potrito".

De vuelta a casa, le pregunto casi impensadamente:

—¿Juegas en Gmunden a los caballos con los otros niños?

ÉL. —Sí. (*Pensativo*). Me parece que fue allí donde cogí la tontería.

YO. —¿Quién era el caballo?

ÉL. —Yo. Y Berta era el cochero.

YO. —¿Te caíste alguna vez haciendo de caballo?

ÉL. —No. Cuando Berta me decía "¡Arre!", trotaba y galopaba, pero sin caerme.

YO. —¿Y no jugasteis nunca a los ómnibus?

JUANITO. —No. A los coches corrientes y al caballo sin coche. Cuando un caballo tiene un coche puede también ir sin él y el coche puede quedarse en casa.

YO. —¿Jugasteis muchas veces a los caballos?

JUANITO. —Sí; muchas veces. Federico (uno de los niños de nuestro casero, como ya sabemos) fue también caballo una vez, y Francisco fue cochero. Y Federico galopó tan de prisa que una vez tropezó contra una piedra y se hizo sangre.

YO. —¿Se cayó?[85].

JUANITO. —No. Luego metió el pie en agua y se lo vendó con un pañuelo.

YO. —¿Fuiste tú caballo muchas veces?

JUANITO. —¡Ya lo creo!

YO. —¿Y fue entonces cuando cogiste la tontería?

JUANITO. —Porque no paraban de decir: "Por culpa del caballo"; y otra vez: "Por culpa del caballo" (*Wegen dem Pferd*. Juanito acentúa especialmente la palabra *wegen*). Y así, porque no paraban de decir: "Por culpa del caballo", es quizá por lo que cogí la tontería[86].»

El padre lleva luego, sin fruto alguno, su investigación por otros caminos:

«YO. —¿Te contaron algo del caballo?

JUANITO. —Sí.

YO. —¿El qué?

JUANITO. —Se me ha olvidado.

YO. —¿Quizá algo de la cosita?

---

[85] Sobre este punto en concreto insistiremos más adelante. El padre supone muy justificadamente que Federico se cayó en esta ocasión.

[86] Conviene aclarar este detalle. Lo que Juanito quiere decir no es que cogiera entonces la tontería, sino que esta se halla relacionada con aquello. La teoría exige que el mismo objeto actual de la fobia haya sido antes objeto de un intenso placer. Agregaremos también algo que el niño no sabe decir: que la palabra *wegen* abre el camino a la extensión de la fobia desde los caballos a los vehículos (*Wägen*). No debe olvidarse nunca que los niños tratan las palabras muchas más objetivamente que los adultos y que las homofonías son así mucho más significativas para ellos.

JUANITO. —No.
YO. —¿Te daban ya miedo los caballos?
JUANITO. —No. No me daban miedo.
YO. —¿Te dijo quizá Berta que los caballos...?
JUANITO (*Interrumpiéndome*). —¿Que hacen pipí? No.»

«El 10 de abril vuelvo sobre la conversación del día anterior para averiguar lo que pudieran significar las palabras "por culpa del caballo". Juanito no se acuerda. Sabe tan sólo que una mañana había un grupo de niños delante de la puerta y decían: "por culpa del caballo; por culpa del caballo". También él formaba parte del grupo. Cuando le apremio, declara que lo que decían no era aquello, sino otra cosa que no recordaba.

YO. —Ibais mucho a la cuadra, y seguramente hablaríais de los caballos.

—No; no hablamos.

—¿De qué hablabais?

—De nada.

—¿Tantos niños como erais y no hablabais de nada?

—Algo hablábamos, pero no de los caballos.

—¿De qué entonces?

—Ya no lo sé.

Abandono el tema, viendo que las resistencias son, evidentemente, demasiado intensas[87], y preguntó:

—¿Te gustaba mucho jugar con Berta?

JUANITO. —Sí; mucho. Con Olga, no. ¿Sabes lo que hizo Olga? Grete me había regalado una pelota de papel, y Olga me la rompió. Berta no me hubiese roto nunca la pelota. Me gustaba mucho jugar con ella.

---

[87] Lo único positivo que por este camino podía hallarse era la relación verbal antes señalada, la cual escapa por completo al padre. Tenemos aquí un elemento excelente de las condiciones en las que fracasa la investigación analítica.

YO. —¿Viste alguna vez cómo era la cosita de Berta?

JUANITO. —No. Pero la del caballo, sí. Como siempre estábamos metidos en la cuadra, un día le vi la cosita al caballo.

YO. —¿Y entonces te entró curiosidad de saber cómo sería la cosita de Berta y la de mamá?

JUANITO. —Sí.

Le recuerdo que una vez se me quejó de que las niñas querían siempre verle cuando hacía pipí.

JUANITO. —También Berta venía muchas veces a verme. (Lo dice sin enfado ninguno; más bien complacido). Yo hacía pipí en el jardín pequeño, donde estaban los rábanos, y Berta se ponía en la puerta de la casa y me miraba.

YO. —Y cuando ella hacía pipí, ¿la mirabas tú?

JUANITO. —Ella iba al retrete.

YO. —¿Y a ti te daba curiosidad?

JUANITO. —Yo entraba con ella en el retrete.

(Exacto. Las criadas nos lo dijeron un día, y recuerdo que prohibimos a Juanito volver a hacerlo).

YO. —¿Le dijiste que querías entrar con ella?

JUANITO. —Entré sin decirle nada, porque ella me dejó. No era nada malo.

YO. —¿Y te hubiese gustado verle la cosita?

JUANITO. —Sí; pero no se la vi.

Le recuerdo el sueño de Gmunden: "¿A quién pertenece la prenda?", etc., y le pregunto:

—¿Deseaste alguna vez en Gmunden que Berta te pusiera a hacer pipí?

JUANITO. —Decírselo no, no se lo dije nunca.

YO. —¿Por qué no se lo dijiste nunca?

JUANITO. —Porque no se me ocurrió. (*Interrumpiéndose*). Si le escribo todo esto al profesor se me pasará pronto la tontería, ¿no es verdad?

YO. —¿Por qué deseabas que Berta te pusiera a hacer pipí?

ÉL. —No lo sé. Porque me miraba cuando lo hacía.

YO. —¿Pensaste que Berta te tocase la cosita?

ÉL. —Sí. (*Variando de conversación*). En Gmunden me divertía mucho. En el jardincito donde estaban los rábanos había un montón de arena, y yo jugaba allí con mi pala.

(Es este el jardín al que iba siempre a hacer pipí).

YO. —Y en Gmunden, cuando te acostabas, ¿no te tocabas nunca la cosita?

ÉL. —No; todavía no. En Gmunden dormía muy bien y no pensaba en eso. Sólo luego, en nuestra otra casa, y ahora.

YO. —¿Pero Berta no te tocó nunca la cosita?

ÉL. —No lo hizo nunca, porque yo no se lo dije nunca.

YO. —¿Cuándo lo deseaste entonces?

ÉL. —Un día, en Gmunden.

YO. —¿Sólo una vez?

ÉL. —Muchas veces.

YO. —Me has dicho que siempre que hacías pipí iba ella a mirarte. Quizá tuviera curiosidad de ver cómo lo hacías.

ÉL. —O de ver cómo tenía yo la cosita.

YO. —Y tú también tenías curiosidad de ver cómo era la cosita de Berta. ¿Sólo la de Berta?

ÉL. —La de Berta y la de Olga.

YO. —¿Y de quién más?

ÉL. —De nadie más.

YO. —Eso no es verdad. También tenías curiosidad de saber cómo era la de mamá.

ÉL. —Sí. La de mamá también.

YO. —Ahora ya se te ha pasado esa curiosidad, porque ya sabes cómo es la cosita de Hanna, ¿no?

ÉL. —Pero le crecerá, ¿verdad?[88].

---

[88] Quiere obtener la seguridad de que también crecerá su propia "cosita".

YO. —Sí que le crecerá. Pero no será nunca igual a la tuya.

ÉL. —Ya lo sé. Será como es ahora, sólo que más grande.

YO. —Y en Gmunden, ¿sentías también curiosidad cuando mamá se desnudaba?

ÉL. —Sí. Y también cuando bañaban a Hanna le vi la cosita.

YO. —¿A mamá también?

ÉL. —No.

YO. —¿Te dio asco cuando viste los calzones de mamá?

ÉL. —Sólo al ver los negros cuando se los compró. Entonces escupí. Pero cuando se los pone o se los quita, entonces no escupo. *Escupo porque los calzones negros son negros como una caca, y los amarillos son amarillos como un pipí, y entonces creo que voy a tener que hacer pipí.* Cuando mamá los lleva puestos, entonces no se los veo, porque lleva el traje encima.

YO. —¿Y cuándo se quita el traje?

ÉL. —Entonces no escupo. Pero cuando son nuevos parecen una caca. Cuando son viejos pierden el color y se ensucian. Cuando mamá los compra, están limpios, y luego en casa se ensucian. Cuando los compra, están nuevos, y cuando no los compra, están viejos.

YO. —¿Entonces, de los calzones viejos no te da asco?

ÉL. —Cuando están viejos, están ya más negros que una caca, ¿no es verdad? Están un poco más negros[89].

YO. —¿Has entrado alguna vez con mamá en el retrete?

ÉL. —Sí. Muchas veces.

YO. —¿Y te ha dado asco?

ÉL. —Sí... ¡No!

[89] Nuestro Juanito lucha aquí con un tema que no acierta a expresar, y se nos hace difícil comprenderle. Quiere decir, quizá, que los calzones sólo evocan en él una reminiscencia repugnante cuando los ve sin poner. En cuanto su madre se los pone, no los relaciona ya con la caca o con el pipí y le interesan en otro sentido.

YO. —¿Te gusta estar con mamá cuando está haciendo caca o pipí?

ÉL. —Sí. Me gusta mucho.

YO. —¿Por qué te gusta tanto?

ÉL. —No lo sé.

YO. —Porque crees que vas a verle la cosita.

ÉL. —Sí. Eso me creo también.

YO. —¿Y por qué en Lainz no quieres nunca entrar en el retrete?

(En Lainz me pide siempre que no le lleve al retrete. Una vez se asustó del ruido que hacía el agua al caer).

ÉL. —Quizá por el jaleo que se arma al soltar el agua.

YO. —¿Y eso te da miedo?

ÉL. —Sí.

YO. —¿Y aquí, en el retrete de casa?

ÉL. —Aquí no. En Lainz me da miedo cuando sueltas el agua. Cuando estoy dentro y cae el agua, me asusto.

Para demostrarme que en el retrete de casa no se asusta me propone ir con él y soltar el agua. Luego me explica:

—Primero se arma un jaleo muy fuerte, y después un jaleo más suave. (Cuando cae el agua desde el depósito). Cuando el jaleo fuerte me gusta estar dentro; pero cuando empieza el jaleo suave prefiero salirme.

YO. —¿Por qué te da miedo?

ÉL. —Porque siempre me gusta ver (*rectifica*), oír un jaleo fuerte, y mientras dura me quedo dentro para oírlo bien.

YO. —¿Qué es lo que te recuerda un jaleo fuerte?

ÉL. —Que tengo que hacer caca en el retrete. (Así, pues, lo mismo que los pantalones negros).

YO. —¿Por qué?

ÉL. —No lo sé. Un jaleo fuerte se oye como cuando se hace caca. Un jaleo grande recuerda la caca, y uno pequeño el pipí. (*Cf.* los calzones negros y amarillos).

Yo. —Oye: el caballo del ómnibus ¿no tenía el mismo color que una caca? (Según sus manifestaciones era negro).

Él (*Muy sorprendido*). — Sí.»

Intercalaré aquí algunas palabras. El padre pregunta demasiado, e investiga siguiendo los propósitos suyos, en vez de dejar explayarse al pequeño. Todo ello quita transparencia y seguridad al análisis. Juanito sigue su propio camino, y no rinde nada positivo cuando se le quiere apartar de él. Su interés se orienta ahora hacia la caca y el pipí; no sabemos por qué. La historia del jaleo queda por ahora tan poco aclarada como la de los calzones negros y los amarillos. Sospecho que su oído sutil ha advertido muy bien la diferencia de los ruidos que producen al orinar el hombre y la mujer. Pero el análisis ha incluido todo el material con una cierta forzada violencia en la antítesis de las dos necesidades.

A aquellos lectores que no hayan llevado nunca a cabo por sí mismos un análisis, he de aconsejarles que no pretendan comprenderlo todo en el acto y vayan acogiendo con cierta atención imparcial todo lo que surja, en espera de su definitiva aclaración.

«11 de abril. Por la mañana vuelve a presentarse Juanito en nuestra alcoba y, como siempre en estos últimos días, es reintegrado inmediatamente a su cuarto.

Más tarde me cuenta:

—Oye lo que he pensado: *Estaba en el baño*[90] *y venía el fontanero y lo destornillaba*[91]*. Y cogía un destornillador muy grande y me lo clavaba en la barriga.*»

---

[90] "A Juanito lo baña siempre su madre".

[91] "Para repararlo".

El padre traduce así esta fantasía: "Estoy en la cama con mamá. Y viene papá y me echa fuera. Con su pene, de gran tamaño, me empuja, separándome de mamá".

De momento reservaremos nuestro juicio sobre esta interpretación.

«Todavía cuenta otra cosa que ha pensado:

—Vamos a Gmunden en el tren. Al llegar a la estación de Gmunden nos ponemos los vestidos. Pero no acabamos nunca, y el tren arranca antes que nos bajemos.

Más tarde le pregunto:

—¿Has visto alguna vez a un caballo haciendo caca?

ÉL. —Sí; muchas veces.

YO. —¿Y arma mucho jaleo?

ÉL. —Sí.

YO. —¿Qué es lo que te recuerda ese jaleo?

ÉL. —Como cuando la caca cae en la taza del retrete.

El caballo del ómnibus que se cae y arma jaleo con los pies es —probablemente— la caca que cae en la taza del retrete y hace ruido al caer. El miedo a la defecación, el miedo a los vehículos pesadamente cargados, equivale al miedo al vientre pesadamente cargado.»

Por estos rodeos empieza el padre a vislumbrar el verdadero estado de cosas.

«12 de abril. Juanito dice durante el almuerzo: "Si siquiera tuviésemos en Gmunden una bañera, para no tener que ir a la casa de baños..." En Gmunden, para poderle bañar en agua templada, le llevábamos a una casa de baños cercana, contra lo cual solía Juanito protestar con grandes llantos. También en Viena llora cuando quieren hacerle sentar o echarse en el baño grande, y tienen que bañarle sentado o en pie.»

La frase antes transcrita de Juanito, el cual empieza ahora a suministrar alimento al análisis con manifestaciones espontáneas, establece un enlace entre sus dos últimas fantasías (la del fontanero que destornilla el baño y la del fracasado viaje a Gmunden). De esta última había deducido el padre, exactamente, una repugnancia contra Gmunden. Todo ello nos prueba una vez más que para la inteligencia del material surgido de lo inconsciente no hemos de apoyarnos en el material antecedente, sino en el ulterior.

«Le pregunto si le da miedo de bañarse y por qué.

JUANITO. —Me da miedo caerme en el baño.

YO. —¿Y cómo no te daba miedo antes cuando te bañaban en la bañera?

JUANITO. —Porque como era más pequeño no podía echarme y tenía que bañarme sentado.

YO. —Y cuando en Gmunden paseábamos en barca, ¿no te daba miedo?

JUANITO. —No, porque me agarraba a la barca y no podía caerme. En el baño, lo que me da miedo es pensar que puedo caerme dentro.

YO. —Cuando te bañas estás siempre con mamá. ¿Es que tienes miedo de que mamá te tire al agua?

JUANITO. —De que me suelte y me caiga de cabeza al agua.

YO. —Sabes muy bien que mamá te quiere mucho y no te soltará.

ÉL. —Pero lo pensaba.

YO. —¿Por qué?

ÉL. —No lo sé.

YO. —¿Quizá porque habías sido malo y creías que mamá no te quería ya?

ÉL. —Sí.

YO. —Cuando veías a mamá bañar a Hanna, ¿no deseaste alguna vez que la soltara para que Hanna se cayese al agua?

ÉL. —Sí.»

Creemos que en esto ha acertado plenamente el padre.

«12 de abril. Al regresar de Lainz en el tren, Juanito se fija en el forro de cuero negro de los asientos del vagón de segunda clase y dice: "¡Puah! ¡Qué asco! Los calzones negros y los caballos negros también me dan asco, porque cuando los veo pienso que tengo que hacer caca".

Yo. —¿Le has visto acaso también a mamá algo negro que te dio miedo?

Juanito. —Sí.

Yo. —¿El qué?

Juanito. —No lo sé. Una blusa negra. O unas medias negras.

Yo. —¿Quizá pelos negros en la cosita cuando te daba curiosidad y hacías por vérsela?

Juanito (*Disculpándose*). — Pero no llegué a vérsela.

Cuando llegamos a casa se asusta nuevamente al ver salir un carro por la puerta de la Aduana. Le pregunto:

—Oye, ¿no es verdad que la puerta parece un trasero?

Juanito. —Sí. Y los caballos son las cacas.

Desde entonces siempre que ve salir un coche por aquella puerta dice: "Mira, una caca que sale".

El 13 de abril ve en la sopa un menudillo y dice: "¡Puah! Una caca". También le repugna la carne en albondiguillas, porque la forma y el color le recuerdan una caca.

Por la noche me cuenta mi mujer lo siguiente: Juanito se había asomado al balcón y había dicho luego: "He pensado que Hanna había salido al balcón y se había caído". En una ocasión le había dicho yo que cuando estuviese con Hanna en el balcón debía cuidar de que su hermanita no se acercase a la baranda, cuyos hierros dejaban entre sí grandes huecos, que hube de hacer tapar con un enrejado de alambre. El deseo reprimido de Juanito se hace aquí transparente. Su madre le pregunta si preferiría no tener ninguna hermanita, a lo cual responde afirmativamente.

14 de abril. El tema de Hanna continúa en primer término. Como ya sabemos por anotaciones anteriores, aquella hermanita que había venido a robarle una parte del cariño de sus padres hubo de inspirarle una intensa aversión, que todavía no se ha desvanecido por completo, y sólo en parte resulta hipercompensada por un exagerado cariño[92]. Ya había dicho varias veces que la cigüeña no debía traernos más niños y que le debíamos dar dinero para que no nos lo trajera y los dejara en el cajón donde los tenía. (*Cf.* el miedo a los carros de mudanzas y a los ómnibus, semejantes a grandes cajones). También decía que Hanna le molestaba porque lloraba y chillaba mucho.

Una vez dijo de repente: "¿Te acuerdas cuando vino Hanna? ¡Qué mona estaba en la cama al lado de mamá!" Esta alabanza sonó sospechosamente falsa".

Salimos luego delante de la casa. La mejoría de Juanito es cada vez más franca y visible. Ni siquiera los camiones de carga le dan ya tanto miedo.

Una vez exclama alegremente: "Ahí viene un caballo con una cosa negra en la boca", y por fin puedo comprobar que la incógnita "cosa negra" es un bozal de cuero. Juanito tampoco se asusta de este caballo.

Poco después golpea una losa de la acera con el bastón y me pregunta: "Oye, ¿hay alguien enterrado aquí debajo, o eso es sólo en los cementerios?" Le preocupa, pues, no sólo el enigma de la vida, sino también el de la muerte.

Al volver a casa ve en la antesala un cajón, y dice:

—Hanna vino con nosotros a Gmunden metida en un cajón como este. Siempre que hemos ido a Gmunden ha venido

---

[92] Vemos, por fin, la razón de que el tema de Hanna haya sustituido directa e inmediatamente al tema de la caca. La misma Hanna es una caca. Los niños son cacas.

metida en un cajón. ¿Crees que es mentira, papá? Pues es verdad. Llevábamos en el equipaje un cajón y dentro muchos niños metidos en una bañera. (Efectivamente, el cajón contenía una bañera). Yo mismo la metí. Me acuerdo muy bien[93].

YO—¿De qué te acuerdas?

JUANITO. —De que Hanna fue a Gmunden en un cajón. No se me ha olvidado. ¡Palabra de honor!

YO. —El año pasado vino Hanna con nosotros en el vagón.

JUANITO. *—Pero antes fue siempre en un cajón.*

YO. —¿Quién tenía el cajón? ¿Mamá?

JUANITO. —Sí; mamá lo tenía.

YO. —¿Adónde?

JUANITO. —En casa, en el suelo.

YO. —¿No lo llevaba siempre con ella?[94].

JUANITO. —No. Cuando vayamos a Gmunden, Hanna hará también el viaje metida en el cajón.

YO. —¿Y cómo salió del cajón?

JUANITO. —La sacaron.

YO. —¿Quién? ¿Mamá?

JUANITO. —La sacamos yo y mamá. Luego subimos al coche, y Hanna se montó en el caballo, y el cochero dijo: "¡Arre!" El cochero iba en el pescante. ¿Ibas tú con nosotros? Mamá lo sabe. No; no lo sabe. Se le ha olvidado. Pero no le digas nada.

Le hago que me cuente otra vez todo aquello. Luego continúa:

—Cuando llegamos a casa, Hanna se bajó.

---

[93] Juanito comienza ahora a fantasear. Averiguamos que la bañera y el cajón son, para él, la misma cosa: una representación sustitutiva del espacio que encierra a los niños.

[94] El cajón es, naturalmente, el vientre materno. El padre quiere indicar a Juanito que le comprende.

Yo. —¿Cómo pudo bajarse si todavía no sabía ni siquiera andar?

Juanito. —La ayudamos nosotros.

Yo. —Oye, ¿Y cómo pudo ir montada en el caballo si el año pasado no sabía aún sentarse?

Juanito. —Pues sí, fue montada en el caballo, gritando "¡arre!, ¡arre!", y pegándole con el látigo que yo tenía antes. El caballo no tenía estribos y Hanna iba montada en él. Pero no de broma, de verdad.»

¿A qué viene tal serie de disparates tan obstinadamente mantenidos? —se nos preguntará acaso—. Pues bien, no tiene nada de absurda y entraña un perfecto sentido. Con ella, parodia Juanito a su padre y se venga de él. Quiere decir: Si tú imaginas que me creo que la cigüeña trajo a Hanna en octubre, cuando ya el verano anterior, al ir a Gmunden, había observado perfectamente el vientre abultado de mamá, también yo puedo pedirte que creas mis mentiras. Su afirmación de que Hanna fue ya a Gmunden el año anterior "dentro del cajón", sólo puede significar su conocimiento del embarazo de la madre. El hecho de que prevea para años posteriores la repetición de aquel viaje "dentro del cajón" corresponde a una forma frecuente de la emergencia de una idea pretérita inconsciente, o puede también obedecer a razones particulares y expresar su temor de ver reproducido el embarazo al verano siguiente. Averiguamos ahora qué es lo que le hacía desagradable la perspectiva del viaje a Gmunden, según delataba su segunda fantasía.

«Más tarde le pregunto cómo vino a parar Hanna, al nacer, a la cama de su madre.»

Juanito encuentra aquí nueva ocasión de "tomarle el pelo" a su padre.

«Juanito. —Cuando Hanna llegó, la señora Kraus (la comadrona) se la llevó a mamá a la cama. Hanna no sabía andar, pero la cigüeña la trajo en el pico. No sabía andar.

(Hace una pausa y continúa luego de carrerilla). La cigüeña subió por las escaleras hasta la puerta y llamó. Todos estaban durmiendo, pero la cigüeña traía la llave y abrió y dejó a Hanna en *tu*[95] cama, mientras mamá seguía durmiendo... No; la cigüeña dejó a Hanna en la cama de mamá. Era de noche y la cigüeña dejó tranquilamente a Hanna en la cama sin hacer ruido. Y luego cogió su sombrero y se fue. No; no tenía sombrero.

Yo. —¿Quién cogió su sombrero? ¿El médico, quizá?

Juanito. —Luego se fue la cigüeña. Se fue a su casa. Y luego llamó y los despertó a todos. Pero no le cuentes nada de esto a mamá ni a Tini (la cocinera). ¡Es un secreto!

Yo. —¿Quieres tú a Hanna?

Juanito. —¡Ya lo creo! Mucho.

Yo. —¿Te gusta que haya venido al mundo? ¿O preferirías que no hubiese venido?

Juanito. —Preferiría que no hubiese venido.

Yo. —¿Por qué?

Juanito. —Por lo menos no la oiría gritar. No puedo aguantarla.

Yo. —También gritas tú.

Juanito. —También ella grita.

Yo. —¿Por qué no puedes aguantarla?

Juanito. —Porque grita muy fuerte.

Yo. —¡Pero si no grita!

Juanito. —Cuando le dan azotes, grita.

Yo. —¿Le has pegado tú alguna vez?

Juanito. —Cuando mamá le da azotes, grita.

Yo. —¿Y no te gusta?

---

95 ¡Pura burla! Lo mismo que la petición ulterior de que no diga nada a mamá de aquel secreto.

JUANITO. —No... ¿Por qué? Pues porque arma un jaleo terrible gritando.

YO. —Si preferirías que no hubiese venido al mundo es que no la quieres.

JUANITO (*Asintiendo*). — Hum, hum.

YO. —Por eso has pensado que si mamá la soltase cuando la está bañando, se caería al agua...

JUANITO (*Completando la idea*). — ...y se moriría.

YO. —Y entonces tendrías a mamá para ti solo. Un niño bueno no desea esas cosas.

JUANITO. —*Pero puede pensarlas.*

YO. —No está bien que las piense.

JUANITO. —*Pero si las piensa, está bien que las piense para escribirlas al profesor*[96]

Más tarde le digo:

—Cuando Hanna sea mayor y sepa ya hablar, la querrás más.

JUANITO. —No. La quiero ya mucho. Cuando en otoño sea ya grande, iré solo con ella al parque y se lo explicaré todo.

Quiero iniciar una nueva explicación, pero me interrumpe para convencerme de que sus deseos de muerte contra su hermana no son cosa tan perversa como yo creo.

JUANITO. —Oye, Hanna estaba ya hacía mucho tiempo en el mundo, aunque no estuviera aquí. Cuando estaba con la cigüeña estaba ya en el mundo.

YO. —No. Quizá no.

JUANITO. —Entonces, ¿quién la trajo? ¿No la tenía la cigüeña?

YO. —¿De dónde la sacó la cigüeña?

JUANITO. —La tenía ella.

[96] ¡Excelente, Juanito! En ningún adulto podríamos desear una mejor comprensión del psicoanálisis.

YO. —¿Dónde la tenía?

JUANITO. —En el cajón, en el cajón de la cigüeña.

YO. —¿Cómo es ese cajón?

JUANITO. —Rojo. Pintado de rojo. (¿La sangre?)

YO. —¿Quién te lo ha dicho?

JUANITO. —Mamá... Me lo figuro yo... En el libro está.

YO. —¿En qué libro?

JUANITO. —En el libro de estampas.

Le hago que me traiga su libro de estampas. Una de ellas representa un nido de cigüeñas encima de una chimenea de ladrillo rojo. La chimenea sería el cajón. Por coincidencia singular hay en la misma página un caballo al que están herrando. Juanito, no encontrando a los niños en el nido, supone que están en el cajón.

YO. —¿Qué hizo luego la cigüeña con Hanna?

JUANITO. —La trajo aquí. En el pico. ¿Sabes? La cigüeña que está en Schönbrunn y picó la sombrilla. (Reminiscencia de un pequeño incidente en Schönbrunn).

YO. —¿Viste tú a la cigüeña traer a Hanna?

JUANITO. —Estaba durmiendo. De día no puede la cigüeña traer a los niños.

YO. —¿Por qué?

JUANITO. —No puede. ¿Sabes por qué? Tiene que traerlos cuando la gente no la ve; luego de repente, por la mañana, se encuentran con un niño o con una niña.

YO. —Por entonces tuviste mucha curiosidad de saber cómo había venido la cigüeña, ¿no?

JUANITO. —Sí.

YO. —¿Cómo era Hanna cuando vino al mundo? ¿Te acuerdas?

JUANITO (*Fingiendo*). —Muy blanquita y muy mona. Como de oro.

YO. —Pero cuando la viste por primera vez no te gustó.

JUANITO. —Sí. Mucho.

YO. —Te sorprendió que fuese tan pequeña.

JUANITO. —Sí.

YO. —¿Cómo era de pequeña?

JUANITO. —Como una cigüeñita.

YO. —¿Y cómo qué más? ¿Cómo una caca quizá?

JUANITO. —No; una caca es mucho más grande... O no, no es más grande; es un poquitín más pequeña que Hanna.»

Yo le había predicho al padre que la fobia del pequeño se enlazaba a los pensamientos y los deseos provocados por el nacimiento de su hermanita, pero había omitido llamarle la atención sobre la teoría sexual infantil, según la cual los niños son paridos por el recto, teoría que habría de hacer atravesar a Juanito el complejo de lo excremental. Esta negligencia mía provocó el obscurecimiento temporal del análisis. Ahora, aclarado ya, intenta el padre oír nuevamente a Juanito sobre este punto importantísimo.

«Al día siguiente le hago repetirme la historia del día anterior. Juanito me cuenta:

—Hanna hizo el viaje a Gmunden metida en el cajón. Mamá iba en un departamento y Hanna en el furgón de equipajes. Cuando llegamos a Gmunden, mamá y yo la sacamos del cajón y la montamos en el caballo. El cochero iba en el pescante y Hanna tenía el látigo mío del año anterior y pegaba al caballo y decía: "¡Arre!" Era muy divertido, y el cochero pegaba también al caballo... No; no le pegaba, porque el látigo lo tenía Hanna. El cochero llevaba las riendas. También Hanna las llevó un rato. (De la estación de Gmunden hasta la casa que allí ocupábamos, íbamos siempre en coche; Juanito intenta aquí conciliar fantasía y realidad). En Gmunden bajamos a Hanna del caballo y anduvo sola hasta la escalera. (El año pasado Hanna cumplió en Gmunden los ocho meses. Al anterior, al cual se refiere la fantasía de Juanito, mi mujer entraba en el sexto mes de su embarazo cuando iniciamos nuestro veraneo).

Yo. —El año pasado estuvo ya allí Hanna.

Juanito. —El año pasado fue dentro del coche. Pero un año antes, cuando ya estaba con nosotros en el mundo...

Yo. —¿Estaba ya con nosotros?

Juanito. —Sí; cuando tú venías a embarcarte conmigo.

Yo. —Pero no fue el año pasado; fue el anterior, y entonces Hanna no estaba aún en el mundo.

Juanito. —*Sí; sí estaba ya en el mundo.* Cuando vino a Gmunden dentro del cajón sabía ya andar y decir "Ana". (Hace escasamente cuatro meses que Hanna hace tales habilidades).

Yo. —Pero entonces no estaba aún con nosotros.

Juanito. —Sí. Estaba con la cigüeña.

Yo. —¿Cuántos años tiene, entonces, Hanna?

Juanito. —En otoño cumplirá dos años. Y por entonces estaba ya aquí. Tú lo sabes mejor que yo.

Yo. —¿Y cuándo estuvo con la cigüeña, en el cajón de la cigüeña?

Juanito. —Mucho tiempo antes que fuera a Gmunden en el cajón. Mucho, mucho tiempo antes.

Yo. —¿Cuánto tiempo hace que Hanna sabe andar? Cuando estaba en Gmunden, ¿no sabía aún?

Juanito. —El año pasado, no. Antes sí.

Yo. —Hanna no ha estado más que una vez en Gmunden.

Juanito. —No. Ha estado dos veces. ¡Justo! Me acuerdo muy bien. Y si no, pregúntaselo a mamá, y ella te lo dirá.

Yo. —Eso no es verdad.

Juanito. —Sí que es verdad. *La primera vez que estuvo en Gmunden andaba y montaba a caballo; después ya tenían que llevarla en brazos...*

Yo. —Pero ¡si hace muy poco tiempo que anda! En Gmunden no sabía andar todavía.

Juanito. —Sí que sabía. Apúntalo si quieres. Me acuerdo muy bien... ¿De qué te ríes?

Yo. —De ti, que eres un mentiroso. Sabes muy bien que Hanna no ha estado en Gmunden más que una vez.

Juanito. —No. No es verdad. La primera vez fue montada en el caballo... Y la segunda... (Vacila visiblemente).

Yo. —Ese caballo en el que dices que fue montada Hanna, ¿era acaso mamá?

Juanito. —No. Era un caballo de verdad. Fuimos todos en un coche de un caballo.

Yo. —Siempre hemos ido en coches de dos caballos.

Juanito. —Sería un coche de alquiler.

Yo. —¿Qué comió Hanna mientras fue dentro del cajón?

Juanito. —Le pusieron dentro pan y manteca, arenques y rábanos (una de nuestras cenas de Gmunden), y mientras duró el viaje Hanna se untó de manteca el pan y comió cincuenta veces.

Yo. —Oye, ¿y no gritó?

Juanito. —No.

Yo. —¿Qué hizo entonces?

Juanito. —Estarse sentada en el cajón, muy quietecita.

Yo. —¿No se dio ningún golpe?

Juanito. —No. Se pasó todo el tiempo comiendo y sin moverse una sola vez. Se bebió dos jarras grandes de café. Por la mañana no quedaba ya nada. Dejó toda la basura en el cajón. Las hojas de los rábanos y el cuchillo para cortarlos. Luego lo limpió todo muy de prisa. En un minuto. A toda prisa. También yo fui con Hanna en el cajón y dormí dentro toda la noche. (Hace dos años hicimos, efectivamente, de noche el viaje a Gmunden). Mamá iba en el vagón. No paramos de comer en todo el viaje, incluso luego en el coche. Fue muy divertido. Hanna no se montó en el caballo. (Vacila ahora porque sabe que fuimos en un coche de dos caballos). Fue sentada en el coche. Mamá se montó en un caballo y Carolina (una criada) en otro... Oye, papá, todo esto que te estoy contando no es verdad.

YO. —¿Qué es lo que no es verdad?

JUANITO. —Todo eso. Oye: este año me metéis con Hanna en el cajón[97] y yo haré pipí dentro. Me haré pipí en los pantalones. Me tiene sin cuidado. No es ninguna vergüenza. Oye: Todo esto no es una broma, pero es muy divertido.

A continuación, me cuenta la historia de la venida de la cigüeña con las mismas palabras que el día anterior, poco más o menos. Omite tan sólo el detalle de que cogiera al marcharse el sombrero.

YO. —¿Dónde tenía la cigüeña la llave?

JUANITO. —En el bolsillo.

YO. —¿Dónde tiene la cigüeña el bolsillo?

JUANITO. —En el pico.

YO. —¿En el pico? Todavía no he visto una cigüeña con una llave en el pico.

JUANITO. —¿Cómo pudo entonces abrir la puerta? ¿Cómo pudo entrar sin tener llave? Es que me he equivocado. La cigüeña llamó y salieron a abrirle.

YO. —¿Cómo llamó?

JUANITO. —Llamó al timbre.

YO. —¿Cómo llamó al timbre?

JUANITO. —Apretando con el pico.

YO. —¿Y cerró la puerta?

JUANITO. —No; la cerró una criada. La abrió y la cerró una criada que estaba ya levantada.

YO. —¿Dónde tiene la cigüeña su casa?

JUANITO. —¿Dónde? En el cajón en el que tiene las niñas. Quizá en Schönbrunn.

YO. —No he visto en Schönbrunn ningún cajón.

---

[97] El cajón en el que embalamos las cosas que llevamos a Gmunden, y que ahora está en la antesala.

JUANITO. —Lo tendrá más lejos... Oye, ¿sabes cómo abre la cigüeña el cajón? Abre el pico... El cajón tiene también su llave... Luego hace así (demostrándolo en mi mesa) y abre. Es como una palanca.

YO. —¿Y no crees que una niña, así como Hanna, pesa demasiado para que la cigüeña pueda llevarla en el pico?

JUANITO. —No.

YO. —Oye, ¿no se parece mucho un ómnibus al cajón de la cigüeña?

JUANITO. —Sí.

YO. —¿Y a un carro de mudanzas?

JUANITO. —Sí, y un carro de niños malos también.»

«17 de abril. Ayer, por fin, llevó a cabo Juanito su proyecto de entrar en el patio de la Aduana. Hoy no ha podido porque precisamente enfrente de la puerta había un carro arrimado a la rampa. Me dijo:

—Cuando veo ahí un coche, me da miedo de que a lo mejor se me ocurre *excitar a los caballos* y se caerán y armarán jaleo con las patas.

YO. —¿Cómo se excita a los caballos?

JUANITO. —Regañándolos o gritándoles: "¡Arre!"[98].

YO. —¿Lo has hecho tú ya alguna vez?

JUANITO. —Sí; muchas veces. Tengo miedo de hacerlo, pero no es verdad que lo haya hecho.

YO. —¿Y en Gmunden?

JUANITO. —No.

YO. —Pero ¿te gustaría?

JUANITO. —Sí.

[98] "A veces se había asustado mucho al ver a los cocheros pegar y arrear a los caballos".

Yo. —¿Te gustaría pegar con un látigo a los caballos?

Juanito. —Sí.

Yo. —¿Quisieras pegarles como mamá pega a Hanna? ¿Eso te gusta también?

Juanito. —A los caballos no les hace daño que les peguen. (Esto se lo había dicho yo en una ocasión para mitigar su miedo al ver pegar a los caballos). Y ya lo he hecho una vez. He cogido un látigo y he pegado a un caballo hasta que se cayó y empezó a armar jaleo con los pies.

Yo. —¿Cuándo?

Juanito. —En Gmunden.

Yo. —¿A un caballo de verdad? ¿Que estaba enganchado a un coche?

Juanito. —Estaba suelto.

Yo. —¿Dónde estaba?

Juanito. —Lo sujeté yo para que no se escapase. (Todo esto resulta, naturalmente, inverosímil).

Yo. —¿Dónde pasó todo esto?

Juanito. —Junto a la fuente.

Yo. —¿Quién te dio permiso? ¿Es que el cochero te dejó el caballo?

Juanito. —Era un caballo de la cuadra de casa.

Yo. —¿Y cómo estaba en la fuente?

Juanito. —Lo llevé yo.

Yo. —¿Lo sacaste de la cuadra?

Juanito. —Sí. Porque quería pegarle con el látigo.

Yo. —¿No había nadie en la cuadra?

Juanito. —Sí. Estaba Loisi. (El cochero).

Yo. —¿Y te dio permiso?

Juanito. —Se lo pedí por favor y me lo dio.

Yo. —¿Qué le dijiste?

Juanito. —Le pedí que me dejara sacar el caballo para gritarle y pegarle con el látigo. Y me dijo que sí.

YO. —¿Le pegaste mucho al caballo?

JUANITO. —*Nada de esto que te he contado es verdad.*

YO. —¿Qué hay de verdad en todo ello?

JUANITO. —Nada. Te lo he contado por broma.

YO. —¿No sacaste nunca un caballo de la cuadra?

JUANITO. —No.

YO. —Pero ¿deseaste hacerlo?

JUANITO. —Sí, eso sí. Y lo pensé.

YO. —¿En Gmunden?

JUANITO. —No. Primero aquí. Lo pensaba por la mañana temprano, cuando ya estaba vestido... Digo no, cuando todavía estaba en la cama.

YO. —¿Por qué no me lo contaste nunca?

JUANITO. —No se me ocurrió.

YO. —Pensabas en eso porque lo habías visto en la calle, ¿no?

JUANITO. —Sí.

YO. —¿A quién te gustaría pegar realmente? ¿A mamá, a Hanna o a mí?

JUANITO. —A mamá.

YO. —¿Por qué?

JUANITO. —Porque me gustaría pegarle.

YO. —¿Cuándo has visto que nadie pegue a su mamá?

JUANITO. —Nunca. En mi vida lo he visto.

YO. —Y, sin embargo, quisieras pegarle. ¿Cómo quieres hacerlo?

JUANITO. —Con un bastón. (Su madre le amenaza a veces con pegarle con un bastón).

Por este día hube de interrumpir el diálogo.

En la calle Juanito me dice que los ómnibus, los carros de mudanzas y los carros de carbón son carros de cajones de cigüeña, esto es, mujeres embarazadas. Sus veleidades sádicas anteriores tienen que hallarse relacionadas con nuestro tema.»

«21 de abril. Juanito me cuenta esta mañana haberse figurado lo siguiente: "En Lainz había un tren y yo fui en él con la abuela hasta la estación de la Aduana. Tú no habías bajado aún del puente y el segundo tren estaba ya en la estación de San Vito. Cuando bajaste ya había llegado el tren y subimos a él".

(Ayer estuvo Juanito en Lainz. Para pasar al andén hay que atravesar un puente. Desde el andén se ve la vía hasta la estación de San Vito. La relación de Juanito es un tanto confusa. Probablemente pensó primero que se marchaba en el primer tren, al que yo no llegaba. Luego venía de la estación de San Vito un segundo tren, que era el que yo tomaba. Pero ha deformado un trozo de su fantasía de fuga y la termina haciéndonos subir a los dos en el segundo tren. Esta fantasía se relaciona con aquella otra en la que nos pasamos de la estación de Gmunden porque el tren arranca antes que acabemos de vestirnos en el vagón).

Por la tarde, delante de la casa, Juanito corre de pronto a refugiarse en el portal al acercarse un coche de dos caballos en el que no advierto nada extraordinario. Le pregunto qué le pasa. Me dice: "Me da miedo porque los caballos van tan orgullosos que acabarán por caerse". (Retenidos por el cochero, avanzaban al trote corto y altas las cabezas, con un aire realmente arrogante).

Le pregunto quién se muestra en realidad tan arrogante.

ÉL. —Tú, cuando mamá me toma en su cama.

YO. —Entonces, ¿es que deseas que me caiga?

ÉL. —Sí. Debías tropezar desnudo (quiere decir descalzo, como Federico en aquella ocasión pasada) con una piedra y hacerte sangre, y así por lo menos podría yo estar un rato solo con mamá. Cuando luego subieras a casa, yo me saldría corriendo de la alcoba de mamá para que no me vieras.

YO. —¿Te acuerdas quién fue el que se dio contra la piedra?

ÉL. —Sí; Federico.

YO. —¿Qué pensaste cuando viste caerse a Federico?[99].

ÉL. —Que tú debías darte contra la piedra.

YO. —¿De manera que te gusta mucho estar con mamá?

ÉL. —Sí.

YO. —¿Y por qué te regaño yo cuando quieres meterte en su cama?

ÉL. —No lo sé (!!).

YO. —¿Por qué?

ÉL. —Porque tienes celos.

YO. —Eso no es verdad.

ÉL. —Sí. Es verdad. Lo sé. Tiene que ser verdad.

Vemos, pues, que mi explicación de que sólo los niños pequeños duermen con su madre y los grandes solos en su cama, no le ha hecho efecto ninguno.

Sospecho que el deseo de *excitar al caballo*, esto es, pegarle y arrearle a gritos, no se refiere, como dijo, a su madre, sino a mí. Ha puesto por delante a su madre porque no se atrevía a confesarme la verdad. En los últimos días viene mostrándose particularmente cariñoso conmigo.»

Con la superioridad que tan fácilmente se adquiere *a posteriori*, rectificaremos al padre observando que el deseo de *excitar* al caballo se compone de dos elementos: de un obscuro impulso sádico referido a la madre y de un claro impulso vengativo contra el padre. Este último no pudo ser reproducido hasta después de haberlo sido el primero en relación con el complejo del embarazo. En la formación de una fobia basada en ideas inconscientes tiene siempre efecto una condensación, razón por la cual el camino del análisis no puede reproducir jamás la trayectoria del desarrollo de la neurosis.

---

[99] Así, pues, Federico se cayó efectivamente circunstancia que antes negó Juanito.

«22 de abril. Juanito ha vuelto a imaginar algo esta mañana: "Un golfillo se ha subido en la vagoneta y el vigilante ha venido y le ha desnudado del todo, dejándole allí hasta por la mañana. Y por la mañana el golfillo ha dado al vigilante 50.000 florines para que le deje ir en la vagoneta".

(La línea del ferrocarril del Norte pasa por delante de nuestra casa. En una vía auxiliar hay una vagoneta, en la cual Juanito vio una vez pasearse a un golfillo. Me comunicó su deseo de hacer lo mismo y yo le dije que estaba prohibido, y que si se subía en la vagoneta, le cogería el vigilante. Un segundo elemento de la fantasía es el deseo reprimido de desnudez).»

Observamos hace ya algún tiempo que la fantasía de Juanito crea *bajo el signo de los transportes*, y progresa, consecuentemente, desde el caballo de tiro al ferrocarril. A toda fobia a las calles se agrega así siempre, con el tiempo, la fobia al ferrocarril.

«...Por la tarde me cuenta que Juanito *se había pasado toda la mañana jugando con una muñeca de goma a la que llamaba Margarita. Por el agujero al que se adaptaba en un principio un pequeño silbato redondo de latón había introducido en la muñeca un diminuto cortaplumas, y luego, desgarrándole los pies, lo había hecho caer por allí. A una criada que le miraba hacer le había dicho, señalando entre los pies de la muñeca: "Mira: aquí tiene la cosita"*.

YO. —¿A qué has jugado esta mañana con la muñeca?

ÉL. —Le he separado los pies. ¿Sabes por qué? Porque tenía dentro una navajita que era de mamá. Se la había metido yo por el agujero de la cabeza por donde antes silbaba al apretarla, ¿sabes?, y luego le separé los pies y salió por allí.

YO. —¿Para qué le separaste los pies? ¿Para verle la cosita?

ÉL. —No hacía falta. Estaba ya a la vista.

YO. —¿Por qué metiste la navajita dentro de la muñeca?

ÉL. —No lo sé.

YO. —¿Cómo es la navajita?

Me la trae.

YO. —¿Te figurabas quizá que era un niño pequeño?

ÉL. —No; no me figuré nada. Pero la cigüeña tuvo una vez, me parece, un niño pequeño... ¿O quién fue?

YO. —¿Cuándo?

ÉL. —Una vez. Lo he oído decir. No sé si lo he oído. Me habré equivocado.

YO. —¿En qué te has equivocado?

ÉL. —Lo que te he dicho no es verdad.

YO. —Todo lo que dices es un poco verdad.

ÉL. —Bueno. Sí; un poquito.

YO (*Después de una digresión*). —¿Cómo te figuras tú que vienen al mundo las gallinas?

ÉL. —La cigüeña las hace nacer. No. Dios las hace nacer.

Le explico que las gallinas ponen huevos y que de esos huevos salen otra vez gallinas.

Juanito se echa a reír.

YO. —¿De qué te ríes?

ÉL. —Porque me gusta mucho eso que me has contado.

Luego dice que ya lo había él visto.

YO. —¿Dónde?

ÉL. —Te lo he visto hacer a ti.

YO. —¿Cuándo he puesto yo un huevo?

JUANITO. —En Gmunden. Pusiste un huevo en la hierba y de repente salió una gallina. Sí; pusiste una vez un huevo. Lo sé. Estoy seguro. Porque me lo ha dicho mamá.

YO. —Le preguntaré a mamá si es verdad que te lo ha dicho.

JUANITO. —No; no es verdad. Pero yo sí he puesto una vez un huevo y salió una gallina.

YO. —¿Dónde?

JUANITO. —En Gmunden. Me tumbé en la hierba, digo, no; me arrodillé, sin que me vieran los niños, y luego, por la mañana, les dije: Buscad, niños; ayer he puesto un huevo. Y miraron, y vieron de pronto un huevo; y del huevo salió un

Juanito muy chiquitito. ¿De qué te ríes? Mamá no lo sabe; y Carolina tampoco, porque nadie lo vio. Y de repente puse un huevo. De verdad. Oye, papá, ¿cuándo sale del huevo una gallina? ¿Cuándo se deja quieto el huevo?

Se lo explico.

JUANITO. —Bueno. Entonces dejaremos el huevo a la gallina y saldrá otra gallina. O lo meteremos en el cajón y lo llevaremos a Gmunden.»

Juanito se ha apoderado osadamente de la dirección del análisis, ya que sus padres retrasaban las explicaciones que hubieran debido darle hace tiempo, y les comunica por medio de un brillante acto sintomático: *¿Veis? Así me represento yo un nacimiento*. Lo que dijo a la criada sobre el sentido de su juego no fue sincero. Ante su padre rechaza decididamente la hipótesis de que sólo quisiera contemplar la cosita. Cuando su padre le cuenta cómo nacen las gallinas saliendo del huevo, su insatisfacción, su desconfianza y su mejor conocimiento se unen en una magnífica burla que culmina en una clara alusión al nacimiento de su hermana.

«YO. —¿A qué jugabas con la muñeca?

JUANITO. —La llamaba Margarita.

YO. —¿Por qué?

JUANITO. —Porque sí.

YO. —¿Qué hacías con ella?

JUANITO. —La cuidaba como si fuera un niño de verdad.

YO. —¿Te gustaría tener tú una niña?

JUANITO. —Sí. ¿Por qué no? Me gustaría tener yo una niña. Pero mamá, no. Mamá no quiere que la tenga.

(Da así nuevamente expresión a su temor de verse aún más disminuido por el nacimiento de un tercer niño).

YO. —Solamente las mujeres pueden tener niños.

JUANITO. —Entonces, tendré una niña.

YO. —¿Cómo vas a tenerla?

JUANITO. —Me la traerá la cigüeña. *Sacará la niña*, y la niña pondrá un huevo, y del huevo saldrá otra Hanna. De la Hanna saldrá otra Hanna. No; no saldrá más que una.

YO. —¿Te gustaría tener una niña?

JUANITO. —*Sí; el año que viene tendré una*. Y se llamará también Hanna.

YO. —¿Por qué no quieres que mamá tenga una niña?

JUANITO. —Porque la quiero tener yo.

YO. —Pero tú no puedes.

JUANITO. —Sí que puedo. Los niños tienen niñas y las niñas tienen niños[100].

YO. —Los niños no pueden tener niños ni niñas. Sólo las mamás pueden tenerlos.

JUANITO. —¿Y por qué yo no?

YO. —Porque Dios lo ha dispuesto así.

JUANITO. —¿Por qué no tienes tú una niña? Pero sí; la tendrás. Es cuestión de esperar.

YO. —¡Ya tengo espera para rato!

JUANITO. —Pues yo soy tuyo.

YO. —Sí. Pero quien te trajo al mundo fue mamá. Tú eres de mamá y mío.

JUANITO. —¿Y Hanna? ¿Es mía o de mamá?

YO. —De mamá.

JUANITO. —No. Es mía. *¿Y por qué no mía y de mamá?*

YO. —Hanna es mía, de mamá y tuya.

JUANITO. —¡Lo ves!»

Naturalmente, en tanto el niño no descubre el órgano genital femenino, le falta un elemento esencial para la comprensión de las relaciones sexuales.

---

[100] Emerge aquí un nuevo fragmento de teoría sexual infantil de insospechado sentido.

«El 24 de abril proporcionamos mi mujer y yo nuevas aclaraciones a Juanito, explicándole que los niños crecen dentro de la mamá, que luego los trae al mundo con grandes dolores y apretando mucho, como si fueran una caca.

Por la tarde salimos delante de la casa. Se le ve muy aliviado. Corre siguiendo a los coches, y sólo porque no se atreve a alejarse mucho del portal y no consiente en ir de paseo a otro lado se advierte que aún le aqueja un resto de angustia.

El 25 de abril me da un cabezazo en el vientre, como ya hizo otra vez. Le pregunto si es una cabra.

JUANITO. —Sí. Un carnero.

YO. —¿Dónde has visto un carnero?

ÉL. —En Gmunden. Federico tenía uno. (Federico tenía un corderito con el que jugaban).

YO. —Cuéntame cosas del corderito. ¿Qué hacía?

ÉL. —La señorita Mizzi (una maestra que vivía en la misma casa) sentaba a Hanna encima del corderito. Pero entonces no topaba. Sólo topaba cuando se ponía uno delante de él. Federico lo llevaba sujeto con una cuerda y lo ataba a un árbol.

YO. —Y a ti, ¿te topó alguna vez el corderito?

ÉL. —Sí. Una vez me puse delante sin saberlo, y me topó. Pero fue muy divertido. No me asusté nada.

Esto es seguramente incierto.

YO. —Oye, ¿quieres tú a papá?

JUANITO. —Sí.

YO. —¿O quizá no?

Juanito está jugando con un caballo de cartón, que en este momento cae al suelo. Me grita:

—Mira; se ha caído el caballo. ¿Ves qué jaleo arma?

YO. —Una cosa te molesta de papá: que mamá le quiera tanto.

JUANITO. —No.

YO. —Entonces, ¿por qué lloras siempre que mamá me da un beso? Porque tienes celos.

JUANITO. —Eso sí.

YO. —¿Qué harías tú si fueses papá?

JUANITO. —¿Y tú, Juanito? Iría todos los domingos a Lainz. No; todos los días. Si yo fuera papá, sería muy bueno.

YO. —¿Qué harías con mamá?

JUANITO. —La llevaría también a Lainz.

YO. —¿Y qué más?

JUANITO. —Nada más.

YO. —¿Por qué estás entonces celoso?

JUANITO. —No lo sé.

YO. —¿Estabas ya celoso en Gmunden?

JUANITO. —No; en Gmunden no. (No es cierto). En Gmunden tenía yo mis cosas; un jardín y muchos niños.

YO. —¿Te acuerdas cómo tuvo la vaca el ternerito?

JUANITO. —Sí; se lo trajeron en un carro (así se lo dijeron en Gmunden; otro golpe contra la teoría de la cigüeña) y otra vaca lo había echado por el trasero. (Esto es ya consecuencia de nuestras explicaciones, que Juanito intenta ahora armonizar con la teoría del carro).

YO. —No es verdad que viniera en un carro. Salió de la vaca que estaba en el establo.

Juanito lo discute diciendo haber visto el carro por la mañana. Le observo que probablemente lo del carro fue una cosa que le contaron. Por fin conviene en ello: "Probablemente me lo dijo Berta. O quizá el casero, que estaba en el establo cuando llegó el ternerito. Era de noche".

Si no recuerdo mal, el ternero se lo llevaron luego en un carro. De aquí la confusión de Juanito.

YO. —¿Por qué no te figuraste que lo había traído la cigüeña?

JUANITO. —No quise figurármelo.

YO. —Pero que la cigüeña había traído a Hanna, eso sí te lo figuraste, ¿no?

JUANITO. —Aquella mañana (la del parto) sí me lo figuré. Oye, papá, ¿estaba el señor Reisenbichler (el casero) en el establo cuando la vaca tuvo el ternerito?

YO. —No lo sé. ¿Crees tú que estaba?

JUANITO. —Sí... Oye, papá, ¿has visto que los caballos tienen algo negro en la boca?

YO. —Sí. Muchas veces, en Gmunden. Oye tú ahora. Cuando estabais en Gmunden, ¿te tomaba muchas veces mamá en su cama?

JUANITO. —Sí.

YO. —¿Y pensaste que eras el papá?

JUANITO. —Sí.

YO. —¿Y luego le tomaste miedo a papá?

JUANITO. —*Tú lo sabes todo. Yo no sabía nada.*

YO. —Cuando Federico se cayó, pensaste que ojalá se cayera así papá. Y cuando viste topar al corderito, también pensaste que debía topar a papá. ¿Te acuerdas del entierro que viste en Gmunden? (El primer entierro que vio Juanito. Lo recuerda con gran frecuencia. Indudablemente, un recuerdo encubridor).

JUANITO. —Sí.

YO. —Y entonces pensaste que si papá moría, serías tú el papá.

JUANITO. —Sí.

YO. —¿Qué coches te dan miedo todavía?

JUANITO. —Todos.

YO. —No es verdad.

JUANITO. —Los coches de alquiler y los de un caballo, no. Los ómnibus y los camiones, sí; pero sólo cuando van cargados. Cuando van vacíos, no. Cuando no tienen más que un caballo y van cargados, me dan miedo, y cuando llevan dos caballos y van cargados, no me da miedo.

YO. —¿Por qué te dan miedo los ómnibus? ¿Porque llevan tanta gente dentro?

JUANITO. —Porque siempre van cargados de equipajes arriba.

YO. —Cuando mamá iba a tener a Hanna, también iba muy cargada, ¿no?

JUANITO. —Y volverá a ir cargada cuando vaya a tener otro niño... Cuando le crezca dentro otro niño.

YO. —¿Quieres tú que tenga otro niño?

JUANITO. —Sí.

YO. —Otra vez dijiste que no querías que mamá tuviera más niños.

JUANITO. —Entonces no volverá a ir cargada. Mamá ha dicho que si ella no quiere tenerlos, tampoco querrá Dios que los tenga. Y si mamá no quiere, no los tendrá.

(La víspera me había preguntado Juanito si mamá tenía dentro más niños. Yo le dije que no, y que si Dios no quería no volvería a tener ninguno).

JUANITO. —Pero mamá me ha dicho que si ella no quiere, no tendrá ninguno, y tú me dices que es si Dios no quiere.

Insistí en que era como yo le había dicho, y observó: "Tú estabas allí y lo debes saber mejor que yo".

Había, pues, preguntado a su madre y esta había armonizado nuestras dos explicaciones diciendo que si ella no quería, tampoco querría Dios[101].

YO. —Me parece que, a pesar de todo, quieres que mamá tenga un niño.

JUANITO. —Yo no lo quiero tener.

YO. —Pero ¿ deseas que mamá lo tenga?

---

[101] *Ce que femme veut Dieu le veut.* La aguda penetración de Juanito descubre de nuevo aquí un importante problema.

JUANITO. —Eso sí.

YO. —¿Sabes por qué lo deseas? Porque te gustaría ser el papá.

JUANITO. —Sí... ¿Cómo es esa historia?

YO. —¿Qué historia?

JUANITO. —Un papá no puede tener niños. Anda, dime cómo es esa historia de que me gustaría ser el papá.

YO. —Quisieras ser el papá y estar casado con mamá; quisieras ser tan grande como yo y tener bigote, y quisieras que mamá tuviese un niño.

JUANITO. —Oye, papá, y cuando esté casado no tendré más que un niño; si quiero; cuando esté casado con mamá. Y si no quiero tener ninguno, Dios tampoco querrá.

YO. —¿Te gustaría mucho estar casado con mamá?

JUANITO. —¡Mucho!»

Se advierte claramente que su inseguridad sobre el papel que el padre representa en el matrimonio y sus dudas sobre la posibilidad de dominar la procreación le estropean la felicidad de aquella fantasía.

«A la noche, Juanito me dice cuando están acostándolo: "Oye. ¿Sabes lo que voy a hacer ahora? Hasta las diez voy a hablar con Margarita, que está aquí en mi cama. Mis niños están siempre conmigo en mi cama. ¿Puedes decirme cómo es eso?"

Viendo que tiene mucho sueño, le prometo que mañana anotaremos todo aquello. Se duerme en seguida.

De las anotaciones anteriores resulta que desde su regreso de Gmunden, Juanito fantasea siempre sobre sus "niños", sostiene con ellos largas conversaciones, etcétera[102].»

[102] No es indispensable suponer aquí en Juanito un rasgo femenino que le llevase a desear tener niños. Los más venturosos instantes de su vida infantil han correspondido a sus relaciones con su madre, y ahora los renueva adjudicándose el papel activo, o sea, el de la madre misma.

«El 26 de abril le pregunto, pues, por qué habla ahora siempre de sus niños.

JUANITO. —*¿Por qué? Porque me gustaría tener niños. Pero no lo deseo nunca, no quiero tenerlos*[103].

YO. —¿Te has figurado siempre que Berta y Olga, y las demás, eran tus niñas?

JUANITO. —Sí. Y Francisco, y Federico, y Pablo (sus amiguitos de Gmunden), y también la Lodi.

Un nombre inventado por él. Su niña favorita, y de la que habla con más frecuencia. Debo hacer observar que la personalidad de esta Lodi surgió ya antes de los últimos días, antes del 24 de abril, fecha de la última explicación reveladora.

YO. —¿Quién es esa Lodi? ¿Está en Gmunden?

JUANITO. —No.

YO. —Pero ¿existe de verdad?

JUANITO. —Sí. Yo la conozco.

YO. —¿Cuál es?

JUANITO. —Esa que tengo ahí.

YO. —¿Cómo es?

JUANITO. —¿Cómo? Tiene los ojos negros y el pelo también negro... Me la encontré un día en Gmunden yendo con Maruja.

Al apremiarle para obtener algún dato más, confiesa que todo es pura invención suya[104].

YO. —De modo que te figurabas ser la mamá de todos esos niños, ¿no?

[103] Esta singular contradicción es la que existe entre fantasía y realidad —desear y tener—. Juanito sabe que es, en realidad, un niño, y que otros niños no harían sino molestarle. Pero en su fantasía es la madre y necesita niños con los cuales repetir los mimos de que él mismo ha sido objeto.

[104] Pudiera ser que Juanito hubiese elevado a la categoría de ideal algún encuentro casual en Gmunden. Por lo pronto, le atribuye el mismo color de pelo y ojos que su madre.

JUANITO. —Y lo era de verdad.

YO. —¿Qué hacías con ellos?

JUANITO. —Dejarles que durmiesen todos conmigo, niños y niñas.

YO. —¿Todos los días?

JUANITO. —¡Claro!

YO. —¿Hablabas con ellos?

JUANITO. —Cuando todos los niños no se metían en mi cama, ponía unos cuantos en el sofá y otros en el cochecito, y los que aún quedaban los metía en el cajón. Pero como en el cajón había ya niños los metía en otro cajón.

YO. —¿Cuándo tuviste todos esos niños? ¿Estaba ya Hanna en el mundo?

JUANITO. —Sí. Hacía ya mucho tiempo.

YO. —¿Y quién te figurabas que te había dado esos niños?

JUANITO. —¿Quién? *Yo mismo me los había dado*[105].

YO. —Pero entonces aún no sabías que los niños vienen de uno.

JUANITO. —Me figuré que me los traía la cigüeña.

(Se ve claramente que esto es una mentira para salir del paso).

YO. —Ayer tenías a Margarita contigo, ¿no? Pero ya sabes que un niño no puede tener niños ni niñas.

JUANITO. —Ya lo sé. Pero me figuro que los tengo.

YO. —¿Cómo se te ha ocurrido ese nombre de Lodi? Así no se llama ninguna niña. Será Lotti.

JUANITO. —No, no; Lodi. No sé, pero es un nombre muy bonito.

YO (*Bromeando*). —¿O es que te refieres a un *schokolodi*?

---

[105] Naturalmente, Juanito no puede responder más que desde el punto de vista del autoerotismo.

JUANITO (*Rápidamente*). —No; a una *saffalodi* (saffalodi=Una especie de salchicha) ...Ya sabes cuánto me gustan las salchichas[106].

YO. —Oyeme, ¿no se parece mucho una *saffalodi* a una caca?

JUANITO. —¡Sí!

YO. —¿Cómo suele ser la caca?

JUANITO. —Negra. Como eso y eso. (Señalando a mi bigote y mis cejas).

YO. —¿Y cómo más? ¿Redonda como una saffalodi?

JUANITO. —Sí.

YO. —Cuando estabas sentado en el orinal y salía una caca, ¿te figurabas que tenías un niño?

JUANITO (*Riendo*). —Sí. Ya en la otra casa. Y luego, aquí.

YO. —¿Sabes lo que pareció cuando se cayeron los caballos del ómnibus? El ómnibus es parecido a un cajón de esos donde están los niños, y cuando el caballo negro se cayó fue como...

JUANITO (*Completando la frase*). —Como cuando se tiene un niño.

YO. —¿Y qué te figuraste cuando empezó a armar jaleo con los pies?

JUANITO. —Verás. Cuando yo no quiero sentarme en el orinal y preferiría seguir jugando, entonces armo jaleo con los pies. Así. (*Patalea*).

Por eso le interesaba tanto si los niños se tenían *por gusto o a la fuerza*.»

«Juanito juega durante todo el día de hoy a cargar y descargar baúles y pide que le compren un carrito con baúles de juguete. Lo que más le interesa ahora en el patio de la aduana

[106] "Mi mujer suele contar que una tía suya dice siempre: *Soffilodi*, y es muy posible que Juanito la haya oído".

es la carga y descarga de los vehículos. También lo que más le asustaba siempre era el momento en que un vehículo iba a echar a andar después de cargado, pues temía que se cayeran los caballos al arrancar.»

«La angustia ha desaparecido ya casi por completo. Si todavía quiere estar en las cercanías de la casa, es tan sólo para tener un refugio si le diese miedo. Pero ya no lo utiliza ni una sola vez y permanece tranquilamente en la calle. Como ya hemos visto, los primeros signos de su enfermedad fueron echarse a llorar en el paseo pidiendo que le volvieran a casa, y luego, cuando se le obligó a salir de paseo una segunda vez, negarse a pasar de la parada del tranvía, correspondiente a la aduana, desde la cual parada aún se columbra nuestra casa. Al venir al mundo, el nacimiento le separó de su madre, con la cual venía formando un solo cuerpo, y su angustia actual, que le impide alejarse de las cercanías de la casa, es todavía la que aquella primera separación traumática hubo de infundirle.»

«30 de abril. Viendo que Juanito juega aún con sus niños imaginarios, le digo:

—¿Cómo? ¿Todavía viven tus niños? ¿No sabes ya que un chico no puede tener niños?

JUANITO. —Sí que lo sé. Pero antes era la mamá y *ahora soy el papá.*

YO. —¿Y quién es la mamá de los niños?

JUANITO. —Mamá. Y tú eres el *abuelo.*

YO. —Así, pues, tú quisieras ser tan grande como yo, estar casado con mamá y que mamá tuviera entonces niños, ¿no es eso?

JUANITO. —Sí. Eso quisiera. Y la mamá de Lainz (mi madre) sería la abuela.»

Todo queda arreglado. El pequeño Edipo ha encontrado una solución mucho más feliz que la marcada por el destino.

En lugar de hacer desaparecer a su padre le otorga la misma dicha que él demanda para sí. Le eleva a la categoría de abuelo y le casa a él también con su propia madre.

«El día 1 de mayo se me acerca Juanito y me dice:

—¿Sabes una cosa? Tenemos que escribir al profesor.

Yo. —¿Qué vamos a escribirle?

Juanito. —Esta mañana he ido con todos mis niños al retrete. Primero he hecho caca y pipí, y ellos me miraban. Luego los he sentado en el retrete y han hecho caca y pipí, y yo les he limpiado el tras con un papel. ¿Sabes por qué? Porque me gustaría mucho tener niños. Haría con ellos todo lo que se hace con los niños, llevarlos al retrete, limpiarles el trasero; todo.»

Esta fantasía demuestra irrebatiblemente el placer que para Juanito es concomitante a las funciones excrementales.

«A la tarde se arriesga por vez primera hasta el parque. Como es el primero de mayo circulan menos vehículos que de costumbre, pero, de todos modos, bastantes de aquellos que hasta ahora le han dado miedo. Se muestra muy orgulloso de su hazaña, y después de la merienda tengo que llevarle otra vez al parque. En el camino encontramos un ómnibus. Juanito me lo indica y dice: "Mira: el cajón de los niños de la cigüeña".

Si mañana vuelve conmigo al parque, como proyectamos, se le podrá ya considerar curado de su enfermedad.»

«El 2 de mayo, por la mañana, viene Juanito y me dice: "Oye lo que he pensado". Pero resulta que se le ha olvidado. Por fin y luchando con intensas resistencias, me cuenta: "*Ha venido el fontanero con unas tenazas y me ha quitado primero el tras y me ha puesto otro, y luego la cosita*. Me ha dicho: Enséñame el tras, y he tenido que volverme y me lo ha quitado. Y luego ha dicho: Enséñame la cosita".

El padre se da cuenta del carácter optativo de esta fantasía y halla en el acto la única interpretación posible.

YO. —Y te dio una cosita *mayor* y un trasero también *mayor*, ¿no?

JUANITO. —Sí.

YO. —Como los de papá; porque tú quisieras ser el papá, ¿verdad?

JUANITO. —Sí. Y también quisiera tener bigote y pelos en el pecho como tú.»

La interpretación de la otra fantasía anterior, en la cual el fontanero destornilla el baño y le mete a Juanito el destornillador por la barriga, ha de rectificarse ahora en la forma siguiente: El baño grande es el trasero y el destornillador la cosita. Son dos fantasías idénticas. Se nos abre aquí, además, un nuevo acceso al miedo de Juanito al baño grande, miedo que también se ha mitigado mucho ahora. Le es muy desagradable que su trasero sea tan pequeño para el baño grande.

En los días siguientes toma frecuentemente la madre la palabra para expresarme su alegría ante el restablecimiento de Juanito.

Ocho días después, el padre me remitió las siguientes notas a manera de apéndice:

«Señor profesor: Me permito enviarle las observaciones que siguen como complemento del historial de Juanito:

1) El alivio consecutivo a la primera explicación reveladora no fue tan completo como quizá se desprende de mis notas. Juanito salió de paseo, pero a la fuerza y con mucho miedo. Una vez no consintió en pasar de la parada del tranvía, desde la cual aún se ve nuestra casa.

2) Adiciones: Zumo de frambuesas, escopeta para tirar (*Schiessgewhr*). Dábamos a Juanito jugo de frambuesas para combatir su estreñimiento. *Schießen* (tirar, disparar) y *scheissen* (defecar) son dos palabras que suele confundir entre sí.

3) Cuando Juanito dejó de dormir en nuestra alcoba y pasó a tener la suya particular, tendría unos cuatro años.

4) Aún le queda un último resto de su enfermedad, que no se manifiesta ya en miedo, sino en una exacerbación del instinto normal de interrogación. Sus preguntas versan casi siempre sobre la materia de que están hechas las cosas (tranvías, máquinas, etc.), quién las ha hecho, etc. La mayor parte de estas preguntas las plantea, a pesar de haberse él mismo respondido a ellas de antemano. Quiere solamente asegurarse. Una vez que me había fatigado mucho con su constante preguntar, acabé por decirle: "¿Pero tú crees que yo puedo contestar a todo lo que me preguntes?", me respondió en el acto: "Como supiste lo del caballo, creí que también esto lo sabrías".

5) De su enfermedad no habla ya más que como cosa pasada: "Cuando tuve la tontería..."

6) El resto aún no solucionado es que Juanito se rompe la cabeza cavilando qué puede ser lo que el padre tiene que ver con el niño, ya que es la madre la que le trae al mundo. Así se deduce de preguntas tales como ésta: "¿No es verdad que soy también tuyo?" (...y no solamente de mamá, quiere decir). Esto: cómo y por qué es mío, es lo que no comprende. En cambio, no tengo prueba alguna directa de que haya sorprendido alguna vez, como usted supone, un coito entre sus padres.

7) En una exposición del historial de Juanito habría quizá que insistir en la violenta intensidad de su angustia, pues si no, se diría, a lo mejor, que si le hubiésemos dado el primer día una buena paliza, no hubiera vuelto a negarse a salir de paseo.»

Por mi parte, agregaré a título de conclusión: Con la última fantasía de Juanito quedó también dominada la angustia procedente del complejo de castración y transformada la expectación penosa en una feliz espera. Sí; el médico, el fontanero, etc., viene y le quita el pene, pero sólo para ponerle uno más grande. Por lo demás, dejemos que nuestro infantil investigador conquiste tempranamente la experiencia de que todo saber es fragmentario y que en cada uno de sus grados queda siempre un resto sin solucionar.

III
Epricrisis

En tres direcciones distintas habremos de contrastar esta observación del desarrollo y la solución de una fobia de un niño de menos de cinco años. Habremos de comprobar en efecto, primeramente, hasta qué punto confirma las afirmaciones por nosotros sentadas en *Tres ensayos para una teoría sexual*, publicada en 1905; determinar luego qué es lo que nos aporta para la comprensión de una forma patológica tan frecuente, y fijar, por último, lo que de ella puede extraerse para la aclaración de la vida anímica infantil y para la crítica de nuestras intenciones educadoras.

I

A mi juicio, el cuadro de la vida sexual infantil que nos ofrece la observación del caso de Juanito coincide con la descripción que de ella hicimos en nuestra teoría sexual, basándonos en la investigación psicoanalítica de sujetos adultos. Pero antes de entrar en los detalles de tal coincidencia habré de rebatir dos objeciones que se elevarán, quizá, contra la utilidad de este análisis. La primera de tales objeciones sería la de que Juanito no es un niño normal, sino una criatura predispuesta a la neurosis; un pequeño "hereditario", como lo demuestra su enfermedad, no siendo correcto, en consecuencia, aplicar a otros niños normales conclusiones válidas quizá en su caso particular; pero sólo en él. De esta primera objeción me ocuparé más adelante, puesto que sólo restringe el valor de la observación, sin anularlo totalmente. La segunda objeción, mucho más rigurosa, afirmaría que el análisis de un niño por su propio padre, que lo lleva, además, a cabo plenamente convencido de la verdad de *mis* teorías y compartiendo todos *mis* prejuicios, carece de todo valor objetivo. Un niño se deja siempre sugestionar fácilmente, y más por su propio padre que por ninguna otra persona; por cariño a él, y en agradecimiento a lo mucho que de su infantil persona se ocupa, se dejará sugerir toda clase de cosas, y siendo así, sus manifestaciones carecerán de fuerza probatoria y sus ocurrencias, fantasías y sueños, seguirán, naturalmente, la dirección en la cual son orientados. Concretando: Todo ello sería, de nuevo, pura *sugestión*, y mucho más fácil de desenmascarar en el niño que en los adultos.

Es harto singular lo que en esta cuestión sucede. Recuerdo muy bien con cuánta burla acogieron los neurólogos y los psiquíatras de la vieja generación la teoría de la sugestión y de sus efectos hace veintidós años, cuando yo empezaba a intervenir en las controversias científicas. Pero desde entonces a acá han cambiado mucho las cosas. La oposición se ha trocado a favor, y ello, no sólo a consecuencia de los trabajos publicados en el curso de estos dos decenios por Liébault, Bernheim y sus discípulos, sino también por haberse descubierto cuánto esfuerzo mental puede ahorrar el concepto de "sugestión", generosamente aplicado a diestra y siniestra. Nadie sabe, ni se preocupa tampoco en averiguarlo, qué cosa es la sugestión, de dónde procede y cuándo tiene efecto. Basta con poder atribuirle todos aquellos fenómenos anímicos para los cuales no se encuentra una explicación cómoda e inmediata.

No comparto la opinión, muy extendida hoy, de que las manifestaciones de los niños son totalmente arbitrarias y nada fidedignas. En lo psíquico no existe la arbitrariedad, y la falta de autenticidad de las manifestaciones infantiles proviene de la preponderancia de su fantasía, como en los adultos de la preponderancia de sus prejuicios. Fuera de esto, el niño no miente jamás sin causa, y, en general, muestra mayor amor a la verdad que los adultos. Rechazar sin formación de causa todas las manifestaciones de Juanito sería cometer con él una enorme injusticia. Es perfectamente posible distinguir cuándo falsea o retiene la verdad bajo la coerción de una resistencia, cuándo acepta, indeciso aun en su fuero interno, las opiniones de su padre, y cuándo comunica sinceramente, libre de toda presión, su íntima verdad, hasta entonces sólo de él conocida. No ofrecen ciertamente mayores garantías las manifestaciones de los adultos. Sigue siendo muy de lamentar que ninguna exposición de un psicoanálisis pueda transmitir las impresiones que el analista recibe durante su desarrollo, y que la convicción definitiva no puede adquirirse nunca por medio de la lectura, sino sólo por experiencia personal y directa. Pero de estos defectos adolecen en igual medida los análisis de sujetos adultos.

Los padres describen a Juanito como un niño alegre y sincero, y así debía efectivamente haber llegado a ser gracias al método de educación empleado por sus padres y consistente esencialmente en la omisión de todos nuestros habituales pecados pedagógicos: Mientras Juanito pudo llevar adelante sus investigaciones con alegre ingenuidad y sin la menor sospecha de los conflictos que pronto habían de surgir en ellas, se expresó siempre francamente y sin reserva alguna, y así las observaciones anteriores a su fobia no suscitan dudas ni objeciones de ningún género. Luego, en la época de la enfermedad y durante el análisis, sus palabras dejan ya de corresponder en alguna ocasión a su pensamiento, incongruencia dependiente en parte de la acumulación de material inconsciente que no le es posible dominar de una vez, y en parte de las reservas que le imponen sus relaciones con sus padres. De todos modos, y sin abandonar la más absoluta imparcialidad, puedo afirmar que tampoco estas desviaciones fueron mayores que en tantos otros análisis de adultos.

En el curso del análisis hubo que decirle, desde luego, muchas cosas que él no sabía decir espontáneamente, facilitarle ideas de las cuales no se había manifestado aún en él indicio ninguno y orientar su atención hacia aquellos caminos por los que el padre esperaba ver acercarse nuevos elementos. Ello debilita la fuerza probatoria del análisis; pero también en todo análisis se sigue igual procedimiento. En todo análisis suministra el médico al paciente, en mayor o menor medida, aquellas representaciones conscientes que han de permitirle reconocer y aprehender lo inconsciente. La amplitud de este auxilio varía mucho según los casos, pero en ninguno puede prescindirse de él. Nadie puede curarse por sí solo más que leves perturbaciones, nunca una neurosis opuesta al *yo* como algo ajeno a él. Para curarse de una tal enfermedad necesita el sujeto la ayuda de otro, y la posibilidad de curación estará en razón directa de la medida en que el otro pueda ayudarle. Así, aquellas neurosis que apartan al enfermo de todo contacto con sus semejantes, aislándolos por completo, tales como las que reunimos bajo el apelativo común de la *demencia precoz*, resultan totalmente inaccesibles a nuestra labor terapéutica.

Concedemos, pues, que el niño por el escaso desarrollo de sus sistemas intelectuales, precisa de una ayuda especialmente intensa. Pero aquello que el médico comunica al enfermo procede, a su vez, de la experiencia acumulada en otros análisis, y ya resulta suficientemente probatorio el hecho de que, por medio de esta intervención médica, se consiga el descubrimiento y la solución del material patógeno.

A pesar de todo esto, nuestro pequeño paciente ha demostrado también en el curso del análisis independencia suficiente para absolverle de toda acusación de "sugestión". Como todos los niños, aplica al material de que dispone sus teorías sexuales infantiles sin necesidad de estímulo alguno exterior. Tales teorías son totalmente ajenas al pensamiento del adulto, y en este caso incurrí en la omisión de advertir al padre que el camino hacia el tema del nacimiento había de conducir primeramente a Juanito a través de todo el complejo de la excreción. Aquel período del análisis que a consecuencia de esta negligencia mía resulta un tanto obscuro nos procura, en cambio, un testimonio de autenticidad y la independencia de la labor mental de Juanito. Vemos, en efecto, que comenzó de pronto a ocuparse de los excrementos, sin que el padre, sospechado de sugestión, pudiera comprender cómo llegaba a ello ni lo que de ello había de resultar. Tampoco puede atribuirse al padre la menor participación en las dos fantasías del fontanero, emanadas del complejo de la castración, tan tempranamente adquirido por Juanito. A este respecto, he de confesar haber silenciado al padre mi esperanza de que surgiera tal enlace, movido por un interés teórico, y para no debilitar la fuerza probatoria de semejante testimonio, difícilmente alcanzable de otro modo.

Profundizando más en los detalles del análisis hallaríamos nuevas pruebas de la independencia de nuestro Juanito en cuanto a la "sugestión". Pero prefiero cortar en este punto mi respuesta a la primera objeción. Sé muy bien que tampoco con este análisis convenceré a nadie que no quiera dejarse convencer y prefiero continuar el examen de esta observación para aquellos lectores que han llegado ya a la convicción de la objetividad del material patógeno inconsciente, no sin antes hacer constar la grata certeza de que el número de tales lectores va aumentando de día en día.

El primer rasgo imputable a la vida sexual de Juanito consiste en un vivísimo interés por su "cosita de hacer pipí", interés que hace de él un investigador. Descubre así, una posibilidad de diferenciar lo animado y lo inanimado, basándose en la posesión o carencia de la cosita. Presupone la existencia de este órgano importantísimo en todos aquellos seres que juzga semejantes a su propia persona, lo estudia en los animales de gran tamaño y lo atribuye tanto a su padre como a su madre e incluso a su hermanita recién nacida, contra el testimonio directo de sus propios ojos. El descubrimiento de su falta en algún ser análogo a él echaría por tierra toda su "concepción del universo"; sería como si le despojaran a él mismo de tan preciado órgano. Una amenaza de la madre, consistente nada menos que en la pérdida de la cosita es, por lo tanto, rápidamente reprimida, y queda así facultada para exteriorizar en épocas posteriores sus efectos. La intervención de la madre fue provocada por el descubrimiento de que Juanito gustaba de procurarse sensaciones placientes por medio del tocamiento de aquel miembro. El pequeño sujeto inicia así la forma más corriente —y la más normal— de la actividad sexual autoerótica.

Por un proceso que Alfred Adler ha calificado muy acertadamente de "trabazón de los instintos"[107] se enlaza el placer proporcionado por el propio tocamiento genital con el placer visual en sus formas activas y pasivas. El pequeño desarrolla una intensa curiosidad sexual, procura ver la cosita de otras personas y gusta de mostrar la suya. Uno de sus sueños, correspondiente al período inicial de la represión, tiene por contenido el deseo de que una de sus amiguitas le ponga a hacer pipí, esto es, de que le vea la cosita. El sueño demuestra que tal deseo ha permanecido hasta entonces como no reprimido, y otros datos ulteriores testimonian de que solía hallar satisfacción. La orientación activa del placer visual sexual no tarda en enlazarse en él a un motivo determinado. Cuando repetidamente manifiesta tanto a su padre como a su madre su disgusto por no haberles visto aún nunca la cosita, le impulsa a ello, probablemente, la

[107] *El instinto de agresión en la vida y en la neurosis*, 1908.

necesidad de *comparar*. El propio *yo* es siempre la medida que aplicamos al mundo exterior; una continua comparación con nuestra propia persona nos enseña a comprenderlo. Juanito ha observado que los animales de gran tamaño tenían también la cosita mucho más grande que la suya; supone en sus padres igual proporción y quisiera comprobarlo. Cree que su madre deberá tener una cosita "como la de un caballo", y para consolarse de su inferioridad actual piensa que la suya irá creciendo conforme él mismo crezca. Es como si el deseo infantil de ser grande recayese aquí especialmente sobre lo genital.

En la constitución sexual de Juanito es, pues desde un principio la zona genital la más intensamente acentuada de placer de todas las zonas erógenas. Fuera de ellas sólo hallamos testimoniado el placer excremental enlazado a los orificios de la micción y la defecación. Su última feliz fantasía, con la cual queda dominada su enfermedad y en la que tiene niños a los que lleva al retrete y les limpia el trasero, "haciendo con ellos todo lo que se hace con los niños", nos fuerza a admitir que aquellas mismas operaciones constituyen para él, en su primera infancia, una fuente de sensaciones de placer. Este placer, emanado de zonas erógenas, le fue procurado por la persona que le atendía, por su madre, y conduce ya, por lo tanto, a la elección de objeto. Pero ello no excluye ya posibilidad de que en épocas aún más tempranas se hallase él habituado a procurárselo de un modo autoerótico, siendo de aquellos niños que acostumbran a retener las excretas hasta que su evacuación puede proporcionarles una sensación voluptuosa. Hablo simplemente de posibilidad, porque el análisis no llegó a poner en claro este extremo. El acto de "armar jaleo" con las piernas (patalear), que tanto le asusta luego, es lo único que nos orienta en esta dirección. Por otra parte, las fuentes de placer indicadas no muestran en Juanito la singular importancia que frecuentemente tiene en otros niños. Adquirió pronto hábitos de limpieza y la incontinencia nocturna no desempeñó papel alguno en sus primeros años. Tampoco observamos en él indicio alguno de la tendencia a jugar con los excrementos, tan repugnante en los adultos cuando surge de nuevo en ellos al término del proceso psíquico de regresión.

Haremos ya resaltar que durante su fobia se evidencia la represión de estos dos componentes de la actividad sexual muy desarrollada en él. Le da vergüenza orinar delante de otros, se acusa de "darle la mano" a la cosita, se esfuerza en abandonar el hábito de la masturbación y le repugna la "caca" y el "pipí", y todo lo que se los recuerda. En la fantasía de "sus niños" retira luego esta última represión.

Una constitución sexual como la de nuestro Juanito no parece integrar disposición alguna al desarrollo de perversiones o de su negativo, las neurosis. Por lo que hasta ahora he llegado a saber (en este punto conviene aún observar una prudente reserva), la constitución congénita de los histéricos —y la de los perversos, naturalmente— se caracteriza por la primacía que adquieren sobre la zona genital las demás zonas erógenas. Una única "aberración" de la vida sexual constituye excepción a esa regla. En los sujetos ulteriormente homosexuales que, según una hipótesis mía y las observaciones de J. Sadger, pasan todos en su infancia por una fase anfígena, hallamos igual preponderancia infantil de la zona genital, y muy especialmente del pene. Precisamente esta elevada estimación del miembro viril es la fatalidad de los homosexuales. En su infancia, eligen a la mujer como objeto sexual mientras presuponen también en ella la existencia de aquel órgano, que juzgan indispensable, y luego, cuando se convencen de que la mujer les ha engañado en este punto, les resulta ya inaceptable como tal objeto. No pueden prescindir del pene en la persona que haya de incitarles al comercio sexual, y en el caso más favorable fijan su libido en "la mujer provista de pene", esto es, en el adolescente de apariencia femenina. Los homosexuales son, pues, personas a quienes la importancia erógena de su propio órgano genital no consiente prescindir, en su objeto sexual, de una tal coincidencia con la propia persona. En la evolución desde el autoerotismo al amor a un objeto han quedado fijados en un punto más próximo al autoerotismo.

Sería improcedente distinguir un instinto homosexual especial. Lo que hace al homosexual no es una particularidad de la vida instintiva, sino de la elección de objeto. Ya en *Tres ensayos para una teoría sexual* indicamos que era un error suponer demasiado íntima la unión del instinto y el objeto en la vida sexual. El homosexual, de instintos quizá normales, no puede libertarse de un objeto caracterizado por una determinada condición. Durante su infancia, mientras supone que dicha condición se cumple generalmente en torno suyo, puede conducirse como nuestro Juanito, el cual se muestra igualmente cariñoso con los niños que con las niñas, y en una ocasión declara que su amiguito Federico es su "nena más querida". Juanito es homosexual en un sentido, en el que todos los niños pueden serlo, puesto que *no conocen más que una clase de órgano genital, un genital* como el suyo[108]. Pero la evolución ulterior de nuestro pequeño sujeto no se encamina hacia la homosexualidad, sino hacia una enérgica virilidad polígama, que sabe conducirse diferentemente según las características de sus distintos objetos sexuales, emprendedora unas veces, tímida y platónica otras. En una época de escasez de objetos

[108] *Adición en 1923:* Ulteriormente (1923) he hecho resaltar que el período de la evolución sexual en el que nuestro pequeño paciente se encuentra se caracteriza generalmente por el conocimiento de un solo órgano genital: el masculino. A diferencia del período ulterior de madurez, no existe en él una primicia genital, sino la primicia del falo.

amorosos, esta inclinación retorna a la madre, partiendo de la cual se había orientado hacia otras personas, para fracasar con ella y en la neurosis. Sólo entonces averiguamos cuánta intensidad hubo de alcanzar el amor a la madre y por qué destinos ha atravesado. El fin sexual que Juanito persigue en sus relaciones con sus infantiles amiguitas procedía ya del complejo materno. Siguiendo la trayectoria ordinaria, que tiene su punto de partida en los cuidados prodigados al niño por sus guardadores, Juanito halla el camino hacia el amor objetivado, y su conducta queda determinada en él por un nuevo placer, el de dormir junto a su madre, satisfacción erótica entre cuyos componentes hacemos resaltar el placer del contacto epidérmico, al cual integramos todos una disposición de orden constitucional, y que, según la nomenclatura de Moll, un tanto artificiosa, habría de ser designado como satisfacción del instinto de "contrectación".

En sus relaciones con sus padres confirma Juanito con máxima evidencia las afirmaciones que incluimos en *Tres ensayos* y en *La interpretación de los sueños* sobre las relaciones sexuales de los niños con sus padres. Es verdaderamente un pequeño Edipo que quisiera hacer desaparecer a su padre para quedarse solo con su madre y dormir con ella. Este deseo surgió durante el veraneo, cuando las alternativas de presencia y ausencia del padre le revelaron las condiciones a las que se hallaba ligada la ansiada intimidad con la madre. Por entonces se contentó con desear que el padre se marchase, deseo al cual pudo enlazarse luego directamente, merced a una impresión accidental recibida con ocasión de otra partida, el miedo a ser mordido por un caballo blanco. Más tarde, probablemente a su retorno a Viena, donde no podía contar ya con ausencias del padre, aquel deseo se convirtió en el de que el padre muriera. La angustia emanada de este deseo de muerte contra el padre, y, por lo tanto, normalmente motivada, fue el mayor obstáculo opuesto al análisis hasta su vencimiento en la visita que Juanito hizo a mi consulta[109].

Pero nuestro Juanito no es un malvado, ni siquiera uno de aquellos niños en quienes las inclinaciones crueles y violentas de la naturaleza humana se encuentran aún libremente desarrolladas en esta época de la vida. Por el contrario, su natural es extraordinariamente bondadoso y cariñoso. El padre hace constar en sus notas que la transformación del instinto de agresión en compasión se desarrolló en Juanito muy tempranamente. Mucho antes de la fobia se inquietaba cuando veía pegar a un caballo, y nunca dejaba de conmoverse cuando alguien lloraba en su presencia. En un período del análisis Juanito nos revela, en una determinada relación, cierto montante de sadismo[110]. Pero se trata de un impulso totalmente dominado, y el curso ulterior de la investigación analítica nos revela a qué responde y qué es lo que ha de sustituir. Juanito, al mismo tiempo que desea la muerte a su padre, le quiere fervorosamente, y en tanto que su inteligencia rechaza tal contradicción, se ve forzado a demostrar su efectiva existencia por medio de un acto sintomático, consistente en darle un manotazo a su padre y besar luego el lugar golpeado. También nosotros habremos de guardarnos de rechazar la posibilidad de una tal contradicción. La vida sentimental de los hombres se compone, en general, de tales antítesis. Si así no fuera, no habría, probablemente, ni represión ni neurosis. Estos impulsos antitéticos de cuya simultaneidad el adulto sólo llega a adquirir conciencia en la culminación de la pasión amorosa y que fuera de un tal momento luchan por sobreponerse

---

[109] Las dos ocurrencias de Juanito, "Jugo de frambuesas" y "una escopeta para tirar", no tuvieron seguramente una determinación unilateral. Probablemente tienen tanto que ver con el odio contra el padre como con el complejo de estreñimiento.
[110] El deseo de pegar a los caballos.

recíprocamente hasta que uno de ellos consigue mantener encubierto al otro, coexisten pacíficamente yuxtapuestos en la vida anímica de los niños durante todo un período.

El suceso más importante para el desarrollo psicosexual de nuestro héroe es el nacimiento de su hermanita cuando él tenía tres años y medio. Este acontecimiento dio más agudo interés a sus relaciones con sus padres y planteó a su pensamiento insolubles problemas, en tanto que el espectáculo de los cuidados corporales de que era objeto la recién nacida despertaba en él las huellas mnémicas de sus más tempranas experiencias de placer. También esta última influencia es típica. En toda una serie insospechadamente amplia de historiales clínicos nos vemos llevados a tomar como punto de partida esta eclosión del placer sexual y de la curiosidad sexual, consecutiva al nacimiento de un hermanito. La conducta general del niño ante el intruso ha quedado descrita en mi *Interpretación de los sueños*. A los pocos días del nacimiento de su hermana, Juanito, enfermo y con fiebre, delata su disconformidad con aquel aumento de la familia. En este caso surge, en primer término cronológicamente, la hostilidad; el cariño podrá venir después[111]. El miedo a que todavía puedan venir más niños ocupa desde este momento un lugar en el pensamiento consciente de Juanito. Durante la neurosis, la hostilidad, ya dominada, queda representada por un miedo especial, el miedo a la bañera. En el análisis, Juanito manifiesta francamente, y no sólo por medio de alusiones que el padre hubiera de interpretar, sus deseos de muerte contra su hermanita. Su autocrítica no juzga tan perverso aquel deseo como el de análogo contenido contra el padre. A este y a la hermanita les da idéntico trato en su inconsciente, porque los dos estorban su deseo de quedarse solo con la madre.

[111] *Cf.* los propósitos de Juanito para cuando su hermanita sepa ya hablar.

Este suceso y los estímulos a él enlazados dan a sus deseos una nueva orientación. En su victoriosa fantasía final acumula todos los impulsos optativos eróticos: los procedentes de la fase autoerótica y los relacionados con el amor objetivado. Está casado con su madre y tiene incontables niños a los que puede atender y cuidar a su manera.

II

Juanito enferma un día de miedo a la calle. No puede aún precisar qué es lo que le da miedo, pero ya al principio de su estado de angustia delata a su padre el motivo de su enfermedad, la ventaja que la misma le proporciona. Quiere permanecer al lado de su madre; "hacer mimitos" con ella. El recuerdo de haber sido separado de ella cuando su hermanita nació pudo contribuir, como el padre supone, a este ansioso deseo. Pero lo que tarda en quedar demostrado es que su miedo no puede ya volverse a traducir en deseo, pues Juanito siente miedo también cuando su madre le acompaña. Entre tanto, vamos vislumbrando cuál ha sido la fijación de la libido convertida en miedo. Juanito expresa el miedo particularísimo a ser mordido por un caballo blanco.

Damos a un tal estado patológico el nombre de *fobia*, y podríamos adscribir a la agorafobia el caso de nuestro infantil sujeto si esta afección no se caracterizase por el hecho de que la compañía de una persona determinada o, en caso extremo, del médico, faculta al enfermo para llevar a cabo aquellos rendimientos que yendo solo le sería imposible emprender por impedírselo su incoercible miedo al espacio. La fobia de Juanito no integra esta condición. Se desvía pronto del espacio y toma cada vez más precisamente al caballo como objeto. En los primeros días, cuando su estado de angustia alcanzó su más alto nivel, Juanito expresó ya aquel temor de que el caballo entrase en su cuarto, que tanto hubo de facilitarme la comprensión de su angustia.

La situación de las *fobias* en el sistema de la neurosis ha sido hasta ahora muy indeterminada. Parece seguro que sólo deben ser consideradas como síndromes comunes a diferentes neurosis, no siendo preciso atribuirles la calidad de procesos patológicos especiales. Para las fobias como esta de nuestro Juanito, que son las más frecuentes, no me parece impropia la denominación "histeria de angustia", propuesta por mí al doctor W. Stekel cuando emprendió su exposición de los estados nerviosos de angustia y que espero acabará por imponerse[112], pues queda justificada por la perfecta coincidencia del mecanismo psíquico de tales fobias con el de la histeria, salvo en un solo y único punto decisivo, muy apropiado para la diferenciación. En efecto, la libido, desligada del material patógeno por la represión, no es *convertida*, o sea, utilizada, partiendo de lo anímico, para una inervación somática, sino que queda libre en calidad de angustia. En los casos patológicos, esta "histeria de angustia" puede mezclarse en cualquier medida con la "histeria de conversión". Hay también histerias de conversión puras, sin angustia alguna, y también meras histerias de angustia que se manifiestan en sensaciones de angustia y en fobias sin conversión alguna. De este último género es la fobia de Juanito.

La histeria de angustia es la enfermedad psiconeurótica más frecuente, pero, sobre todo, la de aparición más temprana en la vida individual; es la neurosis de la época infantil. Cuando una madre dice que su hijo es muy "nervioso" puede darse por seguro, en nueve casos de cada diez, que padece una angustia cualquiera o muchos temores angustiosos a la vez. Por desgracia, el sutil mecanismo de estas enfermedades tan importantes no ha sido aún suficientemente estudiado. No se ha determinado aún si la histeria de angustia, a diferencia de la histeria de con-

[112] W. Stekel, *Los estados nerviosos de angustia y su tratamiento*, 1908.

versión y de otras neurosis, tiene su única condición en factores constitucionales o en los sucesos vividos, o en qué unión de ambos elementos la encuentra[113]. A mi juicio, es aquella enfermedad neurótica que menos exige una constitución especial, y, por lo tanto, la que más fácilmente puede ser contraída en cualquier período de la vida.

No es difícil hacer resaltar un carácter esencial de las histerias de angustia. La histeria de angustia evoluciona cada vez más hacia la *fobia*. Al final, el enfermo puede haber quedado libre de angustia, pero sólo a costa de inhibiciones y restricciones a las que hubo de someterse. En la histeria de angustia se desarrolla desde un principio una labor psíquica encaminada a ligar de nuevo psíquicamente la angustia libertada; pero esta labor no puede alcanzar la retransformación de la angustia en libido ni enlazarse a los mismos complejos de los que la libido procede. No le queda más camino que impedir todas las ocasiones de desarrollo de angustia por medio de una defensa psíquica, tal como una precaución, una inhibición o una prohibición, y estas defensas son las que se nos muestran como fobias y forman, para nuestra percepción, la esencia de la enfermedad.

Puede decirse que el tratamiento de la histeria de angustia ha sido hasta ahora puramente negativo. La experiencia ha demostrado que es inútil y en algunas circunstancias muy peligroso intentar la curación de una fobia de un modo violento, colocando al enfermo en una situación en la que tenga necesariamente que pasar por el desarrollo de angustia, después

[113] *Adición en 1923:* La interrogación aquí planteada no ha sido objeto de ulteriores investigaciones. Pero no hay motivo alguno para admitir en cuanto a la histeria de angustia una excepción de la regla según la cual la predisposición y la experiencia accidental actúan conjuntamente en la etiología de la neurosis. La teoría de Rank sobre los efectos del trauma del nacimiento merece arrojar viva luz sobre la disposición a la histeria de angustia, tan intensa en la infancia.

de haberle privado de su defensa. Se le obliga así a buscar protección donde cree encontrarla y se le testimonia un desprecio ineficaz a causa de su "incomprensible cobardía".

Los padres de nuestro pequeño paciente estaban convencidos, desde un principio, de que el remedio no estaba en reírse de él ni en brutalizarle, sino en buscar, por el camino psicoanalítico, el acceso a sus deseos inconscientes. El éxito recompensó la ardua labor del padre, cuyas anotaciones nos procuran ocasión de penetrar en la estructura de tal fobia y perseguir el camino del análisis al que dio motivo.

No me parece improbable que la extensión y la minuciosidad del análisis hayan hecho difícil al lector su más perfecta comprensión. Por lo tanto, creo conveniente una síntesis de su desarrollo, prescindiendo de detalles inútiles y haciendo resaltar los resultados positivos paulatinamente obtenidos.

Comenzamos por averiguar que la emergencia del estado de angustia no fue tan repentina como a primera vista pareció. Varios días antes, Juanito había tenido un sueño de angustia: Mamá se había ido y ya no tenía él con quien "hacer mimitos". Este sueño es ya indicio de un proceso de represión de sospechosa intensidad. Su interpretación no puede ser, como para otros muchos sueños de angustia, la de que el niño ha sentido una angustia procedente de cualesquiera fuentes somáticas y la ha utilizado para el cumplimiento de un deseo inconsciente intensamente reprimido. Se trata, en realidad, de un sueño de castigo y de represión, en el cual el mismo fenómeno onírico fracasa en su función particularísima, ya que el niño despierta presa de angustia. No es difícil reconstruir el proceso inconsciente correlativo. El niño ha soñado con las caricias de la madre, ha soñado que dormía con ella en la cama, y todo el placer y todo el contenido de representaciones han sido transformados en su antítesis. La represión ha logrado la victoria sobre el mecanismo del sueño.

Pero los comienzos de esta situación psicológica se hallan aún más atrás. Ya durante el veraneo pasó Juanito por estados de melancolía en los que hubo de exteriorizar ideas análogas y que le valieron ser acogido en el lecho de la madre. Desde esta época, aproximadamente, podemos suponerle bajo los efectos de una fuerte excitación sexual cuyo objeto es la madre y cuya intensidad se manifiesta en dos tentativas de seducción —la última inmediatamente anterior a la emergencia de la angustia—, descargándose todas las noches en la satisfacción onanista. No es posible determinar si la transformación de esta excitación se desarrolla luego espontáneamente o a consecuencia de la repulsa de la madre o de la reviviscencia de impresiones pretéritas provocadas por el motivo ocasional de la enfermedad. Pero, además, es indiferente, ya que las tres distintas posibilidades enunciadas no pueden considerarse antitéticas. Lo esencial es la transformación de la excitación sexual en angustia.

Conocemos la conducta del niño en los primeros tiempos de la angustia y sabemos que el primer contenido que a la misma diera fue el temor de que le mordiese un caballo. En este punto tiene efecto la primera intervención de la terapia. Los padres le indican que la angustia es consecuencia de la masturbación y le encaminan hacia el abandono de un tal hábito. Una pequeña mejoría obtenida con esta intervención desaparece pronto al iniciarse un período de enfermedad puramente orgánica. El estado psíquico se mantiene invariado. Poco después descubre Juanito cómo su miedo a que le muerda un caballo se deriva de la reminiscencia de una impresión recibida en Gmunden. Un padre había dicho a su hija en el momento de partir: No le acerques los dedos al caballo porque te morderá. La forma verbal que Juanito da a la advertencia del padre recuerda la que los suyos usaron para prevenirle contra el onanismo, pareciendo así confirmar la hipótesis de aquellos, según la cual, a lo que tenía miedo era a la propia satisfacción masturbadora. Pero la relación es aún muy lejana, y el caballo parece haber llegado demasiado casualmente a su papel de objeto de la angustia.

Yo había arriesgado la hipótesis de que su deseo reprimido podía ser ahora el de verle a su madre la cosita. Y como su conducta con una criada recién entrada en la casa parecía confirmar tal sospecha, el padre se decide a procurarle una primera aclaración sexual: las mujeres no tienen cosita. Juanito reacciona a este primer auxilio con el relato de una fantasía en la que imagina haber visto a su madre mostrando la cosita[114]. Esta fantasía y la observación de que su propia cosita forma parte integrante e inseparable de su cuerpo nos facilitan una primera visión de sus procesos mentales inconscientes. Se hallaba, realmente, bajo la impresión ulterior de la amenaza de castración de que su madre le había hecho objeto año y medio antes, pues la fantasía de que su madre hacía lo mismo que él le había valido aquella temible amenaza, estaba destinada a justificarle y disculparle. Era una fantasía de protección y de defensa. Sin embargo, ha de tenerse en cuenta que fueron los mismos padres los que extrajeron del material patógeno eficiente en Juanito el tema de la masturbación. Juanito los sigue por este camino, pero todavía no interviene independientemente en el análisis. No se observa tampoco el menor resultado terapéutico. El análisis permanece muy lejos de los caballos, y la revelación de que las mujeres no tienen cosita es muy apropiada para intensificar la preocupación del infantil sujeto en cuanto a la posible pérdida de la suya propia.

Pero a lo que tendemos, en primer término, no es a obtener un resultado terapéutico, sino a colocar al enfermo en situación de aprehender conscientemente sus impulsos optativos

[114] Y tocándosela —habremos de añadir, deduciéndolo de la totalidad de la situación—. En efecto, Juanito no podía mostrar la cosita sin tocársela para sacarla.

inconscientes. Para ello, basándonos en sus manifestaciones y con ayuda de nuestro arte de interpretación, situamos ante su conciencia, expresado en nuestra forma verbal, el complejo inconsciente. La analogía entre lo que así oye el paciente y aquello que busca y que a pesar de todas las resistencias pugna por abrirse paso hasta la conciencia, le hace posible hallar lo inconsciente. El médico le precede cierto trecho en la comprensión de sus problemas, pero el paciente llega a ella por caminos propios, reuniéndose con él en la meta fijada. Los principiantes en psicoanálisis suelen incurrir aquí en error. Suponen que el momento en que descubren un complejo inconsciente del enfermo es el mismo en que el enfermo lo aprehende y esperan demasiado al pretender curar al sujeto con la comunicación de aquel descubrimiento, pues, en realidad, tal comunicación no puede servirle más que para ayudarle a encontrar el complejo inconsciente en aquel lugar de su inconsciente en el que se halle anclado. En este período del análisis conseguimos un primer resultado de este género. Después del vencimiento parcial del complejo de la castración, Juanito puede ya comunicar sus deseos en cuanto a su madre, y así lo hace, en efecto, aunque todavía de un modo encubierto, por medio de la *fantasía de las dos jirafas*, una de las cuales protesta a gritos al tomar Juanito posesión de la otra. Juanito representa la toma de posesión con el acto de sentarse encima. El padre reconoce en esta fantasía la reproducción de una escena que se desarrolló una mañana en la alcoba entre los padres y el hijo, y sabe hallar el deseo oculto detrás de ella. Él y la madre son las dos jirafas. El disfraz de que el deseo se reviste se halla suficientemente determinado por la visita hecha días antes al parque zoológico de Schönbrunn, por la jirafa que el padre dibujó a Juanito tiempo atrás y quizá también por una comparación inconsciente enlazada al cuello largo y rígido de la jirafa. Observamos que la jirafa, animal de gran estatura e interesante para Juanito por el tamaño de su cosita, hubiera podido llegar a ser el objeto de su angustia en lugar del caballo. El hecho de que el padre y la madre sean representados por sendas jirafas proporciona también un punto de apoyo para la ulterior interpretación de los caballos temidos.

Dos fantasías menores que Juanito relata en los días inmediatamente siguientes —la de haber infringido la prohibición que cerraba el paso a uno de los departamentos del parque zoológico de Schönbrunn, y la de haber roto el cristal de una ventanilla del tranvía, con la complicidad del padre en ambas ocasiones— escapan, desgraciadamente, a la interpretación del padre, y de este modo su comunicación no procura a Juanito ventaja alguna. Pero lo que así permanece incomprendido retorna una y otra vez, sin descanso, como un alma en pena, hasta encontrar comprensión y redención.

La interpretación de las dos pequeñas fantasías delictivas no nos ofrece grandes dificultades. Pertenecen al complejo de la toma de posesión de la madre. Hay en Juanito como un presentimiento de algo que podría hacer con la madre, y con la cual quedaría perfeccionada su toma de posesión de ella, y encuentra para aquel algo inaprehensible ciertas representaciones gráficas, a las que es común la idea de ilicitud y violencia y cuyo contenido nos parece armonizar singularmente bien con la realidad oculta. Son fantasías simbólicas del coito, y la complicidad en ella atribuida al padre no es nada indiferente: "Quisiera hacer algo con mamá, algo prohibido; no sé lo que es, pero sé que tú lo haces con ella".

La fantasía de las jirafas había reforzado en mí una convicción que ya me había sido impuesta por el temor de Juanito a que el caballo entrase en el cuarto, y juzgué muy apropiado el momento para comunicarle una parte esencial de sus impulsos inconscientes: su miedo al padre, como consecuencia de sus deseos celosos y hostiles contra el mismo. Con esto le interpreté al mismo tiempo, fragmentariamente, su miedo a los caballos.

El padre tenía que ser el caballo al cual, y por excelentes razones internas, tenía miedo. Ciertos detalles —la cosa negra en los labios y la otra cosa delante de los ojos (bigote y lentes como privilegios del hombre adulto)— me parecieron haber sido directamente transferidos de la persona del padre a los caballos.

Con esta aclaración vencí la resistencia que más eficazmente se oponía a que los pensamientos inconscientes de Juanito penetrasen hasta su conciencia, ya que en su caso el padre y el médico coincidían en una sola persona. A partir de aquí, la perturbación siguió ya una marcha descendente; el material fluyó en abundancia y Juanito encontró valor para comunicar los detalles de su fobia y no tardó en intervenir independientemente en el análisis[115].

Ahora averiguamos ya a qué objeto e impresiones tiene miedo Juanito. No sólo a los caballos y a que le muerdan —esto desaparece pronto—, sino también a los carros de mudanzas y a los ómnibus (vehículos que tienen como elemento común su pesada carga), al instante de ponerse en marcha los caballos, a los caballos de aspecto corpulento y pesado y a los que pasan muy de prisa. El sentido de estas determinaciones nos lo descubre luego el propio Juanito: tiene miedo de que los caballos *se caigan*, e integra así en su fobia todo aquello que puede provocar tal accidente.

Muchas veces transcurre todo un período de labor analítica antes que el sujeto llegue a comunicar el contenido efectivo de una fobia o de un impulso obsesivo, etc. La represión no ha

[115] El miedo al padre desempeña también en el análisis de personas con las cuales no nos une lazo familiar alguno, un papel importantísimo como resistencia contra la reproducción del material patógeno inconsciente. Las resistencias tienen la calidad de "motivos" y, además, como sucede en este caso, una parte del material inconsciente está capacitada *intrínsecamente* para desarrollar una acción inhibitoria sobre la reproducción de otra parte del mismo.

recaído tan sólo sobre los complejos inconscientes, sino que actúa también de continuo sobre sus ramificaciones e impide al mismo enfermo la percepción de sus productos patológicos. El médico tiene que emprender, entonces, la tarea singular de intervenir a favor de la enfermedad para que la misma llegue a captar la atención del enfermo, pero sólo quien desconozca por completo la esencia del psicoanálisis podrá suponer que esta fase de nuestra labor pueda causar un daño al enfermo. La verdad es que no se puede ahorcar un ladrón sin antes prenderlo, y así, para apoderarnos de los productos patológicos que queremos destruir, nos es preciso desarrollar una labor previa.

En mis glosas al historial clínico de Juanito hice ya constar cuán instructivo resulta profundizar así en los detalles de una fobia y extraer la convicción de la existencia de una relación secundariamente establecida entre la angustia y sus objetos. De aquí la naturaleza singularmente difusa, y, sin embargo, tan rigurosamente condicionada, de las fobias. El material necesario para estas soluciones especiales lo ha extraído Juanito, evidentemente, de las impresiones que le procura todos los días la situación de su casa frente al depósito de la aduana. En relación también con estas impresiones, delata un deseo, inhibido ahora por el miedo, de jugar con las cargas de los carros, los equipajes, las cubas y los fardos, como los chicos de la calle.

En este estadio del análisis halla Juanito el suceso, poco importante en sí, que precedió inmediatamente a la aparición de la enfermedad y debe ser considerado como el motivo ocasional de dicha aparición. Iba de paseo con su madre y vio caerse y patalear a un caballo de un ómnibus, accidente que le causó gran impresión. Se asustó mucho y creyó que el caballo había muerto y que desde aquel momento todos los caballos se caerían. El padre le indica que al ver caerse al caballo debió de pensar él, en su padre, y desear que se cayese también y se matase. Juanito no se rebela contra esta interpretación, y al cabo de un rato, con un juego que inventa y en el que muerde al padre, demuestra aceptar la identificación del mismo con el caballo temido. A partir de este momento, se conduce ya libremente y sin miedo, e incluso con cierto descaro, con su padre. Pero sigue asustándose de los caballos, y no vemos aún claramente a consecuencia de qué concatenación el caballo caído ha rozado sus deseos inconscientes.

Concretaremos los resultados hasta aquí obtenidos: Detrás del miedo primeramente manifestado a que le mordiese un caballo hemos descubierto, más profundo, el miedo de que los caballos se cayeran, y ambos caballos, tanto el que muerde como el que se cae, son el padre, que le castigará por abrigar tan perversos deseos en cuanto a su persona. Entre tanto, el análisis se ha alejado de la madre.

Inesperadamente, y desde luego sin estímulo alguno por parte del padre, comienza Juanito a ocuparse del complejo de la excreción y a mostrar repugnancia a aquellas cosas que le recuerdan la defecación. El padre, que sólo a disgusto le sigue por este camino, continúa entretanto el análisis en la dirección que él cree más acertada y recuerda a Juanito un suceso acaecido en Gmunden, cuya impresión se escondía detrás de la correspondiente a la caída del caballo del ómnibus. Federico, su antiguo amiguito y su rival en el cariño de las niñas, había tropezado con una piedra jugando a los caballos, se había caído y se había hecho sangre en un pie. La caída del caballo del ómnibus le había recordado este incidente. Es curioso que Juanito, preocupado de momento con otras cosas, niegue primero la caída de Federico, que establecería la conexión buscada, y sólo la confirme en un estadio ulterior del análisis. Mas para nosotros lo interesante es hacer resaltar cómo la transformación de la libido en angustia llega a proyectarse sobre el caballo, objeto principal de la fobia. Los caballos eran, de siempre, los animales que más le interesaban, y a lo que más le gustaba jugar con sus amiguitos era también a los caballos. Nuestra sospecha de que el padre hubiera sido el primero en servirle de caballo nos fue confirmada por el mismo, y de este modo, en el accidente de Gmunden, pudo la persona del padre sustituir a la de Federico. Una vez iniciada la represión, Juanito tenía que asustarse de los caballos que antes le habían procurado tanto placer.

Pero ya indicamos que esta última importante aclaración de la eficacia del motivo ocasional de la enfermedad la debemos a la intervención del padre. Juanito continúa preocupado por el complejo de la excreción, y, por fin, no tenemos más remedio que seguirle a este terreno. Averiguamos que antes solía imponer a su madre su compañía cuando iba al retrete, y que luego siguió haciendo lo mismo con su amiguita Berta, hasta que se lo prohibieron. El placer de presenciar cómo una persona querida hace sus necesidades corresponde también a una "trabazón de los instintos", de la que ya observamos otro ejemplo en Juanito. Por último, también el padre se resuelve a penetrar en el simbolismo excremental y reconoce una analogía entre un carro pesadamente cargado y un vientre cargado de excremento, entre la forma en que el coche sale por una puerta y las heces del cuerpo, etc.

Ahora bien, la situación de Juanito en el análisis es ahora muy distinta de la que ocupaba en estadios anteriores del mismo. Antes, el padre le anunciaba lo que iba a surgir y Juanito le seguía, orientándose por sus indicaciones. Ahora marcha delante, con paso seguro, y al padre le cuesta trabajo seguirle. Juanito aporta una nueva fantasía: El fontanero ha destornillado la bañera, en la que se encuentra Juanito, y luego le ha clavado una barrena en la barriga. A partir de aquí, nuestra comprensión avanza cojeando penosamente detrás del material emergente. Sólo después adivinamos que se trata de una elaboración, deformada por la angustia, de una fantasía de concepción. Pero, de momento, esta fantasía escapa a la interpretación, y sólo sirve a Juanito como un punto al que enlazar la continuación de sus comunicaciones.

A Juanito le da miedo que le bañen en la bañera grande. Este miedo es también de naturaleza compuesta. Una parte del mismo nos escapa aún; la otra queda pronto aclarada por una relación con el acto de bañar a su hermanita. Juanito confiesa su deseo de que la madre suelte a Hanna durante el baño para que la pequeña caiga al agua y muera. Su propio miedo, al ser bañado en el baño grande, no es más que el temor al castigo por aquel mal deseo. Juanito abandona ahora el tema excremental y pasa al de la hermanita. Tal sucesión significa que la pequeña Hanna es por sí misma un excremento; que todos los niños son excrementos y surgen al exterior (son paridos) por el mismo camino que estos. Comprendemos ahora que todos los carros de mudanzas, ómnibus y camiones sean para Juanito carros cargados con aquellos cajones en los que la cigüeña guarda a los niños, que le interesen como representaciones simbólicas del embarazo y que en la caída de los caballos corpulentos o pesadamente cargados haya visto representado un parto. El caballo caído no era, pues, tan sólo el padre en trance de muerte, sino también la madre en el del parto.

Y ahora nos procura Juanito una sorpresa, a la que ciertamente no estamos preparados. Teniendo tres años y medio observó el embarazo de la madre, que terminó en el nacimiento de la pequeña, y después del parto, si no antes, reconstruyó todo el proceso, aunque sin exteriorizarlo, y quizá sin poderlo exteriorizar. Sólo pudo observarse, por entonces, que inmediatamente después del parto acogió con un absoluto escepticismo todo lo referente a la fábula de la cigüeña. El análisis demuestra, sin dejar lugar a dudas, que en su inconsciente y en palmaria contradicción con sus manifestaciones oficiales, sabía muy bien de dónde procedía la niña y dónde había estado encerrada hasta el parto. Es este, quizá, el fragmento más irrebatible del análisis.

Prueba incontrastable de ello es la fantasía tenazmente sostenida y adornada con tantos detalles, de que Hanna estaba ya con ellos en Gmunden el verano anterior a su nacimiento, y de cómo había hecho el viaje poseyendo por entonces una capacidad funcional mucho más amplia que luego un año después de venir al mundo. El descaro con el que Juanito relata esta fantasía y las innumerables e imprudentes mentiras que en ella entreteje no carecen ciertamente de sentido. Todo ello constituye una venganza contra su padre, al que guarda rencor por haberle querido engañar con la fábula de la cigüeña. Es como si quisiera decirle: Si tú me has tenido por tonto y has supuesto que iba a creerme que la cigüeña había traído a Hanna, también yo puedo exigirte que aceptes mis invenciones. En clara conexión con este acto de venganza del pequeño investigador contra su padre surge ahora la fantasía de golpear y excitar a los caballos. Esta fantasía muestra también una doble determinación; se apoya, por un lado, en la burla de que acaba de hacer objeto a su padre y renueva, por otro, obscuros impulsos sádicos referidos a la madre e integrados también, sin que entonces llegáramos nosotros a descubrirlos, en las fantasías delictivas anteriores. También conscientemente contesta Juanito su deseo de pegar a la madre.

No esperamos ya muchos enigmas. Una obscura fantasía de perder el tren parece constituir una premisa de aquella otra en la que Juanito casa a su padre con la abuela de Lainz, pues en la primera se trata ya de un viaje a Lainz e interviene la abuela. Otra fantasía, en la que un chico da 50.000 florines al vigilante para que le deje subir en la vagoneta, parece constituir un proyecto de comprar la madre al padre, cuyo poder reside parcialmente en su riqueza. Luego, con una franqueza desusada en él hasta entonces, confiesa su deseo de hacer desaparecer al padre porque estorba su intimidad con la madre. No debemos extrañar que estos impulsos optativos aparezcan repetidamente en el curso del análisis. Tal monotonía aparente es sólo producto de las interpretaciones a ellos enlazadas, pues para Juanito no son meras repeticiones, sino desarrollos progresivos, desde tímidos indicios hasta una claridad plenamente consciente y exenta de toda deformación.

Siguen luego manifestaciones con las que Juanito confirma los resultados analíticos obtenidos. Con un claro acto sintomático, que sólo disfraza levemente ante la criada, pero no ante su padre, muestra cómo se imagina él un parto. Por el agujero redondo abierto en el cuerpo de un muñeco de goma introduce una navajita, perteneciente a su madre, y la hace caer al exterior desgarrando las piernas del muñeco. La explicación que luego le dan sus padres de que los niños nacen efectivamente en el cuerpo de las madres y son expulsados de él como las heces y la defecación llega demasiado tarde. No puede enseñarle ya nada nuevo. Por medio de otro acto sintomático ulterior confiesa que ha deseado la muerte de su padre, dejando caer —tirando— el caballito con el que juega en el momento mismo en el que el padre le habla de aquel deseo. Confirma también, de palabra, que los vehículos pesadamente cargados eran para él representaciones del embarazo de la madre, y que la caída del caballo era como cuando se tiene un niño.

La más preciada confirmación a este respecto, la prueba de que los niños son excrementos, por la invención del nombre "Lodi" para su niña preferida, llega con retraso a nuestro conocimiento, pues averiguamos que hace ya mucho tiempo que venía jugando, en su imaginación, con aquella "niña".

Ya hemos examinado las dos últimas fantasías de Juanito con las cuales se completa su curación. La primera, en la cual el fontanero le procura un pene nuevo, y, como el padre adivina más tarde, no es sólo la repetición de otra superior de análogo contenido. Es también una victoriosa fantasía optativa e integra el vencimiento del miedo a la castración. La segunda fantasía, que confiesa el deseo de estar casado con su madre y tener de ella muchos niños, no sólo agota el contenido de aquellos complejos inconscientes removidos a la vista del caballo caído y que habían desarrollado angustia, sino que corrige lo que de aquellos pensamientos no era admisible, sustituyendo la muerte del padre por su matrimonio con la abuela. Esta fantasía pone término feliz a la enfermedad y al análisis.

Durante el análisis de un caso patológico no es posible obtener una impresión exacta de la estructura y la evolución de la neurosis. Para ello se hace precisa una labor sintética ulterior. Al emprender ahora esta síntesis de la fobia de Juanito, tomaremos como punto de partida nuestra descripción anterior de su constitución, de sus deseos sexuales directivos y de los sucesos por él vividos hasta el nacimiento de su hermanita.

Este acontecimiento trajo consigo muchas cosas que perturbaron ya duramente la vida de nuestro pequeño sujeto. En primer lugar, una dolorosa separación temporal de su madre y luego una prolongada disminución de los cuidados y atenciones que la misma le prodiga y que Juanito tuvo ahora que acostumbrarse a compartir con la niña. Después, una reviviscencia de las experiencias placientes extraídas de los cuidados maternales, provocada por el espectáculo de los que ahora se prodigaban a la pequeña. De ambas influencias resultó una intensificación de sus necesidades eróticas, a las que empezó a faltar satisfacción suficiente. De las pérdidas ocasionadas por la llegada de la hermanita se compensa Juanito con la fantasía de que también él tiene hijos, y mientras pudo jugar y convivir realmente con otros niños, en quienes encarnaba su imaginaria descendencia (durante su segundo veraneo en Gmunden), su ternura halló derivación bastante. Pero a su retorno a Viena se encontró de nuevo solitario, acumuló sobre su madre todos sus deseos y exigencias, y sufrió una privación más al ser expulsado de la alcoba de los padres, en la que había convivido con ellos hasta los cuatro años y medio. Su excitabilidad erótica, intensificada, se exteriorizó ahora en fantasías, en las cuales evocaba a sus amiguitos de Gmunden, y en satisfacciones autoeróticas regulares por excitación masturbatoria de los genitales.

El nacimiento de la hermanita le procuró también el estímulo a una labor mental que, por un lado, no podía llegar a solución alguna, y por otro, le creaba conflictos sentimentales. Se le planteó el gran problema de la procedencia de los niños, el primero que pone a prueba las energías mentales infantiles y el cual no es, quizá, sino una deformación del enigma de la Esfinge tebana. La explicación de que a Hanna la había traído la cigüeña la rechaza desde el primer momento. Había observado que a su madre se le había hinchado el vientre meses antes del nacimiento de Hanna, y que luego había tenido que guardar cama, se había quejado mucho la noche del parto y había recobrado después su primitiva esbeltez. De todo ello dedujo que Hanna había estado dentro del cuerpo de la madre y había salido luego al exterior como un excremento. Este último proceso lo creía placiente, fundándose en las sensaciones de placer que primitivamente hubo de procurarle el acto de la defecación. Pudo, por tanto, desear, con doble motivación, tener él mismo niños para parirlos con placer y cuidarlos luego. En todo ello no había nada que pudiese suscitarle dudas ni conflictos.

Pero había algo distinto que no podía por menos de preocuparle. El padre debía tener algo que ver con el nacimiento de la pequeña, pues afirmaba que Hanna y el mismo Juanito eran *sus* hijos. Pero quien los había traído al mundo no era él, sino la madre. Por otro lado, el padre estorbaba su intimidad con la madre. Cuando el padre estaba en casa, Juanito no podía dormir con la madre, y si esta pretendía acogerle en su cama, el padre se oponía a gritos. Juanito había comprobado antes cuán grata podía ser para él la ausencia del padre. El deseo de su desaparición quedó ahora plenamente justificado, y reforzada su hostilidad contra él. El padre le había contado aquella mentira de la cigüeña, haciéndole imposible solicitar nuevas explicaciones sobre la cuestión. No sólo le impedía el acceso a la cama de la madre, sino que le ocultaba lo que tanto ansiaba saber. Le perjudicaba en ambos sentidos y seguramente en provecho propio.

El hecho de que aquel mismo padre al que había de odiar como rival, le había merecido siempre y tenía que seguirle mereciendo un tierno cariño, constituyendo para él modelo y ejemplo, y habiendo sido su primer protector y guardador y su primer compañero de juegos, provocó en Juanito un primer conflicto sentimental, insoluble al principio. Dado el bondadoso natural de Juanito, el cariño tenía que vencer al odio y mantenerlo sometido, aunque no pudiera hacerlo desaparecer por cuanto el amor a la madre le proporcionaba continuo alimento.

Pero el padre, además de saber de dónde venían los niños, realizaba también algo que Juanito sólo podía presentir obscuramente. La cosita, cuya excitación acompañaba siempre a aquellos pensamientos, debía de tener algo que ver con todo ello, aunque desde luego una cosita mayor de lo que a Juanito le parecía la suya. Siguiendo las indicaciones que sus sensaciones le proporcionaban, concluyó que debía de tratarse de una violencia de que se hacía objeto a la madre, de un desgarramiento, de una penetración en un espacio cerrado, actos a cuya ejecución sentía en sí un impulso.

Pero, aun hallándose así en camino de llegar a inducir la existencia de la vagina partiendo de sus sensaciones genitales, no le era posible resolver el enigma, por oponerse a semejante solución la convicción de que la madre poseía también, como él, una cosita. La tentativa de solucionar qué es lo que había de hacerse con la madre para que tuviera niños se hundió, pues, en lo inconsciente y los dos impulsos activos, el impulso hostil contra el padre y el impulso sádico-amoroso hacia la madre, permanecieron sin empleo, el primero a causa del amor subsistente al lado del odio, y el segundo, a consecuencia de la perplejidad resultante de las teorías sexuales infantiles.

Sólo en esta forma podemos reconstruir, apoyándonos en los resultados del análisis, los complejos e impulsos optativos inconscientes, cuya represión y reviviscencia hicieron surgir la fobia de Juanito. Sé que con ello atribuimos a la capacidad mental de un niño de cuatro a cinco años rendimientos muy elevados, pero nos dejamos guiar por los nuevos descubrimientos efectuados y no nos consideramos ligados por los prejuicios de nuestra ignorancia. Quizá hubiésemos podido utilizar el miedo al acto de *armar jaleo con las piernas* para cegar aún ciertas lagunas de nuestra demostración. Juanito manifestó ciertamente que le recordaba sus pataleos cuando le obligaban a dejar de jugar para ponerle a hacer caca, de manera que este elemento de la neurosis entra en relación con el problema de si la madre paría los niños placiente o displacientemente, pero no tengo la impresión de que con ello quede totalmente explicado el *armar jaleo con las piernas*. Mi sospecha de que se trataba de una evocación de la reminiscencia del comercio sexual entre sus padres, sorprendidos alguna vez por Juanito mientras compartió con ellos la alcoba, no pudo ser confirmada. Habremos, pues, de contentarnos con lo averiguado.

Es difícil precisar, y sólo la comparación con otros varios análisis semejantes podría permitírnoslo, qué influencias provocaron, en la situación descrita, la transformación del anhelo libidinoso en angustia, o sea, en qué punto hubo de iniciarse la represión. Hasta lograr una más amplia experiencia en estas cuestiones dejaremos, pues, sin resolver si el factor decisivo fue la incapacidad intelectual del niño para solucionar el arduo problema de la procreación y utilizar los impulsos agresivos desencadenados por la proximidad de la solución, o una incapacidad somática, una intolerancia de su constitución con respecto a la satisfacción masturbadora habitual, o si la mera persistencia de tan intensa excitación sexual tenía que acabar por originar la transformación mencionada.

Las circunstancias de tiempo impiden adscribir demasiada influencia al motivo ocasional de la eclosión de la enfermedad, pues Juanito presentaba ya indicios de angustia mucho antes de haber presenciado la caída del caballo del ómnibus.

De todos modos, la neurosis surgió directamente enlazada a este suceso accidental y conservó la huella del mismo en la elevación del caballo a la categoría de objeto de la angustia. Esta impresión carece en sí de *energía traumática*. Sólo la anterior significación del caballo como objeto de preferencia y de interés y el enlace con el incidente de mayor capacidad traumática ocurrido en Gmunden cuando Federico se cayó jugando a los caballos, así como el fácil enlace asociativo entre Federico y el padre, pudieron adscribir tan gran eficacia al accidente casualmente presenciado. Puede incluso afirmarse que tampoco estas relaciones hubieran bastado a no ser porque la flexibilidad y la multiplicidad de sentidos de los enlaces asociativos permitieron, a aquella misma impresión, rozar el segundo de los complejos acechantes en lo inconsciente de Juanito, el complejo del parto, que ponía fin al embarazo de su madre. A partir de aquí quedaba abierto el camino para el retorno de lo reprimido, camino que fue seguido de manera que *el material patógeno quedara transferido al complejo del caballo y transformados uniformemente en angustia todos los afectos concomitantes*.

Por circunstancia singular, el contenido de representaciones de la fobia, tal y como resultó de este proceso, tuvo aún que someterse a una nueva deformación y sustitución, antes que la conciencia tomara conocimiento de él. El primer miedo que Juanito expresó fue el de que le mordiera un caballo, y procedía de otra escena de Gmunden, relacionada, por un lado, con los deseos hostiles del padre, y, por otro, con la admonición contra el onanismo. Intervino aquí un influjo derivativo que quizá partiera de los padres. No estoy muy seguro de que las observaciones correspondientes a este período fueran suficientemente cuidadosas para permitirnos decidir si Juanito dio expresión a aquel temor antes o sólo después de haber sido interpelado por su madre sobre sus hábitos onanistas. Por mi parte, me inclino a suponer lo primero, en contraposición a lo que el historial indica. Por lo demás, es innegable que el complejo hostil al padre encubre totalmente en Juanito al otro, libidinoso, orientado hacia la madre, tal y como fue descubierto y vencido en el análisis.

Otros casos patológicos podrían dar ocasión a más amplias consideraciones sobre la estructura de una neurosis, su evolución y desarrollo, pero el historial de la enfermedad de Juanito es muy breve. A poco de iniciarse queda sustituido por el historial del tratamiento. Si la fobia pareció continuar desarrollándose durante este último y atrayendo a sí nuevos objetos y nuevas condiciones, el padre tuvo penetración suficiente para ver exclusivamente en ello la aparición de algo ya preformado y no un producto nuevo que pudiera atribuirse al influjo del tratamiento. No en todos los casos del tratamiento puede contarse con tal penetración.

Antes de dar por terminada esta síntesis debemos examinar otro punto de vista que nos situará en el centro mismo de las dificultades inherentes a la comprensión de los estados neuróticos. Vemos cómo en nuestro pequeño paciente se desarrolla un poderoso impulso de la represión, que recae precisamente sobre sus componentes sexuales dominantes[116]. Abandona el

[116] El padre pudo observar también que paralelamente a esta represión se desarrollaba en Juanito un proceso de sublimación. A partir de la emergencia de la angustia, mostró, en efecto, un intenso interés por la música y comenzó a desarrollar sus dotes musicales hereditarias.

onanismo y rechaza de sí, asqueado, todo lo que le recuerda los excrementos y el espectáculo de las funciones de este orden. Pero no son estos los componentes que excitan el motivo ocasional de la enfermedad (la visión de la caída del caballo) ni tampoco los que proporcionan el material para los síntomas, o sea, el contenido de la fobia. Probablemente, llegaremos a una comprensión más profunda del caso patológico volviéndonos hacia aquellos otros que llenan estas condiciones. Tales componentes son, en Juanito, impulsos que ya antes se hallaban dominados y nunca, que sepamos, pudieron exteriorizarse libremente: sentimientos hostiles y celosos contra el padre e impulsos sádicos correspondientes a un presentimiento del coito con respecto a la madre. En el temprano vencimiento de estos impulsos se integra, quizá, la disposición a la enfermedad ulterior. Estas inclinaciones agresivas no hallaron en Juanito exutorio ninguno, y en cuanto quisieron romper al exterior reforzadas, en una época de privación y de excitación sexual más intensa, surgió aquella pugna a la que damos el nombre de *fobia*. Durante la misma, una parte de las representaciones reprimidas penetra, deformada y referida a otro complejo, en la conciencia como contenido de la fobia. Pero la victoria sigue siendo de la represión que en esta ocasión se extiende a otros componentes distintos de los que buscan un exutorio. De todos modos, el estado patológico permanece ligado a los componentes instintivos sexuales rechazables. La intención y el contenido de la fobia integran una amplia limitación de la libertad de movimiento. Trátase, pues, de una poderosa reacción contra los obscuros impulsos de movimiento que intentan dirigirse especialmente hacia la madre. El caballo había sido siempre para Juanito un ejemplo del placer del movimiento ("Soy un potrito", decía, saltando y corriendo), pero como este placer integra el impulso al coito, queda restringido por la neurosis, que erige también al caballo en la imagen misma del miedo. Parece como si en la neurosis sólo les quedara a los instintos reprimidos el honor de procurar a la angustia sus pretextos ante la conciencia. Mas por evidente que aparezca en la fobia la victoria de la repulsa sexual, el carácter de transacción inherente a la enfermedad no consiente que lo reprimido no alcance algo más. La fobia al caballo impide a Juanito salir de casa y facilita su permanencia al lado de la madre. En este punto se impone, pues, victoriosamente el amor a la madre. La fobia enlaza más estrechamente al enamorado con el objeto de sus deseos, pero al mismo tiempo se cuida muy bien de que no pueda satisfacerlos. En estos dos efectos se nos revela la verdadera naturaleza de la enfermedad neurótica.

En un inteligente trabajo del que tomamos antes el término de "trabazón de los instintos" ha expuesto Adler cómo la angustia nace de la represión del *instinto de agresión* y atribuye a este instinto, en una amplia síntesis, el papel principal en los destinos de la vida y de la neurosis. Nuestra conclusión de que en este caso de fobia la angustia se explicaba por la represión de las tendencias agresivas, hostiles contra el padre y sádicas con respecto a la madre, parece confirmar brillantemente la hipótesis de Adler. Y, sin embargo, lejos de aceptarla, la consideramos como una generalización errónea. No podemos decidirnos a aceptar la existencia de un instinto especial de agresión al lado de instinto de conservación y el instinto sexual, con los que ya estamos familiarizados[117]. Me parece

[117] *Adición en 1923:* Escribimos esto es un tiempo en el que Adler parecía hallarse aún dentro del terreno del psicoanálisis, antes de su creación de la protesta masculina y su negación de la represión. Posteriormente he debido yo también estatuir un "instinto de agresión" que no coincide con el de Adler, y he preferido denominarlo "instinto de destrucción" o "instinto de muerte". (*Mas allá del principio del placer*, *El yo y el Ello*). Su oposición a los instintos libidinosos queda expresada en la conocida polaridad de amor y odio. También queda en pie mi contradicción de la teoría adleriana que acumula en un solo instinto un carácter común a todos ellos.

que Adler ha encarnado injustificadamente en un instinto especial un carácter general e indispensable de todos ellos, carácter que podríamos describir como la facultad de dar impulso a la motilidad. De los demás instintos quedaría tan sólo la relación con un fin, una vez despojados por el *instinto de agresión* de la relación con los medios para alcanzarlo. No obstante todas las inseguridades y obscuridades de nuestra teoría de los instintos, quisiéramos mantener nuestra teoría habitual que deja a cada instinto su capacidad propia para hacerse agresivo, y en los dos instintos que en nuestro Juanito sucumben a la represión reconoceríamos componentes de la libido sexual que ya nos son de antiguo conocidos.

III

Antes de entrar a examinar brevemente cuáles son las conclusiones de orden general que pueden deducirse de la fobia de Juanito en cuanto a la vida infantil y a la educación de los niños, debo responder a la objeción, ha largo tiempo planteada, según la cual Juanito no sería un niño normal, sino un neurótico, un hereditario, un degenerado, nada del cual podría ser transferido a otros niños. Hace ya tiempo que me duele pensar cómo todos los entusiastas del *hombre normal* habrán de ensañarse con nuestro pobre Juanito cuando sepan que, en efecto, puede atribuírsele una tara hereditaria.

Su madre, que enfermó de neurosis a consecuencia de un conflicto psíquico de su adolescencia, había sido tratada por mí en aquella ocasión, siendo esta circunstancia la que me puso luego en contacto con los padres de Juanito. Sólo muy tímidamente arriesgaré, pues, algo en favor del pequeño paciente.

Ante todo, haré constar que Juanito no es lo que nos representaríamos, después de una rigurosa observación, como un niño degenerado, hereditariamente condenado a la nerviosidad, sino más bien una criatura físicamente bien conformada, alegre, amable y de inteligencia vivaz. Su florecimiento sexual fue indudablemente prematuro; mas para emitir un juicio sobre esta cuestión, carecemos de material comparativo suficiente. En una colección de investigaciones efectuadas en América he visto que no son nada raros casos análogamente prematuros de sentimientos amorosos y elección de objeto. A idéntica conclusión nos lleva la lectura de las biografías de muchos grandes hombres. Habremos, pues, de inclinarnos a suponer que la precocidad sexual va casi siempre pareada a la intelectual, siendo así más frecuente de lo que esperamos entre los niños inteligentes.

Mi confesada parcialidad en favor de Juanito me lleva también a alegar que no es el único niño que en una época cualquiera de su infancia padece de fobias. Tales enfermedades son extraordinariamente frecuentes, aun entre aquellos niños cuya educación nada deja que desear. De estos niños, unos enferman más tarde de neurosis y otros permanecen sanos. Sus fobias son dominadas a fuerza de gritos y regaños en la *nursery*, por ser inaccesibles a los tratamientos consagrados y desde luego harto incómodos. Pero no se tiene en cuenta qué transformaciones psíquicas condicionan una tal curación ni que modificaciones del carácter se enlazan a ella. Cuando luego emprendemos el tratamiento psicoanalítico de un neurótico adulto, que ha enfermado manifiestamente en años ya maduros, averiguamos siempre que su neurosis se enlaza a aquella angustia infantil, que es una continuación de la misma, y que, por lo tanto, una labor psíquica ininterrumpida, pero también imperturbada, se ha desarrollado partiendo de aquellos conflictos infantiles a través de la vida del sujeto, sin que importe que su síntoma primero llegase a emerger o fuera retraído bajo el imperio de las circunstancias. Opino, pues, que nuestro Juanito no estuvo quizá mucho más enfermo que otros niños a los que nadie tacha de *degenerados*. Pero como era educado sin intimidación, con la mayor libertad y la menor coerción posible, su angustia se manifestó más osadamente. No existían en su caso dos factores que en otros contribuyen a disminuirla: la conciencia de la culpa y el temor al castigo. A mi juicio, concedemos demasiada importancia a los síntomas y no nos ocupamos bastante de sus fuentes de origen. Nuestra única directiva en la educación de los niños es que nos dejen tranquilos, que no nos opongan dificultad alguna. Nos dedicamos, pues, a la cría del niño bueno y juicioso y no nos preguntamos siquiera si semejante educación es la que más conviene al niño. No me extrañaría que para nuestro Juanito hubiese sido muy provechoso producir esta fobia, puesto que así llamó la atención de sus padres sobre las dificultades ineludibles que el vencimiento de los componentes instintivos innatos opone en la educación infantil y porque aquella perturbación le valió el auxilio de su padre. Quizá adquirió sobre los demás niños la ventaja de no llevar ya en sí aquel nódulo de complejos reprimidos que siempre significa algo para la vida ulterior y trae consigo alteraciones del carácter, cuando no la disposición a una neurosis. Me inclino a pensar así, pero no sé si habrá muchos que compartan mi opinión ni tampoco si la experiencia llegará a confirmarla.

De todos modos, no puedo por menos de preguntar en qué ha perjudicado a Juanito el alumbramiento de aquellos complejos forzadamente reprimidos por los otros niños y tan temidos por sus padres. ¿Ha puesto acaso en práctica el pequeño sujeto sus pretensiones con respecto a su madre o ha traducido en actos violentos su hostilidad contra el padre? Seguramente habrán abrigado un tal temor aquellos que desconocen la esencia del psicoanálisis y opinan que al hacer conscientes los malos instintos se les intensifica y robustece. Estos sabios obran luego consecuentemente cuando aconsejan eludir en absoluto aquellas cosas malas que se esconden detrás de las neurosis. Claro está que, al obrar así, olvidan que son médicos y adoptan un parecido lamentable con el personaje shakespiriano de *Mucho ruido para nada*, que aconseja también a la ronda que se guarde muy bien de todo contacto con los asesinos y los ladrones, pues las gentes honradas no deben tener trato alguno con semejante canalla[118].

Las únicas consecuencias del análisis son, más bien, que Juanito recobra la salud, no se asusta ya de los caballos y trata a su padre con libre familiaridad, como el mismo nos comunica, un tanto divertido. Pero lo que el padre pierde en respeto lo gana en confianza: "Como supiste lo del caballo, creía que lo sabías todo". Y es que el análisis no destruye el resultado de la represión. Los instintos antes dominados y sometidos siguen estándolo. Pero alcanza este resultado por otros caminos. Sustituye el proceso de la represión, automático y excesivo, por el dominio mesurado y adecuado, conseguido con ayuda de las más elevadas instancias psíquicas. En una palabra: sustituye la represión por un juicio condenatorio. Parece aportaros la prueba, tan buscada, de que la conciencia tiene una función biológica y que su entrada en juego supone una importante ventaja.

Si totalmente de mí hubiera dependido, me habría arriesgado a dar a Juanito una explicación más, que sus padres silenciaron. Habría confirmado sus presentimientos instintivos revelándole la existencia de la vagina y del coito, con lo cual habría disminuido todavía más el resto no solucionado y hubiera puesto fin a su impulso interrogante. Estoy seguro de que no habría

---

[118] No puedo por menos de preguntarme con asombro de dónde extraen estos adversarios de mis teorías su firme convicción de que los instintos sexuales reprimidos desempeñan un papel en la etiología de las neurosis, si cada vez que un pariente comienza a hablarles de sus complejos le cierran la boca. Habremos de suponer que mis trabajos y los de mis discípulos serán la única fuente científica de que disponen.

perdido el amor a su madre ni su naturaleza infantil con estas explicaciones y se habría convencido, en cambio, de que debía dejar de ocuparse de aquellas cosas tan importantes, e incluso imponentes, hasta que se hubiera cumplido su deseo de ser mayor. Pero el experimento pedagógico no pasó más adelante.

Que entre niños *nerviosos* y *normales* no puede trazarse una frontera definida, que la enfermedad es un concepto puramente práctico, que han de coincidir la disposición y la experiencia para hacer aparecer la neurosis, que en consecuencia pasan continuamente muchos individuos de la salud a la neurosis y un número mucho menor de la neurosis a la salud; todas estas cosas se han dicho tantas veces y han encontrado tanto eco, que no soy yo, seguramente, el único en afirmarlas. Que la educación del niño puede ejercer un poderoso influjo a favor o en contra de la disposición a la neurosis es, por lo menos, muy probable; pero aquello a lo que la educación debe tender y cuáles han de ser sus puntos de ataque son cuestiones aún muy problemáticas. Hasta ahora no se ha marcado más fin que la dominación, y muchas veces, más exactamente, la yugulación de los instintos. El resultado no ha sido ciertamente nada satisfactorio. No se preguntaba tampoco por qué caminos y a costa de qué sacrificios era conseguida la yugulación de los instintos incómodos. Si se sustituye a esta labor la de hacer al individuo capaz de cultura y socialmente utilizable a costa de un *mínimum* de pérdida de su actividad, las aclaraciones obtenidas por medio del psicoanálisis sobre el origen de los complejos patógenos y sobre el nódulo de cada neurosis, aspirarán a ser consideradas por el educador como indicaciones inestimables para regular su conducta con respecto al niño. Cuáles son las conclusiones prácticas que de aquí se derivan y hasta qué punto la experiencia puede justificar el empleo de las mismas, dentro de nuestras circunstancias sociales, son cuestiones cuyo examen y decisión debo dejar a otros.

No puedo despedirme de la fobia de nuestro paciente sin hacer constar algo que hace especialmente valioso, para mí, el análisis que la llevó a su curación. En rigor, este análisis no me ha revelado nada que no hubiese ya descubierto, a veces de un modo menos preciso y directo, en los análisis de pacientes adultos. Y como las neurosis de estos otros enfermos pudieron ser, sin excepción alguna, referidas a los mismos complejos infantiles que descubrimos detrás de la fobia de Juanito, me inclino a adscribir a esta neurosis infantil una significación típica y ejemplar, como si toda la diversidad de los fenómenos neuróticos de represión y toda la riqueza del material patógeno pudieran derivarse de un número muy escaso de procesos desarrollados en los mismos complejos de representaciones.

Apéndice

Hace unos cuantos meses —en la primavera de 1922— se me presentó un joven, declarando ser aquel "Juanito" cuya neurosis infantil había yo descrito en 1909. Su visita me satisfizo mucho, pues, dos años después del análisis, le había perdido de vista y en más de un decenio no había sabido nada de él. La publicación de este primer análisis de un niño había despertado gran interés, y aún más indignación, profetizándose a la pobre criatura toda clase de desdichas por haber sido despojado de su inocencia en edad tan temprana y víctima de un psicoanálisis.

Pero ninguno de estos temores se ha cumplido. Juanito es ahora un apuesto muchacho de diecinueve años. Afirmaba encontrarse muy bien y no padecer trastornos ni inhibiciones de ningún género. No sólo había atravesado la pubertad sin daño alguno, sino que había resistido una de las más duras pruebas a que podía ser sometida su vida sentimental. Sus padres se habían divorciado y habían contraído, cada uno por su lado, nuevas nupcias. Juanito vivía solo, pero en buenas relaciones con ambos, y sólo lamentaba que la disolución de la familia le hubiera separado de su hermana menor, a la que quería mucho.

Juanito me comunicó algo especialmente singular. Tanto, que no me atrevo a arriesgar explicación ninguna. Cuando leyó su historial —me dijo— le había parecido totalmente ajeno a él; no se reconoció ni recordó nada. Sólo cuando llegó al viaje de Gmunden alboreó en su memoria la sospecha de que aquel niño pudiera ser él. Así, pues, el análisis no había preservado el suceso de la amnesia, sino que había sucumbido también a ella. Algo parecido sucede, en cuanto a los sueños, a las personas familiarizadas con el psicoanálisis. Les despierta un sueño, deciden analizarlo en el acto, vuelven luego a dormirse, satisfechos con el resultado del análisis, y al despertar por la mañana han olvidado el sueño y el análisis.

ÍNDICE

Obras Completas de Sigmund Freud
Tomo XV

Impreso en los talleres de
DocuMaster
(Master Copy, S. A. de C.V.)
Plásticos #84, Local 2, ala sur,
Fracc. Industrial Alce Blanco,
Naucalpan de Juárez, C. P. 53370.

www.ingramcontent.com/pod-product-compliance
Ingram Content Group UK Ltd.
Pitfield, Milton Keynes, MK11 3LW, UK
UKHW042004190726
13854UKWH00005B/2152

9 786078 688661